CB062993

MAGICAE
DARKSIDE

A YEAR AND A DAY OF EVERYDAY MAGIC:
WITCHIFY YOUR LIFE WITH A DAILY DOSE OF MAGIC
Copyright © 2025 Deborah Blake
Published by Llewellyn Publications Woodbury,
MN 55125, USA. www.llewellyn.com
Todos os direitos reservados

Tradução para a língua portuguesa
© Gina Santiago, 2025

Diretor Editorial
Christiano Menezes

Diretor de Novos Negócios
Chico de Assis

Diretor de Planejamento
Marcel Souto Maior

Diretor Comercial
Gilberto Capelo

Diretora de Estratégia Editorial
Raquel Moritz

Gerente de Marca
Arthur Moraes

Gerente Editorial
Marcia Heloisa

Editora
Nilsen Silva

Capa e Projeto Gráfico
Retina 78

Coordenador de Diagramação
Sergio Chaves

Designer Assistente
Ricardo Brito

Preparação
Lúcia Maier

Revisão
Carina Melazzi
Retina Conteúdo

Finalização
Sandro Tagliamento

Marketing Estratégico
Ag. Mandíbula

Impressão e Acabamento
Ipsis Gráfica

DADOS INTERNACIONAIS DE CATALOGAÇÃO NA PUBLICAÇÃO (CIP)
Jéssica de Oliveira Molinari - CRB-8/9852

Blake, Deborah
   Diário da bruxa / Deborah Blake ; tradução de Gina Santiago.
— Rio de Janeiro : DarkSide Books, 2025.
   432 p.

   ISBN: 978-65-5598-512-2
   Título original: A Year And a Day of Everyday Magic

   1. Bruxaria 2. Magia I. Título II. Santiago, Gina

24-5360   CDD 133.43

Índice para catálogo sistemático:
1. Bruxaria

[2025]
Todos os direitos desta edição reservados à
DarkSide® *Entretenimento* LTDA.
Rua General Roca, 935/504 – Tijuca
20521-071 – Rio de Janeiro – RJ – Brasil
www.darksidebooks.com

MAGICAE APRESENTA

DEBORAH BLAKE

DIÁRIO da BRUXA

TODO DIA É DIA DE MAGIA

TRADUÇÃO
GINA SANTIAGO

DARKSIDE

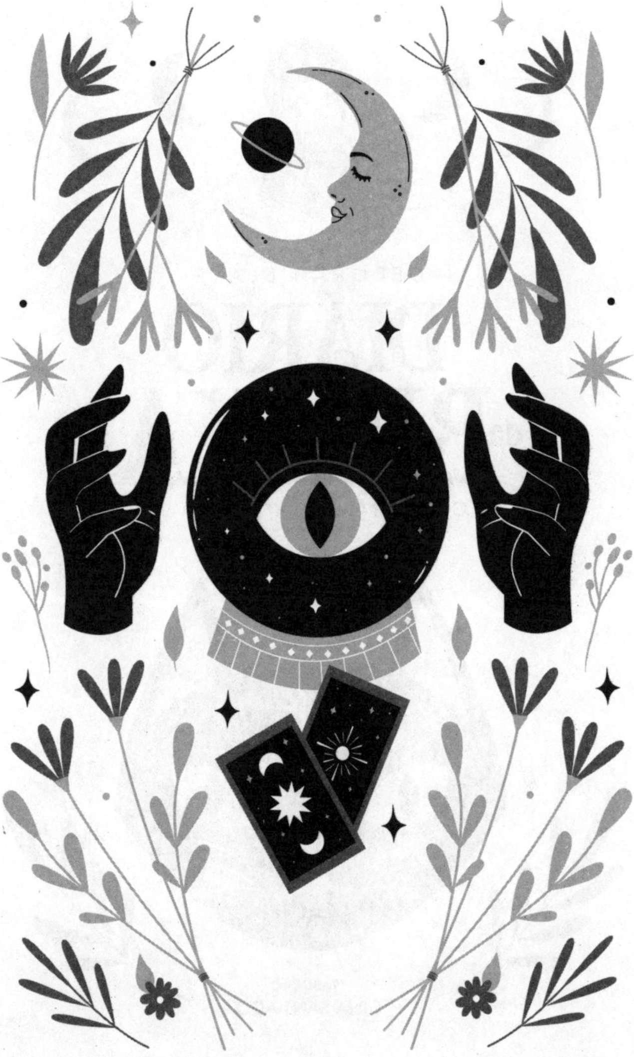

DIÁRIO da BRUXA

017   **JANEIRO**
intenção e brilho

051   **FEVEREIRO**
presença e direção

083   **MARÇO**
escuta e abertura

117   **ABRIL**
raízes e cuidado

151   **MAIO**
quietude e conexão

185   **JUNHO**
abrigo e entrega

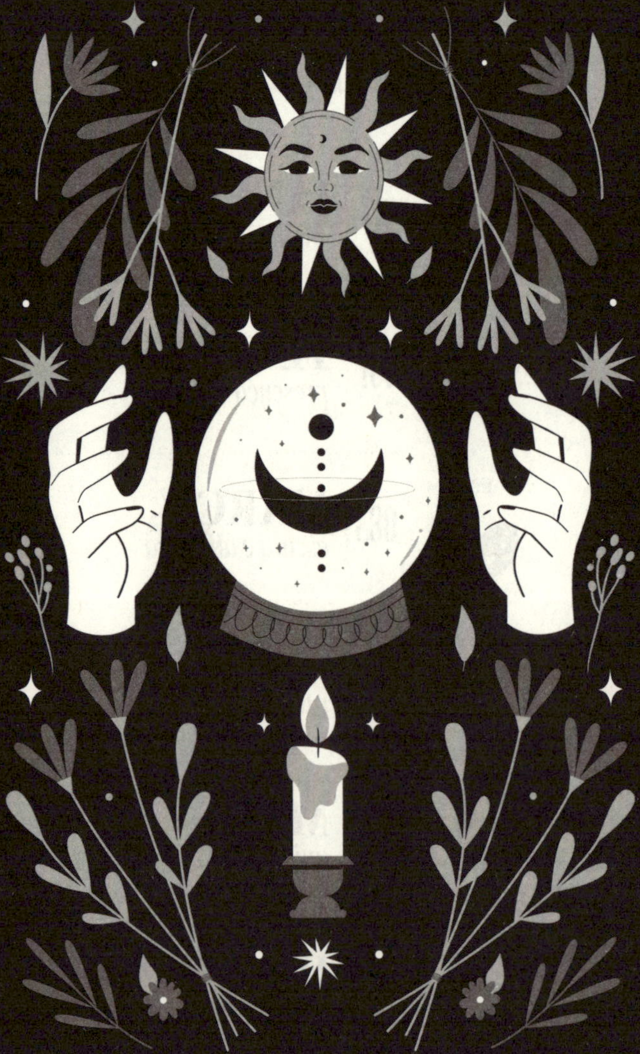

DIÁRIO da BRUXA

219 JULHO
impulso e firmeza

253 AGOSTO
expressão e curiosidade

287 SETEMBRO
criação e fluidez

321 OUTUBRO
encontros e caminhos

355 NOVEMBRO
trocas e descoberta

389 DEZEMBRO
colheita e gratidão

Alguns Alertas sobre o Uso de Velas e Ervas

As velas e ervas são componentes valiosos na prática da bruxaria, mas é essencial usá-las com cautela. As velas devem ser acesas sempre em recipientes à prova de fogo e jamais deixadas sem supervisão. As ervas, apesar de serem naturais, podem não ser seguras para ingestão por pessoas ou animais de estimação. Desfrute de sua prática com consciência, garantindo a segurança de todos ao seu redor.

Este livro também aborda diversos temas relacionados à saúde mental. Ainda que sejam úteis, eles não substituem a orientação de médicos, terapeutas ou o uso de medicamentos prescritos. Se você estiver passando por dificuldades, busque o apoio de profissionais qualificados.

Introdução

Em 2017, o que agora parece muito tempo atrás, escrevi *Diário Mágico*. Escrevi por vários motivos. Em primeiro lugar, adoro livros de 365 dias e tenho diversos nas minhas prateleiras. São divertidos, fáceis de usar e perfeitos para pessoas como eu, que querem se inspirar e se informar, mas nem sempre têm tempo para ler grandes trechos de livros todos os dias. Tenho livros sobre deusas, citações espirituais, poesias e por aí vai.

Outro motivo pelo qual escrevi foi porque me diverti ao reunir fragmentos de tudo o que aprendi ao longo da minha prática de bruxaria e compartilhá-los com meus leitores. Além disso, me deixaram colocar um gato na capa. Então, tem isso também.

Alguns anos depois, comecei a receber mensagens de pessoas dizendo o quanto haviam amado aquele meu primeiro livro, mas, como já fazia algum tempo que eu o havia escrito, estavam tendo de usá-lo repetidamente a cada ano. Será que eu poderia escrever outro, para que tivessem um novo conjunto de sugestões?

A resposta foi "sim". E aqui está. Obrigada por pedirem!

Como eu não queria escrever exatamente o mesmo tipo de livro de um ano e um dia que fiz da última vez — não só seria enfadonho, mas também iria contra o propósito de oferecer algo novo aos meus leitores —, adotei uma abordagem um pouco diferente, embora algumas coisas permaneçam iguais. Em vez de comentar fatos ou informações, com uma sugestão de "experimente isso" no final da página, mudei o formato para abrir com um pouco de informação no início, com a parte principal dedicada a uma ação simples e fácil de realizar. (Ou não. A escolha é sua.)

Alguns temas se repetem ao longo do livro, geralmente uma ou duas vezes por mês. Também incluí tópicos sobre o uso de ferramentas, magia com pedras, magia com ervas, magia na cozinha e até magia no banheiro (afinal, todos passamos muito tempo nesse cômodo, então por que não aproveitá-lo?), além de um foco especial na magia para a saúde mental, porque, vamos combinar, foram anos difíceis.

Contemplei também aspectos na seara espiritual, com afirmações e meditações, sugestões para diários e maneiras de se conectar com divindades específicas e com a natureza de modo geral. Embora algumas das sugestões sejam mais voltadas para a reflexão ou para a concentração do que para tarefas específicas, em sua maior parte, este livro é mais sobre fazer uma coisinha todos os dias e menos sobre uma série de fatos que muitos de vocês provavelmente já conhecem.

O livro inclui minirrituais e feitiços, dicas artesanais rápidas, receitas e uma variedade de outros tópicos divertidos, interessantes ou educativos. Também acrescentei algumas atividades legais com cartas de tarot — se você não tiver um deck à mão, pode imprimir uma imagem da carta online. Espero que você ache a maior parte, senão todo o conteúdo, útil e divertido. Essa foi a minha intenção. Obviamente, nem todos os temas vão agradar a todo mundo, então sinta-se à vontade para pular os que não lhe interessam ou repetir os que mais gostar. Este livro é seu, e não há regras.

Embora alguns assuntos estejam vinculados a dias ou épocas específicas do ano, boa parte do livro pode ser utilizada em qualquer dia ou mês; então, se preferir, pode folhear as páginas aleatoriamente em vez de seguir do início ao fim. Quem sabe o que a espera ao abrir o livro em uma página aleatória? Mas, é claro, você também pode começar no dia 1º de janeiro e seguir até o final. Como em tudo na prática de bruxaria, a escolha é sua. Para ajudar, acrescentei um apêndice no final do livro, que lista todos os tópicos sob várias categorias, facilitando a busca por um tipo específico de feitiço ou atividade.

Cada mês inclui uma página dedicada à lua cheia, mas, como as datas dessa fase da lua mudam a cada ano, inseri esse tópico no terceiro dia de cada mês. Você pode simplesmente trocar essa página pela data da lua cheia no mês correspondente. Por exemplo, se a lua cheia cair no dia 18, você faz a atividade da lua cheia no dia 18, e a atividade do dia 18, no dia 3. O mesmo vale para os sabás, que podem variar alguns dias em relação à data listada no livro. Se você está no hemisfério sul, pode ajustar as festividades conforme o seu calendário.

Espero que você tenha um maravilhoso ano e um dia, tanto nas páginas deste livro quanto na vida. Muitas bênçãos em sua jornada, e, como sempre, obrigada por me levar junto nessa viagem.

Deborah Blake

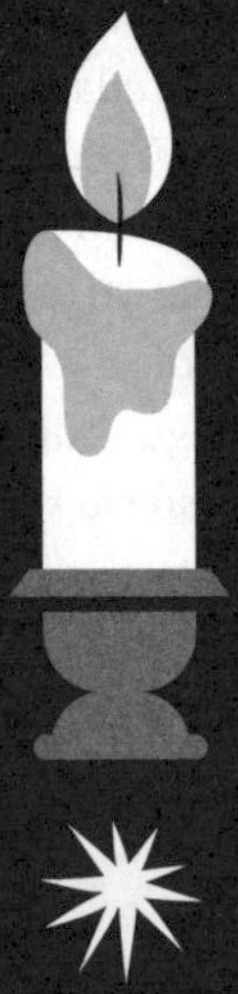

JANEIRO
intenção e brilho

DIA DE ANO-NOVO
01 JAN

É o começo de um novo ano. Muitas bruxas celebram o Samhain como o Ano-Novo da bruxaria, mas, ainda assim, quase todas reconhecem a importância dessa data do calendário também. Se você está começando a ler este livro agora, é um ótimo momento para iniciar um novo ciclo de 365 dias como bruxa, avançando por sua jornada todos os dias com propósito e intenção.

O que isso significa para você? Talvez você já tenha uma ideia do que deseja mudar e aprimorar. Ou talvez queira focar mais a sua vida espiritual este ano, ao contrário do que fez no ano passado. Ou, quem sabe, você apenas sente que está em busca de... alguma coisa.

Pegue um pedaço de papel ou um caderno em branco. Se gosta de escrever em diário (ou quiser tentar), hoje é o dia perfeito para começar do zero, com um caderno novinho e o coração aberto. Se tiver uma caneta especial, pode ser um bom momento para usá-la e simplesmente começar a escrever. Dependendo do seu estilo, você pode fazer uma lista de tudo o que quer realizar no ano que está começando ou apenas anotar as ideias conforme surgem na sua mente.

Por enquanto, não se preocupe se o que deseja é prático ou realista. Apenas escreva tudo o que vem à mente que gostaria de alcançar neste ano. Haverá tempo suficiente para planos mais sérios depois. Hoje, sonhe sem limites.

02 JAN
ESCOLHA UM PROJETO

A despeito das inúmeras coisas que você possa querer realizar neste ano, pode ser útil focar parte da sua atenção em um grande projeto. Um grande objetivo. Seja ele algo prático ou espiritual, você pode usar a magia para ajudá-la a alcançá-lo.

Hoje, pense no que você deseja. Uma mudança de carreira? Um novo relacionamento? Alguma forma de aprimoramento pessoal? Outro gato? (Desculpe, talvez isso seja só para mim. E a resposta é "não".) Não precisa ser algo grandioso. Talvez você queira organizar toda a bagunça acumulada na sua casa e se livrar do que não precisa mais, liberando seu espaço e sua mente. (Peraí, isso pode ser algo que *eu* preciso, mas não é uma má ideia pra você também.)

Escolha um projeto e escreva-o no seu diário ou cole um lembrete com LETRAS GRANDES na porta da geladeira, para não esquecer. Você pode mudar de ideia mais tarde, caso decida que esse projeto não é o ideal, mas, por enquanto, defina a intenção de realizar esse objetivo, seja ele qual for.

Em seguida, faça algo prático que a impulsione um pequeno passo em direção ao seu objetivo e recite este pequeno encantamento:

Com este passo, o primeiro de muitos, coloco meus pés no caminho do sucesso e da realização. Minhas intenções estão definidas, minha magia é forte e nada irá me deter.

Faça uma pausa e imagine-se realmente alcançando seu objetivo. Torne essa visão o mais nítida possível e sinta essa conquista se firmar profundamente dentro de você.

LUA CHEIA DE JANEIRO

03 JAN

Tradicionalmente, a lua cheia de janeiro é chamada de Lua do Lobo, embora também seja conhecida como Lua da Tempestade ou Lua Após o Yule. A Lua do Lobo recebe esse nome em virtude da presença mais visível dos lobos junto aos vilarejos, por causa da escassez de alimentos, e também por ser um momento para ficar pertinho da alcateia ou da família. O nome Lua da Tempestade se explica por si, especialmente se você mora em lugares onde há neve ou algum tipo de instabilidade climática.

Essa lua cheia é um excelente momento para realizar magias que visam à resolução de problemas familiares ou para trabalhar em prol da proximidade com aqueles que você considera sua "alcateia". Você também pode tentar fazer uma magia para acalmar as tempestades da sua vida ou suas tempestades internas. A lua cheia de janeiro é ideal para reflexões, meditação, jornadas espirituais e feitiços para promover a paz.

04 JAN

EOS

Eos é a deusa grega da aurora, que rege a luz, o rejuvenescimento e os recomeços. Ela é irmã do sol, para quem abre o portão do dia, e seus filhos são os quatro ventos elementares. Essa deusa é profundamente conectada com a natureza. De modo geral, é retratada conduzindo um carro alado, trazendo os ventos que dissipam as tristezas do passado e abrem espaço para mudanças positivas.

Para se conectar com Eos, você precisará acordar bem cedinho, mas a experiência valerá a pena. Ao nascer do sol, saia de casa ou olhe pela janela (se o tempo estiver ameno, abra-a para desfrutar a brisa). Sinta o potencial de cada novo dia e cumprimente Eos com estas palavras ou com o que vier ao seu coração:

Bela Eos, eu a saúdo no início deste novo dia e peço que me conceda o melhor dia possível. Envie seus ventos para afastar o que não me faz bem e permita-me rejuvenescer e recomeçar, para eu aproveitar ao máximo este dia e todos aqueles que virão. Que assim seja.

Depois, passe alguns minutos apreciando o nascer do sol.

A VELA BRANCA

05 JAN

Há velas de muitas formas, tamanhos e, obviamente, cores. De modo geral, usamos cores específicas para trabalhos mágicos, a fim de focar em um determinado objetivo, aumentar o poder de um feitiço ou simplesmente porque ela parece mais adequada.

Mas o que fazer se você não tem a cor da vela de que precisa ou não consegue decidir qual é a melhor?

A vela branca é sua melhor aliada. Ela pode ser usada para trabalhos mágicos gerais (como magia lunar) ou no lugar de qualquer outra vela. Sim, até mesmo a preta. Se quiser um toque de cor, pode amarrar um pedaço de corda, fita ou linha colorida ao redor da base de uma vela branca (cuidado para não pegar fogo) para simbolizar a cor desejada.

Velas brancas também podem ser incrivelmente relaxantes. Acenda uma e sente-se ou fique em pé diante dela. Observe a dança da chama. Sinta a calma energia neutra da cera. Enquanto foca na vela, respire lenta e profundamente e visualize sua energia tranquilizante se espalhando e a envolvendo. Se puder fazer isso em noite de lua cheia, melhor ainda. Mas, mesmo que não consiga, imagine a vela branca refletindo a luz e o poder da lua e absorva isso em seu âmago.

06 JAN
EXPERIMENTO COM ARTES DIVINATÓRIAS

Para muitos de nós, as artes divinatórias constituem uma parte da prática mágica. Elas podem ser um pouco desafiadoras, e diferentes tipos de adivinhação podem funcionar melhor para algumas pessoas do que para outras, mas é algo que a maioria de nós é capaz de fazer.

A ferramenta é séria e útil, mas também pode ser divertida. Se você ainda não a experimentou, talvez queira explorar várias formas para ver quais a atraem e quais você tem mais habilidade para usar. Não se preocupe em acertar tudo de primeira; encare como uma pesquisa.

Reúna o maior número possível de ferramentas divinatórias. Isso pode incluir cartas de tarot (mais de um deck, se você tiver vários), cartas de oráculo, pedras rúnicas, um pêndulo, um espelho de *scrying*, folhas de chá... o que você tiver à mão. Particularmente, só a aconselho evitar o tabuleiro Ouija.

Faça uma pergunta simples e use cada uma das ferramentas que tem à disposição. Se preferir, faça uma pergunta cuja resposta já conhece.

Você recebe a mesma resposta todas as vezes? Elas se repetem ou se contradizem? Há alguma ferramenta que pareça mais confortável de usar ou que ofereça respostas mais precisas? Você pode aprender muito ao brincar com artes divinatórias. Pode funcionar melhor em alguns dias do que em outros, então se hoje não estiver fluindo, não se preocupe. Apenas tente novamente em outra ocasião.

ESTOU TOTALMENTE PRESENTE NA MINHA PRÓPRIA VIDA

07 JAN

Afirmações são declarações simples, sempre ditas no tempo presente, que têm a intenção de proporcionar mudanças e crescimento positivos. A ideia é que, quando repetidas com frequência, as afirmações possam substituir pensamentos negativos (quem não os tem?) por positivos.

Repita esta e as outras afirmações do livro sempre que sentir necessidade. Crie a verdade que deseja para a sua vida. Respire fundo e diga: "Estou totalmente presente na minha própria vida".

08 JAN
MOTIVOS PARA TER UM DIÁRIO E COMO COMEÇAR

Ter um diário pode parecer intimidante, mas trata-se simplesmente , de escrever seus pensamentos em um caderno que reservou para esse fim. Em princípio, é algo que você pode fazer todos os dias e a prática de um diário mágico apenas significa que você se concentra na sua prática espiritual e em tudo o que está relacionado a ela. Você pode escrever sobre o que quiser.

Algumas pessoas gostam de escolher um diário especial, algo particularmente bonito ou elegante. Outras usam um caderno pautado simples. Não se preocupe se achar que não vai conseguir escrever todos os dias.

Mas, afinal, por que ter um diário? Em primeiro lugar, é uma boa maneira de acompanhar sua jornada espiritual. É fácil esquecermos os momentos especiais se não os anotarmos. O diário também serve como um lembrete para focarmos em nossa vida mágica por pelo menos alguns minutos, todos os dias.

Para hoje, apenas encontre um caderno bonito, ou, se preferir, saia e compre um. Escreva algo. Apenas uma primeira anotação. Pode ser seu objetivo para o ano, como está a lua esta noite ou uma breve oração. Ao escrever, firme um compromisso consigo mesma de continuar com seu diário e torná-lo seu. Você pode até decorá-lo com símbolos mágicos, se assim o desejar.

FEITIÇO PARA NOVOS COMEÇOS

09 JAN

Janeiro é um ótimo momento para novos começos, mesmo se você não for muito adepta às resoluções de Ano-Novo. Eu mesma não sou. Apenas crio uma lista de metas e uma palavra de foco.

Aqui está um feitiço simples para dar um impulso aos novos começos. Você pode usá-lo em qualquer época do ano.

Se quiser, acenda uma vela branca ou de qualquer cor que represente o que está tentando alcançar com seu novo começo. Por exemplo, rosa ou vermelho para um novo relacionamento, ou verde para algo que traga prosperidade, como uma nova carreira. Ou simplesmente se concentre em novos começos, de modo geral.

Eu deixo o passado e esqueço
Tudo o que não brilha mais
E me abro para um novo começo
Da minha magia seguindo os sinais.

10 JAN
PROTEÇÃO AO FAZER MAGIA ONLINE

A bruxaria hoje é muito diferente do que era trinta ou até mesmo dez anos atrás. Antigamente, se você queria praticar bruxaria com outras pessoas, tinha de encontrar um coven presencialmente ou viajar para uma convenção ou um festival.

Agora, é possível se conectar com outras bruxas pela internet, participar de aulas, elaborar feitiços e até fazer rituais. Mas essa conveniência traz seus próprios desafios, além dos habituais problemas tecnológicos. Realizar magia online pode expô-la tanto à energia eletromagnética gerada pelo seu computador ou telefone quanto às energias menos agradáveis de alguns dos outros participantes.

Há uma pedra preta chamada shungite que dizem proteger contra frequências eletromagnéticas. Você pode usá-la como uma joia ou colocá-la perto do seu computador. Pirita, obsidiana floco de neve e jaspe são cristais considerados úteis.

Você também pode se cercar de um escudo de energia mágica, visualizando uma luz branca protetora ao redor do seu corpo e espírito antes de começar sua magia online. Imagine-se envolta por um escudo protetor brilhante que a afastará de qualquer negatividade ou mau-olhado que possa ser direcionado a você, acidentalmente ou de propósito. Quando terminar, lembre-se de desfazer o escudo até que precise usá-lo novamente.

ENTRANDO EM SINTONIA

11 JAN

Para alguns, as habilidades sensitivas surgem espontaneamente, sem nenhum esforço. Para outros, elas requerem prática, a fim de descobrir como aproveitar os dons inatos e torná-los mais poderosos e fáceis de usar.

Uma boa maneira de começar é surpreendentemente simples. Entre em sintonia com o mundo ao seu redor e com a sua voz interior. Muitas vezes, as habilidades sensitivas podem ser sutis e só são úteis se você prestar atenção nelas. Quantas vezes você teve uma sensação, uma vaga impressão de que talvez não deveria ir a algum lugar ou que precisava ficar longe de certa pessoa — uma sensação que talvez só tenha se dado conta em retrospecto?

Entre em sintonia. Observe. Ouça. Perceba se talvez algo sensitivo já está acontecendo em sua vida. Uma boa maneira de começar é prestando mais atenção quando tiver uma dessas sensações ou ouvir essa sua voz interior. Pause um pouquinho e sente-se em silêncio. Relaxe e veja se algo ocorre à sua mente. (Se algo surgir, talvez seja uma boa anotar em seu diário ou no Livro das Sombras, se tiver um, para se lembrar depois, caso se torne algo relevante no futuro.)

12 JAN

CRIANDO UM DIÁRIO MÁGICO PESSOAL

Mesmo que você não se considere particularmente artística ou criativa, muitos dos trabalhos associados à bruxaria podem ser simples e de fácil execução, exigindo pouco tempo e poucos materiais.

Você pode começar criando seu próprio diário mágico, que pode usar para anotar os tópicos deste livro, junto com qualquer outra coisa que considere importante em sua jornada mágica pessoal ao longo do ano. Pode ser apenas escrever seu nome (de batismo ou de bruxo) na capa interna e anotar "Meu Diário Mágico" na primeira página. Ou colar folhas, símbolos mágicos, adesivos ou qualquer outra coisa que achar interessante na capa frontal para torná-lo ainda mais único e especial. Faça o que achar que o tornará mágico para você.

COMO ESTÁ O TEMPO?

13 JAN

A maioria de nós considera a bruxaria uma religião baseada na natureza, então conectar-se com ela de várias formas pode ser uma parte importante da sua prática.

Se você mora no campo ou perto do mar, isso pode ser bem simples. Bruxas urbanas podem precisar se esforçar um pouco mais, mas ainda assim é viável. A natureza está em toda parte, no ar que respiramos e na chuva que cai do céu, onde quer que você esteja.

Uma maneira fácil de se conectar com a natureza é prestar atenção no tempo. Você não precisa anotar isso em nenhum lugar, a não ser que queira, é claro. Apenas tire um ou dois minutinhos todos os dias para observar como está o tempo lá fora. Ou, se vive no interior de Nova York como eu, o que está acontecendo a cada quinze minutos, pois é mais ou menos a frequência com que o tempo muda de ideia.

Pode não parecer grande coisa, mas uma boa parte da bruxaria tem a ver com prestar atenção aos pequenos detalhes, porque são esses detalhes que compõem a nossa vida.

Como está o tempo lá fora agora? Como você se sente em relação a isso? O tempo te agrada ou gostaria que mudasse? Apenas pare por um minuto e integre-se ao tempo. Conecte-se com essa parte elemental e mística da sua essência que encontra magia na natureza.

14 JAN
EXPLORANDO A MAGIA DAS PEDRAS PRECIOSAS

Tenho que confessar: amo pedras preciosas. Mas não estou sozinha. A maioria das bruxas que conheço tem pelo menos algumas pedras para uso em seus trabalhos mágicos ou então para decorar suas casas. Algumas, como eu, têm, digamos, mais do que algumas. Muitas. OK, *centenas*.

Uma das grandes vantagens das pedras preciosas é a sua variedade, então, na certa, encontrará uma ou mais que te atraem e que serão úteis para serem integradas ao seu trabalho mágico ou bonitas para decorar o seu altar. Mas como descobrir quais são as melhores para você?

A pesquisa é um bom ponto de partida. Existem muitos livros ótimos sobre o uso de pedras. Eu tenho uma penca deles, embora a *Encyclopedia of Crystal, Gem & Metal Magic*, de Cunningham (Llewellyn, 1998), seja um dos meus favoritos. Você também pode encontrar muitos recursos online. Não se surpreenda se descobrir que nem todos os especialistas concordam entre si. Isso também é parte do seu trabalho mágico.

A melhor maneira de encontrar suas favoritas, no entanto, é ir a uma loja esotérica ou de pedras preciosas e simplesmente conhecê-las, se puder. Pegue-as, sinta sua energia, veja quais parecem te chamar. Elas não precisam ser grandes ou caras para funcionar. Só precisam ser as pedras certas para você.

SKADI
15 JAN

Skadi é a deusa nórdica do inverno, então se você mora no hemisfério norte, esse período do ano é apropriado para se conectar com ela ou inspirar-se em sua essência enquanto realiza atividades relacionadas a essa estação do ano. Ela é uma caçadora habilidosa, determinada e sagaz, e encara os desafios de frente. Se você está lidando com desafios pessoais ou simplesmente tendo dificuldades para enfrentar o frio e a melancolia do inverno, pode invocar Skadi para te ajudar.

Para se conectar com ela, tente dizer estas palavras ou o que sentir que funciona melhor para você:

Skadi, deusa do inverno, das montanhas e da neve, eu te saúdo com respeito e peço que me ajude a lidar com os desafios na minha vida. Não importa o quão frio o mundo pareça, lembre-me de que há calor e força dentro de mim e ajude-me a trazer essas qualidades à tona quando eu precisar delas. Obrigada.

16 JAN
ENCONTRANDO O SILÊNCIO

Vivemos em um mundo barulhento, que exige demais de nós e, frequentemente, nos sobrecarrega. Na maioria das vezes, não há muito que possamos fazer para mudar isso, mas temos o poder de dar um passo atrás quando necessário.

Sempre que as coisas te sobrecarregarem, tire alguns minutos para fazer esta breve meditação para tranquilidade e paz. Você pode lê-la para si mesma em silêncio ou em voz alta, ou até mesmo gravá-la para aqueles momentos em que não tem foco. Certifique-se de ir bem devagar, sem pressa alguma. Comece com três respirações lentas e profundas e encerre da mesma forma.

O mundo é ruidoso, mas dentro do meu coração e espírito, há silêncio. Escondido sob o ruído e a agitação, há um núcleo de calma ao qual posso recorrer sempre que precisar. Ao inspirar, eu me volto para dentro e toco esse silêncio. Ao expirar, eu libero a tensão e o estresse. Eu estou em silêncio. Eu estou em paz. Eu estou calma. Eu estou em silêncio. Eu estou em paz. Eu estou calma. No centro do meu universo, posso me voltar para dentro, e sempre há um lugar silencioso. E eu posso levar esse silêncio e calma de volta comigo para o mundo, e isso me dará forças.

A VASSOURA

17 JAN

De todas as ferramentas que usamos na bruxaria, a vassoura é a que mais representa quem e o que somos. É um símbolo clássico associado às bruxas e combina tanto o masculino (o cabo) quanto o feminino (as cerdas). O que é bastante apropriado, uma vez que somos todos compostos por ambos os aspectos.

Uma das grandes vantagens da vassoura é que você pode deixá-la à vista e ninguém saberá que está exibindo um símbolo do seu lado bruxesco. Aqui estão algumas ideias sobre o que você pode fazer com uma vassoura simples:

- Decore uma e pendure-a na parede. Você pode usar ervas ou flores secas, cristais envoltos em arame, ou qualquer outra coisa que lhe agrade. Se você pratica magia abertamente, também pode usar símbolos bruxescos, como pentagramas e amuletos de deusas.
- Use uma vassoura especial para ocasiões mágicas, seja para varrer a energia negativa ou para uma limpeza que incorpore um toque mágico.
- Pendure uma vassoura deitada acima da entrada da sua casa para protegê-la.
- "Pule a vassoura" como um casal durante uma cerimônia de *handfasting* (atar de mãos) ou casamento.

Ou então apenas limpe sua casa com sua vassoura comum, mas concentre-se em acessar suas vibrações bruxescas na limpeza para dar um toque de energia.

18 JAN

DEPRESSÃO

Muitos de nós enfrentam algum problema de saúde mental. Nos últimos anos, essas questões se tornaram ainda mais desafiadoras, dificultando o modo como lidamos com elas. A magia por si só não é suficiente para tratar problemas graves de saúde mental, mas você pode usá-la como um complemento à terapia, à medicação ou às muitas abordagens de cura não tradicionais atualmente disponíveis.

A depressão é insidiosa. Ela sussurra no seu ouvido e conta mentiras. Às vezes, tem sua origem em situações reais (término de um relacionamento, problemas financeiros, perdas); em outras, é resultado de um desequilíbrio na química cerebral e, frequentemente, uma combinação de ambos.

Você pode realizar magia para deixar o espírito mais leve, para se livrar da depressão ou para equilibrar a mente, entre outras coisas. Se estiver se sentindo para baixo, experimente esta simples invocação. Você pode realizá-la sempre que sentir necessidade.

> *Deus e Deusa, que vigiam todos*
> *Ouçam minha súplica e escutem meu chamado,*
> *Removam a escuridão em minha mente,*
> *E ajudem-me a encontrar a paz de espírito*
> *Enviem luz para espanta.r*
> *A depressão que ameaça arruinar meu dia*
> *Que assim seja.*

CRIANDO ÁGUA MÁGICA

19 JAN

Fazer água mágica pode não parecer um projeto artesanal, mas isso é bruxaria, e usamos ferramentas que não são as do artesanato comum!

Água mágica pode ser usada durante a realização de magias e trabalhos ritualísticos para limpar objetos ou pessoas, para limpeza mágica da casa ou até mesmo como parte da bênção e consagração de suas outras ferramentas. É simples e fácil de fazer.

Comece com água pura. Água de chuva é excelente, mas água da torneira também serve, se for a única disponível. (Se estiver usando água do mar ou de um rio, aconselho limpá-la, passando por um filtro de café para remover resíduos indesejados.) Coloque a água em um recipiente transparente, como um vaso ou um jarro de vidro. Depois, pode adicionar raminhos de ervas frescas como alecrim ou sálvia, ou cascas de limão. Todas essas ervas são ótimas para purificação, limpeza e proteção, mas você pode escolher usar as que mais lhe agradam. Se quiser, também pode acrescentar um cristal, como quartzo ou ametista.

Coloque a água do lado de fora, sob a luz da lua, se tiver um bom lugar para isso, em um parapeito de janela que receba luz da lua ou do sol ou no seu altar. Em um dia ou dois, retire as ervas e o cristal e verta a água em um recipiente especial com tampa. Depois, basta guardar com suas outras ferramentas mágicas.

20 JAN
COMO SER UMA BRUXA DE COZINHA

Existem vários tipos de bruxas. Algumas usam um nome específico para se identificar, outras são uma combinação de vários tipos. Outras apenas se denominam "bruxa" e pronto. Isso depende principalmente de onde está o seu foco e como funciona a sua prática. Eu, por exemplo, sou uma Bruxa Eclética, o que significa que incorporo elementos e conceitos de diferentes tradições em minha prática. Parte de mim se identifica fortemente como Bruxa de Cozinha, integrando a magia de forma natural e intencional no preparo e no consumo dos alimentos.

Ser uma Bruxa de Cozinha requer, acima de tudo, intenção e atenção plena. Cada ingrediente é escolhido não apenas pelo sabor, mas também por suas associações mágicas. Se busco prosperidade, por exemplo, preparo uma salada com ervas e vegetais que simbolizam esse propósito. Enquanto corto e misturo os ingredientes, mantenho o foco na intenção de atrair abundância e riqueza.

Olhe para os ingredientes que já estão na sua cozinha — você ficará surpresa com quantos deles têm potencial mágico. Comece pelas ervas e depois explore o resto. Que tal experimentar hoje? Prepare um prato que reúna elementos com o mesmo propósito e veja a mágica acontecer. Parabéns! Você já é uma Bruxa de Cozinha.

O MAGO

21 JAN

O Mago é uma das cartas dos Arcanos Maiores que mais me encanta, seja no baralho clássico Rider-Waite-Smith ou no meu *Everyday Witch Tarot*. Ele surge como uma figura poderosa, cercada por ferramentas mágicas, lembrando-nos de que temos à disposição tudo o que precisamos para enfrentar os desafios da vida — basta sabermos usá-las.

Coloque a carta do Mago no seu altar, se tiver um, ou apenas sobre a mesa à sua frente. Se desejar, acenda uma vela ou apenas contemple a imagem. Pense nos obstáculos que está enfrentando e faça uma lista das suas habilidades e dos recursos que podem ajudá-la a superá-los.

Essas ferramentas podem ser mais sutis, como paciência ou uma determinação inabalável, ou algo de ordem prática, como conhecimento, experiência, aliados e, claro, a própria bruxaria. Anote tudo no seu diário ou em um papel e continue acrescentando à medida que novas ideias forem surgindo. Sempre que precisar de um lembrete do seu poder, releia essa lista. Você já tem todas as ferramentas de que precisa.

22 JAN

BRANCO

A maioria das pessoas não considera o branco uma cor, mas, tecnicamente, ele é a combinação de todas as cores. Isso o torna muito poderoso na magia. Além disso, está associado às deusas e à lua, bem como à pureza, à verdade, à clareza e à luz.

Assim como uma vela branca pode substituir qualquer outra cor, o branco pode ser usado em qualquer ritual ou trabalho mágico, se você não tiver uma cor específica disponível.

Experimente fazer um ritual todo na cor branca. Use um tecido branco no altar, uma ou várias pedras brancas (como madrepérola, que na verdade é uma concha, ou ágata branca, ou pedra-da-lua) e quaisquer outros elementos brancos que você tenha, por exemplo, uma pena branca. Você pode até usar roupas brancas, se quiser.

Prepare o ritual desejado e acenda uma vela branca. Veja como é trabalhar com o branco e se a energia parece diferente para você.

O ritual pode ser ainda mais poderoso se realizado em uma noite de lua cheia.

MAGIA NO CHUVEIRO NO INÍCIO DO DIA

23 JAN

Muito se fala sobre magia na cozinha, mas a cozinha não é o único cômodo importante na casa. Pense em quanto tempo você passa todos os dias no banheiro: tomando banho no chuveiro ou na banheira, lavando as mãos, usando o vaso sanitário, se olhando no espelho e assim por diante. Com um pouco de imaginação e foco intencional, é possível integrar o trabalho mágico em todas essas atividades diárias.

Se você prefere tomar banho logo no início do dia, pode começar a manhã com uma magia para se purificar, aumentar a sua energia e o seu poder ou qualquer outro objetivo que desejar. Eu uso um spray revigorante que eu mesma crio, combinando óleos essenciais como toranja, gerânio, alecrim e hortelã. Ele melhora o humor e clareia a mente. Ligo a torneira, borrifo minha mistura mágica (que tem um cheirinho delicioso) no chuveiro e depois entro.

Se você não estiver a fim de usar um spray, pode apenas visualizar a água imbuída daquilo que deseja e sentir que ela a envolve, gota por gota.

24 JAN

A FÊNIX

A fênix, criatura mitológica imortal, simboliza a eterna renovação. Ela arde em chamas e renasce das próprias cinzas, repetindo esse ciclo infinitamente. Para uma bruxa, a fênix representa os ciclos naturais da vida — nascimento, crescimento, morte e renascimento — ou até mesmo o conceito de reencarnação. Em geral associada às cores do fogo, como vermelho e amarelo, alguns mitos descrevem a fênix com as cores do arco-íris, representando a sua essência transformadora.

Com o início de um novo ano, janeiro é o momento ideal para se conectar com a energia da fênix. É a hora de deixar o passado para trás, aprender com os erros e se reinventar para algo novo e iluminado. Acenda uma vela de cor vibrante — laranja, amarela ou vermelha —, ou até mesmo uma feita com a combinação de todas elas. Segure uma pedra oval ou um cristal laranja ou vermelho, como a cornalina.

Feche os olhos e visualize-se em chamas, não um fogo destrutivo, mas um fogo purificador que consome tudo o que não lhe serve mais, deixando apenas o que vai nutrir o seu crescimento. Sinta-se renascendo, plena de potencial e pronta para criar uma nova versão de si mesma. Então, afirme em voz alta: "Eu sou a fênix e estou renascendo, livre para avançar, sem que o passado me detenha".

VISUALIZAÇÃO
25 JAN

De todas as práticas básicas da bruxaria, a visualização pode ser a que usamos com mais frequência. Ela pode nos ajudar a manter o foco durante rituais e práticas e auxiliar na meditação e em todas as formas de trabalho mágico. Por exemplo, se você está fazendo magia na cozinha e adicionando especiarias a um prato por suas associações de cura, pode visualizar o prato brilhando com energia de cura e "ver" essa energia entrando no seu corpo a cada mordida.

Visualizar significa basicamente ver coisas dentro da sua cabeça que não são visíveis no mundo real. Você pode visualizar o mar quando deseja se sentir calmo, ou visualizar-se cercado por uma luz branca protetora quando está em uma situação em que se sente vulnerável.

Nem todo mundo tem facilidade para visualizar, o que está longe de ser um problema. Se você tem dificuldade com essa prática, não se culpe. Algumas pessoas neurodivergentes, por exemplo, podem achar impossível visualizar de forma mais nítida. Nesses casos, usar imagens ou outros recursos pode ser uma ótima alternativa. A prática, no entanto, pode melhorar sua habilidade com o tempo. Tente dedicar alguns minutos para imaginar um lugar tranquilo, como o mar ou um campo sereno. Concentre-se nos detalhes: que cheiro paira no ar? O que você sente sob os pés? Ouça o som das ondas quebrando ou dos pássaros cantando ao seu redor. Sinta a brisa suave. A visualização não se trata apenas de ver, mas de criar uma experiência sensorial completa em sua mente. Quanto mais você praticar, mais natural se tornará.

26 JAN

CONVERSANDO COM OS MORTOS

As bruxas acreditam em uma realidade que vai muito além do que os olhos podem ver. Acreditamos que existe um mundo invisível, repleto de energias, seres elementares, espíritos guardiões e muito mais. O fato de algo não ser visível não significa que não exista. Afinal, nossos sentidos vão além da visão e é através do chamado sexto sentido que as bruxas se conectam ao místico e ao mágico que se encontram além do plano físico.

Algumas pessoas, bruxas ou não, têm a capacidade de ver o invisível, algo que pode ser tanto uma bênção quanto um desafio, mas que certamente torna a vida mais interessante.

Há também quem consiga se comunicar com os mortos; essas pessoas, quando o fazem com certa frequência, são chamadas de médiuns. Para muitos de nós, contudo, essas conexões são esporádicas, geralmente com aqueles que nos foram muito queridos em vida, sejam pessoas ou animais, ou em lugares onde as energias dos falecidos são mais intensas.

Se você deseja explorar esse tipo de comunicação, pode visitar locais conhecidos por suas energias espirituais ou abrir-se para perceber sinais sutis — visões, sons ou sensações — que indiquem a presença de um espírito. Para tentar se comunicar com um ente querido falecido, você pode escolher um momento ou um local significativo, acender uma vela em um ambiente tranquilo e silencioso, e simplesmente anunciar que está pronto para ouvir.

FEITIÇO PARA DEIXAR IR EMBORA
27 JAN

O início de um novo ano é uma oportunidade perfeita para se desprender de tudo aquilo que não contribui mais para o seu crescimento ou que bloqueia o seu caminho. Embora esse seja um momento propício, você pode realizar esse ato de desapego sempre que achar necessário — talvez todos os dias por uma semana ou até por um mês, sobretudo se estiver enfrentando dificuldades em desapegar de algo específico.

Esse feitiço é especialmente poderoso durante a lua escura, mas o mais importante não é o momento em si, mas sua intenção de seguir seu propósito após a conclusão do ritual. Se desejar, acenda uma vela preta para simbolizar o que está sendo liberado, recite o feitiço, então acenda uma vela branca, apagando a preta em seguida para representar o espaço que está sendo aberto para o novo. Outra opção é escrever em um papel o que deseja deixar para trás e depois rasgá-lo ou queimá-lo ao finalizar o ritual, selando o ato de desprendimento.

Eu reconheço que há coisas que não servem mais para mim
Eu as deixo ir.
De bom grado, abro espaço para o que é novo, saudável e produtivo
E deixo para trás o que é antigo, não saudável e improdutivo
Eu reconheço que há coisas que não servem mais para mim.
Eu as deixo ir.
Eu as deixo ir
Eu as deixo ir

28 JAN
CALDO PROTETOR DE ALHO

O alho é uma erva bastante protetora e também possui propriedades curativas, por isso, gosto de preparar este caldo de alho quando me sinto vulnerável, tanto física quanto espiritualmente. Ele é um ótimo exemplo de como a Magia da Cozinha pode ser simples.

Preparo uma leva de caldo de alho quando sinto necessidade de proteção ou retiro uma porção já pronta do congelador quando não estou me sentindo bem. Você pode dobrar ou triplicar esta receita, se desejar, e ajustá-la com outras ervas que lhe agradarem. É bom para beber sozinho, mas também pode ser usado como base para outras sopas.

Descasque e fatie seis dentes de alho. Para liberar ainda mais o potencial de combate a germes, amasse-os e deixe-os repousar por pelo menos dez minutos. (A oxidação, ou o poder do ar, ajuda a transformar as propriedades curativas do alho, tornando-o ainda mais poderoso. Química alimentar *e* magia!)

Coloque o alho em duas xícaras de água, juntamente com uma folha de louro e duas folhas de sálvia fresca, ambas com qualidades protetoras próprias, e uma colher de sopa de azeite. Ferva e deixe cozinhar em fogo baixo por pelo menos quinze minutos. Coe as ervas e beba o caldo ou adicione-o a sopas para um reforço de proteção.

A BRUXA E A LUA
29 JAN

As bruxas têm uma relação especial com a lua. Quando ela está cheia, é poderosa, bela, inspiradora e usada como um momento para se conectar com a Deusa e realizar magias importantes. A lua cheia com uma lua crescente de cada lado é usada como símbolo para a bruxaria. Também seguimos as fases lunares e, às vezes, baseamos nossa magia (e até mesmo nosso jardim) na fase em que a lua se encontra.

No próximo mês, preste atenção à lua. Se puder, vá para fora e lhe dê um "olá", ou pelo menos olhe pela janela e acompanhe como ela muda. Veja se você se sente diferente dependendo da fase da lua.

Conecte-se com ela todas as noites, mesmo que por apenas um minuto, e fortaleça esse vínculo entre bruxa e lua.

Comece hoje à noite.

30 JAN

SAUDANDO A AURORA

Embora nosso foco principal seja na lua, o sol também é importante para a prática da bruxaria. Ele representa Deus, luz e energia, e é o contraponto masculino à lua, mais feminina. Portanto, não se esqueça de incluí-lo em sua prática.

Uma das minhas maneiras favoritas de fazer isso é saudar o nascer do sol. (Ou o mais próximo do horário do nascer do sol que você presencia — como o sol nasce mais tarde no inverno, você ainda pode fazer isso sem precisar levantar-se às cinco da manhã). Você pode fazer um ritual formal, mas geralmente eu apenas olho pela janela e dou um "olá" ao sol e ao novo dia.

A aurora tem uma energia própria, cheia de potencial e pureza. Reserve um momento todos os dias para saudá-la e reconhecer a importância do sol. Se for muito tarde para fazer isso hoje, tente levantar-se amanhã e olhar pela janela assim que acordar. Diga: "Saúdo o início deste novo dia com alegria e entusiasmo e me abro a todas as boas coisas que ele tem a oferecer. Saúdo o sol e abraço sua energia. Que ele me fortaleça enquanto sigo para o restante do meu dia".

EXPLORANDO A MAGIA DAS ERVAS

31 JAN

As ervas têm sido um componente importante do trabalho mágico desde os primórdios. Elas são fáceis de usar e, além das exóticas e esotéricas, geralmente são bem baratas. Muitas das ervas usadas na magia também possuem propriedades culinárias e de cura, o que as torna multifuncionais.

Se você ainda não tem muita experiência com elas, agora é um bom momento para começar a conhecê-las e usá-las. Existem muitos livros incríveis sobre a magia das ervas, além de informações online disponíveis; mas, como sempre, certifique-se de que suas fontes sejam confiáveis. Uma loja local esotérica, se você tiver uma por perto, provavelmente terá um estoque de várias ervas secas, mas você também pode encontrar a maioria delas em lojas de produtos naturais ou até mesmo em supermercados (embora aí os preços sejam mais caros). Ervas frescas, incluindo flores e outras plantas, também são divertidas para experimentar.

Você tem uma erva favorita que usa para cozinhar? Descubra quais são suas propriedades mágicas. Uma flor favorita provavelmente também terá algumas. Dedique um tempo para brincar com as ervas e conhecê-las, já que elas são amigas das bruxas. Escolha uma hoje e veja quais usos mágicos ela possui que podem funcionar na sua vida diária ou nas práticas de bruxaria. Se quiser, faça anotações no seu diário ou no Livro das Sombras para que essas informações estejam disponíveis quando você precisar.

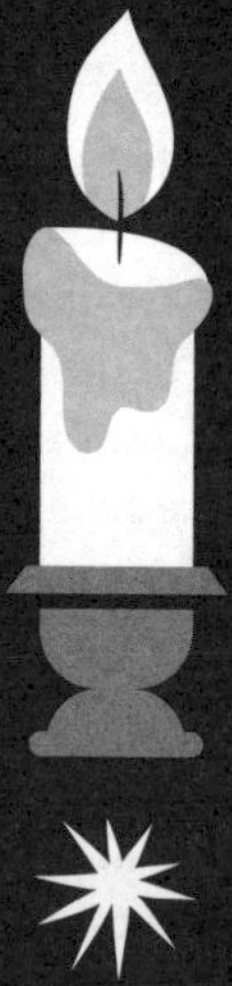

FEVEREIRO
presença e direção

BRIGID
01 FEV

Brigid, também conhecida como Brigit, é uma deusa tripla celta muito amada, que governa a cura, a metalurgia e a criatividade, em suas mais diversas formas. Seus símbolos incluem o caldeirão, associado tanto à cura quanto ao fogo da criatividade, os rios e poços sagrados, a poesia e a música.

Brigid é celebrada muitas vezes ao longo do ano, mas seu principal festival é o Imbolc (no dia 2 de fevereiro), quando ela dá as boas-vindas aos primeiros sinais da primavera no hemisfério norte. Para se conectar com ela, tente fazer um ritual de cura usando um pequeno caldeirão de ferro ou uma tigela que possa ser suspensa sobre uma vela (como aquelas projetadas para aquecer óleos essenciais), ou até mesmo uma panela no fogão. Acrescente algumas ervas curativas, como lavanda, erva-cidreira, calêndula, alecrim, hortelã-pimenta ou eucalipto, e deixe-as em infusão na água até que seu aroma preencha o ar.

Diga: "Obrigada, Brigid, por seu dom de cura hoje e sempre". Em seguida, passe o ar acima do caldeirão ou da panela sobre sua cabeça três vezes. Se quiser, prepare um chá e o beba.

02 FEV
IMBOLC

O Imbolc vem de uma celebração celta em homenagem à deusa Brigid e, para alguns, aos primeiros sinais da primavera. Dependendo de onde você mora, esses sinais podem não ser tão óbvios (ou visíveis), mas, ainda assim, estamos saindo lentamente da escuridão, em direção à luz.

Algumas pessoas usam essa data para rituais de purificação, preparando-se para a estação que está por vir, ou para práticas de adivinhação. Tente acender uma vela para representar a volta do sol e faça um trabalho sereno de introspecção, voltando-se para dentro em busca de clareza, praticando meditação ou utilizando a ferramenta de adivinhação de sua escolha para obter algum insight sobre o que precisa saber para o ano que se inicia.

Eis um ritual simples de adivinhação. Você pode usar cartas de tarot, pedras rúnicas ou até mesmo imagens impressas ou recortadas de uma revista. Selecione três itens, qualquer que seja sua escolha, para representar possíveis metas, projetos ou desejos para os próximos meses. Por exemplo, use uma carta de tarot, uma pedra rúnica ou uma imagem que simbolize prosperidade, algo que represente amor e algo que caracterize novos começos.

Coloque suas três escolhas viradas para baixo em uma mesa e acenda uma vela amarela para representar Brigid e a energia do sol. Embaralhe muito bem os itens e, em seguida, escolha um. A opção escolhida indicará onde você deve focar sua atenção primeiro.

LUA CHEIA DE FEVEREIRO
03 FEV

A lua cheia de fevereiro é, às vezes, conhecida como Lua da Neve ou Lua da Fome, porque em muitas partes do hemisfério norte o clima é severo e a comida pode ser escassa. Também é chamada de Lua do Gelo ou Lua da Tempestade, por razões óbvias.

Se você mora em um lugar onde há neve, pode trazer um pouco dela para dentro de casa em uma tigela na noite de lua cheia e realizar um simples ritual de gratidão pelo lar, pelo calor e pela comida abundante. Se mora em um lugar mais quente, pode usar cubos de gelo como símbolo ou congelar um pouco de água da chuva até que fique semicongelada.

Prepare uma xícara de sua bebida quente favorita — chá, café, chocolate quente ou até mesmo um ponche. Você também vai precisar de uma vela branca. Faça isso ao ar livre, sob a luz do luar, ou dentro de casa, em um altar, mesa ou bancada. Pegue a tigela com a neve ou gelo e segure até que suas mãos comecem a esfriar. Depois, acenda a vela e levante-a em direção ao céu, dizendo: "Reluzente dama da lua de inverno, agradeço pelos dons do calor e da segurança". Em seguida, pegue sua bebida quente e beba um gole, segurando-a até que suas mãos fiquem aquecidas novamente. Concentre-se no aconchego que isso traz e leve essa sensação reconfortante com você quando o ritual terminar.

04 FEV
FAÇA UM QUADRO DE FOCO

Quadros de foco são ferramentas úteis para concentrar a atenção e a intenção em uma meta específica ou em um conjunto de metas. Se você decidiu trabalhar em um projeto mágico ao longo do ano, agora é um bom momento para fazer um quadro de foco para ajudá-la a se manter no caminho certo. Caso contrário, sinta-se à vontade para fazer um para qualquer outro objetivo que tenha para o ano que se inicia.

Comece com uma folha de papel grosso, como cartolina. Pode ser do tamanho que preferir, dependendo de onde vai pendurá-la e de quanto espaço tem disponível. Você pode usar imagens recortadas de revistas ou impressas da internet, ou até mesmo fotografias, se tiver algumas que sejam relevantes. Também pode escrever palavras como *prosperidade* ou *alegria*, ou qualquer que seja seu(s) objetivo(s).

Cole ou fixe suas imagens, escreva sua mensagem em letras grandes e chamativas perto das ilustrações que a acompanham e acrescente quaisquer decorações ou ilustrações que lhe pareçam apropriadas. Em seguida, pendure o quadro em um lugar onde você o veja com frequência, para que sirva tanto como um lembrete quanto um incentivo à sua intenção mágica e às atividades que você deve seguir.

Dica: se você for uma pessoa mais tecnológica do que habilidosa com artesanato, monte uma versão digital e a mantenha no computador ou no celular, contanto que se lembre de olhá-la. Você pode usá-la até como protetor de tela!

LUZ NA ESCURIDÃO
05 FEV

Velas são uma ferramenta maravilhosa em qualquer época do ano, símbolos poderosos de luz na escuridão.

Se estiver se sentindo sem energia para começar um novo mês, experimente acender uma vela quando escurecer, espalhar velas pequenas pela sala ou colocar velas flutuantes em tigelas.

(Certifique-se de que estão em recipientes e locais seguros contra o calor e onde não possam ser derrubadas por animais de estimação.)

Você pode se surpreender com o quanto esse pequeno gesto pode elevar seu ânimo.

06 FEV
PERGUNTE AO TAROT

Algumas pessoas acham as cartas de tarot, ou o trabalho de adivinhação de modo geral, complicados e um pouco intimidantes, mas não precisa ser assim. Se você é iniciante no tarot, escolha um deck com o qual se identifica — um em que as imagens e o livro que o acompanha (se houver) combinem com seus gostos ou chamem sua atenção.

Se não souber qual escolher, experimente o tradicional deck Rider-Waite-Smith (gosto da versão *Radiant*, que é mais colorida) ou o meu deck *Everyday Witch Tarot*, que parece funcionar bem para quem gosta dos meus livros.

Depois, sente-se, embaralhe ou misture as cartas e faça uma pergunta a elas. Pode ser algo simples como: "O que preciso saber hoje?" ou algo relacionado a uma questão em sua vida, como:. "Devo aceitar esse emprego?" ou "Essa viagem é uma boa ideia?"

Se realmente quiser se sentir mais confortável com o tarot, reserve alguns minutos todos os dias durante um mês para fazer uma pergunta e tirar uma carta. Se tiver dificuldade em interpretar a resposta, sempre é válido consultar o livro, se isso ajudar. E se estiver mantendo o hábito de escrever em um diário, vale a pena anotar os resultados, à medida que avança.

EU SOU CAPAZ
07 FEV

Muitos de nós enfrentam a batalha interna de nos sentirmos à altura. Talvez tenhamos ouvido de familiares ou de outras pessoas que não somos bons o suficiente. Ou, quem sabe, esse sentimento tenha se enraizado dentro de nós de maneira silenciosa, crescendo sem que percebêssemos.

Mas eu lhe asseguro, os deuses acham que você é maravilhosa do jeitinho que é. Sim, todos nós precisamos nos esforçar para nos aperfeiçoar continuamente, mas isso não significa que você seja inadequada ou que não seja boa o bastante.

Quando esse sentimento se tornar forte demais, experimente repetir esta afirmação. Se quiser, pode até dizer em voz alta, olhando-se no espelho, com orgulho e determinação. Para impactar mais, afirme três vezes, falando mais alto a cada repetição: "Eu **sou** capaz".

08 FEV
GOTAS MÁGICAS DE CHOCOLATE

O chocolate é, sem dúvida, algo verdadeiramente mágico. Ele tem o poder de elevar o humor, expressar afeto e oferecer conforto após um dia difícil. Em termos mágicos, está fortemente associado ao amor e à prosperidade. Prefiro utilizar o chocolate amargo para meus trabalhos mágicos (e para degustar também), pois ele é mais saudável e contém uma maior concentração de cacau. No entanto, se preferir o chocolate ao leite, ele também pode ser uma excelente escolha para seus encantamentos e momentos de puro deleite.

Uma maneira fácil de usá-lo na magia é abençoar e consagrar um pacotinho de gotas de chocolate. Assim, você tem uma fonte de chocolate energizado para adicionar em biscoitos, sorvetes ou panquecas. Ou, se preferir, simplesmente coma um punhado quando sentir que precisa de um reforço.

Aqui está uma das minhas receitas favoritas de biscoitos com gotas de chocolate. A canela acrescenta mais energia de amor e prosperidade; a baunilha está associada ao amor, e a aveia, ao dinheiro. Concentre-se no amor, na prosperidade ou em ambos ao preparar esses biscoitos.

Misture 1 xícara de manteiga, 1 xícara de açúcar e ½ xícara de açúcar mascavo. Adicione 2 ovos e 1 colher de chá de baunilha. Misture 1 1/3 xícara de farinha, 1 colher de chá de bicarbonato de sódio, 1 colher de chá de sal, ½ colher de chá de canela e adicione aos ingredientes anteriores. Em seguida, acrescente 340 g de gotas de chocolate, 1 xícara de nozes (opcional) e 2 xícaras de aveia. Com uma colher, distribua porções da massa em uma assadeira untada.

Preaqueça o forno a 190°C e asse por dez minutos.

KIT DE FERRAMENTAS DA BRUXA DE COZINHA

09 FEV

Ser uma bruxa de cozinha é fácil e divertido (além disso, você pode comer os resultados da sua magia, o que é um bônus, não é?). Mas se você é nova nesse tipo de prática, vai querer começar com um kit básico de ferramentas para bruxas de cozinha.

Obviamente, não é algo que você possa comprar em uma loja de ferramentas. E o que esse kit de ferramentas inclui vai variar dependendo da sua abordagem, dos seus gostos e de questões práticas como orçamento e espaço disponível. Por exemplo, uma bruxa de cozinha que prepara principalmente bebidas como chás ou *smoothies* vai precisar de utensílios diferentes de alguém que faz sopas, ensopados ou massas.

Comece estocando as ervas que você vai usar com mais frequência em muitos pratos aos quais deseja adicionar um elemento mágico. Elas podem incluir salsa, alecrim, tomilho, endro, alho, manjericão e hortelã, entre outras. Faça uma lista para pegar o que precisa na próxima vez que for ao mercado (ou faça umas comprinhas hoje).

A maioria dos ingredient, es em sua cozinha tem, algum tipo de associação mágica (cítricos como limão e laranja são especialmente bons para limpeza e purificação, além de cura, por exemplo). Para estar preparada para sua próxima magia de cozinha, verifique o que já tem na geladeira e nos armários e faça uma lista para quando o momento chegar.

10 FEV

BRINCANDO COM CARTAS

Você pode achar que precisa de um deck de tarot para aprimorar suas habilidades divinatórias, mas um baralho comum de cartas pode ser surpreendentemente útil. Embora essas cartas não sejam usadas para adivinhação da mesma forma que o tarot ou os oráculos, elas servem como uma excelente ferramenta para exercitar seus dons.

A ideia é simples: praticar com o baralho ajuda a fortalecer seus dons sensitivos. Você pode fazer isso com outra pessoa, em que uma se concentra em uma carta específica (como o dez de paus), ou no naipe e na cor. Outra opção é embaralhar as cartas, deixá-las viradas para baixo e tentar adivinhar qual será a próxima a ser revelada. Você pode se surpreender com o número de acertos e, além disso, é uma forma acessível e divertida de praticar.

Aqui vai um outro exercício: embaralhe todas as cartas e disponha dez delas viradas para baixo, sem olhar. Tente adivinhar se cada carta é preta ou vermelha, qual é o naipe, se é uma carta numerada ou uma figura (valete, dama, rei), e até mesmo a carta exata, se tiver um pressentimento. Anote suas previsões em um papel, depois vire as cartas e veja o quão perto chegou. Com o tempo, repita o processo e observe se suas intuições se tornam mais afiadas.

POT-POURRI DE AMOR

11 FEV

Para um projeto artesanal divertido, fácil e rápido, faça um *pot--pourri* de amor para atrair amor para sua casa. Um pot-pourri é basicamente uma coleção de ervas e flores secas, em geral exibidas em uma tigela decorativa ou em um recipiente com furos que permite a liberação do aroma. Recomendo o segundo método se você tiver animais que possam se interessar pelo seu pot-pourri se deixá-lo exposto, mas, caso contrário, eles ficam bem lindos se usar uma mistura de ervas secas e flores coloridas.

Isso pode ser feito para qualquer tipo de intenção, claro, incluindo prosperidade, cura, proteção e assim por diante. Este é para o amor, mas se quiser direcionar para algo diferente, basta pesquisar as ervas que funcionam melhor para o seu objetivo.

Separe uma tigela ou um recipiente bonito e adicione os ingredientes do seu pot-pourri. Para o amor, você pode usar lavanda, pétalas de rosa, paus de canela (eles podem ser intensos, então você não precisa de muitos), cascas de laranja ou limão e cravos. Se desejar mais perfume, acrescente algumas gotas de óleo essencial. Enquanto coloca cada ingrediente no seu recipiente, concentre-se na sua intenção de atrair amor para sua casa ou de fortalecer o amor já presente, seja ele um amor romântico, familiar ou de qualquer outra forma. Se quiser, deixe em seu altar por alguns dias antes de transferi-lo para o seu lugar definitivo.

12 FEV
))((☾))((
OBSERVANDO O CÉU À NOITE

Conectar-se com a natureza é uma parte importante da prática de bruxaria, e uma maneira fácil de fazer isso é observar o , céu à noite.

Parece simplista, eu sei, mas o céu está sempre mudando, assim como a natureza e como nós. Em algumas noites você pode ver a lua, em outras, apenas nuvens. Se você mora em uma área mais rural, com menos poluição luminosa, observe as estrelas e os planetas brilhantes, como Vênus, enquanto se movem pelo céu.

Estar ciente das mudanças no céu é uma maneira fácil de dedicar cinco minutos por dia para se conectar com o mundo natural e com sua própria natureza mágica.

LIMPEZA COM SAL
13 FEV

Costumamos pensar em limpeza como defumação de ervas, mas na verdade há várias maneiras de purificação com sal, seja de forma ativa ou passiva. Geralmente uso sal marinho, em parte porque gosto de sua textura grossa e de sua conexão com o poder do mar, mas qualquer tipo de sal serve.

Para limpar um espaço ritual, espalhe sal ao redor das bordas. Se isso for muito caótico para fazer dentro de casa, misture o sal com água e borrife ou espirre o seu espaço. Você pode usar essa mistura para limpar quaisquer áreas da sua casa onde a energia pareça pesada ou sombria.

Melhor ainda: eis uma maneira de criar um "limpador de casa" passivo com sal que funcionará por dias sem nenhum esforço adicional da sua parte. Encha algumas tigelas pequenas com sal. Se desejar, acrescente algumas ervas secas (como sálvia ou alecrim) e lascas de pedras preciosas baratas. Energize-os em seu altar ou sob a lua cheia, depois espalhe-os pela sua casa.

Como irão absorver a negatividade e outras impurezas, certifique-se de trocá-los pelo menos uma vez por mês.

14 FEV

FEITIÇO PARA O AMOR

Feitiços de amor podem ser complicados. É fácil, acidental ou propositalmente, interferir no livre-arbítrio, o que, pela minha experiência, não é uma boa ideia. Mas, por outro lado, quem entre nós não poderia gostaria de um pouco mais de amor em nossa vida? O Dia dos Namorados tradicionalmente celebra o amor romântico, mas nem todos precisam ou querem trazer esse tipo de energia para si. Portanto, prefiro focar no amor de modo geral, incluindo o amor familiar e de amigos, bem como o amor-próprio, que é mais importante do que muita gente imagina.

É possível usar este feitiço para atrair amor romântico, se é isso que deseja. Simplesmente concentre-se em que tipo ou tipos de amor você está desejando enquanto faz o feitiço. Você pode até escrevê-los ou esculpi-los em uma vela rosa ou vermelha. Então acenda a vela antes de recitar o feitiço:

> *Amor como uma bênção*
> *De família e amigos*
> *Amor como um presente.*
> *Cujo calor nunca acaba*
> *Amor como um tesouro.*
> *Meu coração para aliviar,*
> *Peço mais amor.*
> *Nas formas que agradarão*
> *Assim seja.*

ANSIEDADE

15 FEV

Um dos maiores desafios em termos de saúde mental é a ansiedade. O mundo pode parecer um lugar perigoso e ameaçador, empregos e relacionamentos trazem incertezas, e às vezes parece que não temos controle sobre grande parte da nossa vida, um sentimento que não raro leva à ansiedade.

Além disso, existe o transtorno de ansiedade, em que uma combinação de fatores, incluindo uma química cerebral em desequilíbrio, pode levar à ansiedade crônica, mesmo quando a vida está indo bem. De modo geral, isso é tratado com terapia e medicação, mas meditação, yoga e outras abordagens naturais podem igualmente trazer alívio.

Não importa o que você faça para lidar com a ansiedade, nunca é demais adicionar uma dose de magia. Conectar-se com a natureza pode ser calmante, e você pode pedir ajuda aos deuses. Experimente recitar o texto a seguir como uma oração ou feitiço ou apenas como um lembrete de que você tem a magia a seu favor. Certifique-se de respirar lenta e profundamente antes, durante e após a recitação.

Grande Deusa, grande Deus, enviem-me paz e tranquilidade.
Acalmem minha mente e meu coração ansiosos. Envolvam-me com seu amor
e conforto. Lembrem-me de respirar e de me conectar com a terra,
e de me abrir para a serenidade do céu. Que quando a ansiedade se for, vocês tomem o lugar dela dentro de mim.

16 FEV

PRETO

Preto é a minha cor favorita. Algumas pessoas podem achar isso estranho, mas é uma cor que realmente me acalma. O preto pode ser bastante popular entre as bruxas, que há muito tempo são associadas a gatos, chapéus e muitas roupas pretas, então provavelmente isso não seja surpresa para ninguém que esteja lendo este livro.

Na bruxaria, o preto é usado para proteção e magia de banimento, incluindo feitiços para se livrar de doenças ou desequilíbrios. Às vezes, é usado para simbolizar a própria magia, já que é a cor da Deusa em seu aspecto de anciã.

Quando sentir a necessidade de proteção, acenda uma vela preta e visualize-se dentro de um forte campo de força da mesma cor, do qual qualquer energia negativa simplesmente se reflete, para ser devolvida de onde veio. Se você não é muito boa em visualizar, use um pedaço de fita preta ou fio para criar um círculo ao redor dos seus pés e entre nele antes de acender a vela.

Pedras pretas geralmente são consideradas protetoras; então se precisar de um foco extra, segure um pedaço de ônix preto, turmalina negra ou obsidiana, depois carregue-o com você, se sentir necessidade.

O EREMITA

17 FEV

O Eremita normalmente é retratado como uma figura barbuda e vestida com um manto, carregando um lampião e apoiado em um cajado. No *Everyday Witch Tarot*, mudamos um pouco a abordagem, e o Eremita é uma bruxa sentada de pernas cruzadas em frente a uma fogueira na floresta, provavelmente meditando ou contemplando as chamas, com uma coruja empoleirada nos galhos acima.

De qualquer forma, essa carta é um lembrete de que estar sozinho não é o mesmo que estar solitário. Todos nós precisamos de algum tempo sozinhos, seja para ter silêncio para pensar com clareza ou para descansar e recuperar as forças após muita interação com o mundo.

Hoje, dê a si mesma o presente de alguns momentos sozinha, um pouco de paz e quietude, sem televisão, telefone ou outras pessoas. Reserve um tempinho para hibernação, para desacelerar e voltar-se para o interior, e não para o mundo externo. Quer você medite, leia ou até mesmo tire uma soneca, o tempo sozinha pode ajudar a manter-se equilibrada em meio a uma vida agitada.

18 FEV

BANHO DE ERVAS PARA OBTER CURA

Se você tem a sorte de ter uma banheira e gosta de tomar banho de imersão, é muito fácil integrar o trabalho mágico à sua rotina regular. Você pode preparar os ingredientes com antecedência, se quiser, para um uso rápido e sem estresse sempre que precisar.

É possível criar banhos mágicos para vários objetivos ao mudar as ervas que usa. Este exemplo é para obter cura, mas você pode fazer um para ter calma, prosperidade, amor ou proteção. Algumas pessoas gostam de fazer um banho de limpeza antes de um ritual poderoso, e isso funcionará muitíssimo bem para esse propósito.

Reúna três ou quatro tipos de ervas curativas, como calêndula, lavanda, melissa, hortelã-pimenta, alecrim ou eucalipto. Ervas secas possuem um cheiro mais forte, mas, se tiver as frescas, elas têm uma energia incrível e um pouco mais suave. Adicione um pouco de sal marinho ou sal grosso, se preferir. Aveia pode acalmar a pele, e você pode acrescentá-la também. Se não quiser bagunçar sua banheira, coloque tudo dentro de um saquinho de musselina e o amarre. Caso contrário, jogue-as diretamente na banheira, após enchê-la.

Enquanto está imersa na água, inspire o aroma das ervas e concentre-se em sentir o poder curativo delas fluindo para você enquanto relaxa.

COIOTE — 19 FEV

O coiote é um animal da família dos canídeos, relacionado tanto com o cachorro domesticado quanto com seu primo maior, o lobo. Geralmente carnívoros, são conhecidos por serem muito adaptáveis, a ponto de não raro encontrarem-se vivendo à margem ou até mesmo em meio a um entorno humano. À noite, é possível ouvir seu uivo ligeiramente sinistro. Na mitologia, com frequência eram retratados como "trapaceiros" que sobreviviam valendo-se de astúcia, engano e até humor para conseguir o que queriam.

Para se conectar à energia do coiote de uma forma positiva, faça uma magia para que compartilhem seus dons com você. Coloque a imagem de um coiote em seu altar ou simplesmente foque em se conectar com o espírito mágico do animal.

Coiote, sábio e astuto trapaceiro que caminha nas margens entre o mundo natural e humano, empreste-me sua flexibilidade e sabedoria. Ajude a me adaptar de acordo com as minhas mudanças e a ser inteligente e perspicaz em meu pensamento e ações. Lembre-me de uivar, quando for necessário, e de rir, quando for a hora. Abençoe-me com a energia do coiote. Obrigada.

20 FEV — (((◐))) TUBÉRCULOS ASSADOS PARA CELEBRAR OS ANCESTRAIS

No hemisfério norte, o inverno costumava ser uma época difícil para nossos ancestrais, que dependiam da terra para a subsistência. Nessa época do ano, em lugares com invernos longos, havia poucos alimentos frescos, o que deixava as pessoas dependentes de qualquer caça que pudessem capturar e do que ainda restava da colheita de outono. Geralmente isso significava tubérculos, que eram armazenados em celeiros arejados até a primavera.

Esses legumes costumavam ser usados em sopas ou ensopados, mas gosto desta versão assada, que me faz sentir conectada com os meus antepassados. Você pode usar os tubérculos que preferir e preparar a quantidade de alimento que desejar. Os legumes podem ser servidos como um acompanhamento ou prato principal, se adicionar alguma forma de proteína.

Pique de 1,5 a 2 kg de tubérculos (batatas, cenouras, nabos, pastinacas, beterrabas etc.) em pedaços iguais para que cozinhem de maneira uniforme. Pique 2 cebolas grandes em pedaços grandes. Pique de 4 a 8 dentes de alho, a gosto, em pedaços grandes. Adicione ¼ de xícara de azeite, 1 colher de sopa de alecrim fresco ou seco, ½ colher de sopa de salsa seca ou qualquer outra erva que você goste. Sal grosso a gosto.

Misture tudo e asse em uma assadeira grande a 175°C por 35 a 45 minutos, ou até que estejam prontos.

FAZENDO UMA LISTA DE PEDRAS PARA USO MÁGICO

21 FEV

Quando realizamos trabalhos mágicos regularmente, pode ser útil ter todas as informações necessárias para montar um feitiço ou ritual reunidas e acessíveis, para não precisarmos procurar inúmeras referências ou buscar informações online no último minuto.

Essa é uma das razões pelas quais muitas bruxas têm um Livro das Sombras: para ter um lugar onde escrever os fundamentos que usam repetidamente. Por exemplo, pode ser muito prático ter uma lista de pedras preciosas e seus atributos para que, se você estiver elaborando um feitiço para obter prosperidade, por exemplo, só precise consultar sua lista para descobrir quais pedras funcionarão melhor para esse propósito. Se estiver mantendo um diário, outra dica é ter uma lista na parte de trás do seu caderno.

Vale a pena dedicar um tempo para pesquisar e anotar as informações para encontrá-las rápida e facilmente na próxima vez que precisar delas. Faça uma lista das suas pedras favoritas e para o que elas servem, ou anote os diferentes tipos de magia que costuma fazer e quais pedras você usaria para cada uma delas. Assim, você terá essas informações à mão na próxima vez que precisar. Comece com suas dez pedras favoritas e, com o tempo, acrescente à lista outras que achar úteis ou belas.

22 FEV

RHIANNON

Rhiannon é uma deusa celta da lua galesa que governa os cavalos, o sono reparador e os sonhos, além de aliviar a dor e o sofrimento. Geralmente é retratada montando um cavalo branco e pode ser invocada quando precisamos de ímpeto ou de uma melhor comunicação.

Para se conectar com Rhiannon, invoque-a um pouco antes de ir para a cama e peça que lhe envie um sono tranquilo e sonhos agradáveis. Se tiver uma estátua ou uma imagem de um cavalo, pode usá-la como ponto de foco, ou simplesmente dizer: "Grande Deusa, eu a chamo e peço por um sono profundo e curativo. Permita-me dormir bem e acordar renovada e pronta para enfrentar mais um dia. Abençoe-me com sonhos doces e um sono reparador. Assim seja".

EXERCÍCIOS CONSCIENTES
23 FEV

Como bruxas, muitas vezes pensamos em nossa prática espiritual em termos de rituais, feitiços e outros atos mágicos. No entanto, o espírito pode se manifestar de diversas formas, e qualquer coisa que a ajude a se sentir mais centrada, iluminada ou realizada pode fazer parte da sua jornada espiritual.

Um exemplo disso são os exercícios físicos. Talvez não pense neles como uma prática espiritual, mas tudo depende de como você os encara. Existem muitos tipos de exercícios com um componente espiritual, como tai chi, yoga e até mesmo caminhadas conscientes (especialmente ao ar livre). A conexão mente-corpo é um aspecto essencial para uma vida saudável, e se você conseguir encontrar um tipo de exercício que a ajude a utilizar essa conexão, pode ficar mais em forma, saudável, ter mais paz e tranquilidade.

Escolha um exercício que goste e o integre à sua prática espiritual. Se tiver a sorte de morar perto de uma praia ou floresta, caminhe por lá enquanto reverencia a natureza. Mesmo nas ruas da cidade há céu e chão, e geralmente árvores e pássaros. O yoga pode ser uma prática muito espiritual, seja praticando-a em casa ou durante uma aula. Descubra o que funciona para você e experimente, mesmo que seja uma ou duas vezes por semana. Que tal, hoje, procurar algo online que a inspire?

24 FEV
CHOCALHOS, SINOS E GONGOS

Nem sempre pensamos em sons como ferramentas mágicas, mas, na verdade, música e som têm sido usados em trabalhos espirituais há séculos. Pense na flauta, que é utilizada em diversas culturas ao redor do mundo. No entanto, nem todos querem aprender a tocar flauta, então considere sinos, chocalhos e gongos. Eles são pequenos e fáceis de guardar (embora você possa encontrar gongos de tamanho considerável, é pouco provável que tenha um gigante em casa), além de não parecerem particularmente "bruxescos", caso você queira manter reservadas as suas práticas mágicas.

Eu uso um sino tanto para o meu trabalho mágico quanto para o trabalho de cura que faço, já que o som pode ser utilizado para deslocar energia ou detectar bloqueios.

Nos rituais, usamos essas ferramentas principalmente para marcar o início ou o fim de um trabalho mágico, chamar a atenção dos deuses ou até para limpar o círculo e afastar a negatividade.

Experimente lançar um feitiço começando por tocar um sino, bater em um gongo ou sacudir alguns chocalhos. Veja se o som muda a atmosfera do ambiente ou a faz se sentir mais tranquila ou poderosa. Tente fazer barulho no final de cada linha de um feitiço ou ao abrir e fechar o espaço sagrado. Você pode se surpreender com o quão poderosa uma ferramenta comum pode ser.

A MAGIA DO "NÃO"

25 FEV

Feitiços não precisam ser longos ou complicados. Às vezes, podem ser tão simples quanto uma única palavra. Por exemplo, a palavra "não".

Eu sei. Não parece bem um feitiço. Mas há magia em assumir o controle da sua própria vida. Muitos de nós (especialmente as mulheres, na nossa sociedade, mas também qualquer pessoa criada para ser obediente, agradar aos outros ou ser educada) têm dificuldade de dizer "não" aos outros, mesmo quando os pedidos são desarrazoados ou implicam abrir mão de coisas que nos são importantes, como tempo, energia ou fazermos algo que desejamos em detrimento do que as outras pessoas desejam.

Tente pensar na palavra "não" como um feitiço curtinho. Na próxima vez que alguém lhe pedir para fazer algo que você realmente não quer fazer e que não é necessário, visualize-se agitando uma varinha mágica que lhe dá a capacidade de se afirmar e dizer NÃO. Se você não é boa em dizer isso — como muitas de nós —, tente dizer este feitiço com antecedência para se dar um empurrãozinho: "Deus e Deusa, por favor, ajudem-me a ser forte, a me defender e a dizer a palavra *não* quando for necessário".

26 FEV

(((🌑)))
MUDANDO SUA MAGIA COM OS CICLOS LUNARES

Uma ótima maneira de se conectar mais profundamente com a lua é sintonizar-se com os ciclos lunares. Não apenas estar ciente de qual fase a lua está em determinada noite — embora isso também seja bom —, mas seguir sua mudança de energia.

Por exemplo, geralmente fazemos magia para ampliação durante a fase crescente da lua. Esse período vai da lua nova até o dia anterior à lua cheia, enquanto a lua cresce. Por outro lado, fazemos magia para diminuição (menos de algo do qual queremos nos livrar) durante a lua minguante, que se estende do dia seguinte à lua cheia até a lua nova, enquanto a lua diminui.

Experimente esta prática. Escolha um tipo de trabalho mágico, como prosperidade ou cura, por exemplo. Esta noite, faça um feitiço que se encaixe na fase da lua em que estamos agora. Se estiver na fase crescente, tente um feitiço de prosperidade para atrair mais dinheiro ou aumentar sua energia. Se estiver na fase minguante, um para diminuir as dívidas ou se livrar de doenças. Então, em algumas semanas, tente fazer o oposto, já que a fase da lua será diferente. Veja se seu trabalho mágico parece mais poderoso quando você está em sintonia com as fases da lua, ou se isso não faz diferença.

FEITIÇO PARA A INTROSPECÇÃO
27 FEV

Os dias mais tranquilos, com uma energia menos frenética em comparação com períodos agitados, podem nos convidar a uma introspecção mais profunda. Passamos mais tempo em casa, socializamos menos e, talvez, até ajustemos nossos horários de descanso. Aproveite essa energia mais calma para realizar um feitiço de introspecção. Quem sabe o que você pode descobrir ao se permitir uma imersão profunda em seu interior?

Acenda uma vela branca e acomode-se em um ambiente relativamente escuro e tranquilo. Se desejar, ponha uma música suave de fundo para meditar e/ou queime incenso com um aroma calmante, como lavanda.

Respire lenta e profundamente, permitindo que a tensão do dia se dissipe, e concentre-se na chama da vela.

Então, recite o feitiço:

Eu deixo o mundo e suas preocupações para trás
E me dou espaço para olhar para dentro
Focada, neste momento, em mim mesma, e não nos outros.
Minha visão se estreita, e não se amplia.
Não julgo nem critico sentimentos.
Apenas reconheço o que vejo,
Absorvendo o que preciso saber agora
Para ser eu mesma, de forma plena e sincera.

28 FEV
CONECTANDO-SE COM O SOL

Embora seja fundamental se conectar com a lua, também é importante prestar atenção ao sol e às suas variações ao longo do ano. No inverno, isso pode ser mais desafiador, pois, ao contrário do sol vibrante, forte e às vezes até opressivo do verão, o sol do inverno é mais sutil. Ele tende a se esconder nos dias curtos, tornando sua ausência mais perceptível quando você enfrenta uma sequência de dias sombrios e anseia por um pouco de luz.

Faça um esforço extra para prestar atenção ao sol neste ano. Se tiver a sorte de experimentar dias especialmente ensolarados, faça uma pausa para desfrutar e valorizar essa luz. Se sentir falta do sol logo pela manhã, saúde-o quando finalmente surgir e diga: "Bem-vindo a mais um dia! Estou muito feliz por te ver."

Pode parecer simples, mas essas pequenas atitudes a ajudam a se conectar com a natureza e a elevar seu ânimo.

ANO BISSEXTO
29 FEV

A cada quatro anos, um dia extra aparece magicamente no calendário no final de fevereiro. Para a maioria de nós, isso pode ser um pouco desconcertante, como se de repente tivéssemos um dedo a mais em uma das mãos. É um pouco difícil saber o que fazer com esse dia que não costuma estar lá.

Minha sugestão: aproveite para fazer algo que normalmente não faria. Considere como um presente, uma página em branco na qual pode fazer qualquer coisa. Improvise e experimente algo que tem adiado porque a assustava ou intimidava, ou apenas faça algo agradável para si mesma, sem nenhum motivo específico.

Você também pode realizar um trabalho mágico para atrair algo "a mais". Acenda uma vela (da cor que mais lhe agradar) e diga: "Neste dia de ano bissexto, envie-me um presente extra".

MARÇO
escuta e abertura

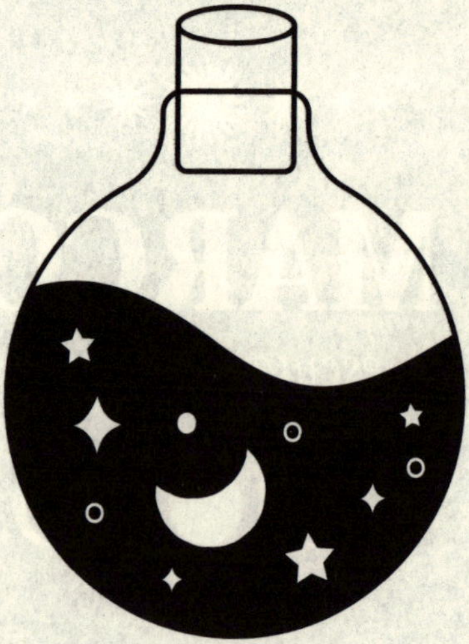

CRIE UM FEITIÇO PARA SEU PROJETO OU OBJETIVO

01 MAR

Se você está trabalhando em um projeto contínuo, pode ser útil dar um impulso a mais com um feitiço. Você pode criar um feitiço personalizado (não se preocupe, não precisa rimar ou ser perfeito; o importante é expressar claramente o que deseja). Caso prefira, também pode procurar um feitiço que se ajuste ao seu objetivo específico.

Por exemplo, se seu objetivo é melhorar sua saúde de modo geral (mental, física e espiritual) e adotar um estilo de vida mais saudável, considere elaborar um feitiço que contemple todos esses aspectos em vez de usar um feitiço genérico de cura. Se não se sente confortável em criar seu próprio feitiço, encontre um que seja adequado ao que precisa.

Recite o feitiço uma única vez ou o repita ao longo do ano, até alcançar seu objetivo. Independentemente da abordagem, uma boa ideia é fazer lembretes mágicos periódicos para manter o foco nas questões que são mais importantes para você.

02 MAR
EU POSSO SER QUEM EU QUISER

Às vezes, é difícil lembrar que, não importa o que os outros digam, temos o poder de criar nossa própria vida e nos tornarmos quem quisermos ser. Isso não significa que vamos conseguir tudo o que queremos, é claro, mas uma coisa é certa: podemos decidir quem queremos ser, e esse é o primeiro passo.

Muitas vezes, a voz que diz "isso é impossível" vem de dentro da nossa própria cabeça e coração, especialmente se passamos muito tempo ouvindo isso dos outros. É hora de dizer a essa voz (e a todas as outras) que você sabe o que é melhor para você.

Tente se imaginar vivendo sua verdade e diga a seguinte afirmação com firmeza, sempre que necessário: "Eu posso ser quem eu quiser. Nada nem ninguém vai ficar no meu caminho".

LUA CHEIA DE MARÇO
03 MAR

A lua cheia de março é conhecida pelo encantador nome de Lua dos Vermes, provavelmente porque é o período em que os vermes da terra reaparecem. No hemisfério norte, esse é um ótimo sinal, que indica que o solo começa a descongelar e o jardim pode ser preparado de novo, dependendo da sua localização, é claro.

Essa lua também é chamada de Lua dos Corvos, em virtude do retorno das aves, e Lua da Seiva e do Açúcar, pois é quando a seiva do bordo começa a fluir.

Para celebrar a lua cheia de março, experimente este ritual simples. Se puder, vá para fora ou fique perto de uma janela onde possa ver a lua. Caso não seja possível, estenda a mão e sinta a energia do luar. Despeje um pouco de xarope de bordo em uma pequena tigela ou em uma xícara de chá. Levante o recipiente para o céu e diga: "Agradeço, Deusa, pela doçura em minha vida. Obrigada pelas árvores e pelos presentes que elas nos dão". Em seguida, tome um gole e saboreie a doçura rica e profunda do xarope, que um dia foi seiva, transformada como que por mágica em uma deliciosa iguaria.

04 MAR

HÉLIO

Hélio é um dos deuses gregos, o deus do sol que conduzia sua carruagem pelo céu após sua irmã Eos, a aurora, abrir as cortinas do dia. Por causa de sua posição elevada, acreditava-se que ele podia ver tudo o que acontecia abaixo, sendo chamado de "o Todo-Poderoso". Diz-se que, quando Hades sequestrou Perséfone, Hélio testemunhou o fato e, portanto, pôde contar a Deméter para onde sua filha havia ido.

Dada sua capacidade de ver tudo o que acontece, Hélio está associado a juramentos e honestidade. Se precisar fazer uma promessa, invoque Hélio para testemunhar seu compromisso. Isso também vale para promessas que você faz a si mesma.

Quando prometer alguma coisa — como abandonar um mau hábito ou adotar um bom — e quiser garantir que o manterá, fique sob a luz do sol e diga: "Hélio, você que atravessa os céus diariamente e nos traz a luz do dia, seja testemunha da minha promessa. A partir de agora, eu me comprometo a [diga o que pretende fazer]. Sei que estará me observando".

CENOURAS COM GENGIBRE E XAROPE DE BORDO

05 MAR

As cenouras são outro vegetal de raiz que costuma sobreviver até a primavera, sobretudo se forem armazenadas corretamente. Em alguns lugares, elas podem até ser deixadas na terra para passar o inverno até o momento de serem consumidas. O gengibre traz um calor bem-vindo e é bom tanto para a magia do amor quanto para a magia financeira. As cenouras podem ser usadas na magia sexual, caso em que o calor extra pode ser útil. Ou você pode simplesmente desfrutar desta refeição simples, que acrescenta um pouco de brilho ao seu prato.

Lave e corte cenouras suficientes em pedaços de 1,5 cm de modo a obter três xícaras.

Refogue-as em uma panela média com algumas colheres de sopa de azeite até começarem a amolecer. Em seguida, adicione 1 a 2 colheres de sopa de xarope de bordo (dependendo de quão doce você preferir), 2 colheres de sopa de suco de limão, 2 colheres de chá de gengibre fresco picado ou 1 colher de chá de gengibre em pó, e sal a gosto. Cozinhe até que as cenouras estejam glaceadas e brilhantes.

Esse prato foi inspirado em uma receita do livro *Witch in the Kitchen*, de Cait Johnson (Destiny Books, 2001).

06 MAR
PATUÁ PARA ADIVINHAÇÃO DE SONHOS

O patuá é um dos artesanatos mágicos mais simples e versáteis, podendo ser usado para vários tipos de magia. Uma das minhas favoritas é a adivinhação de sonhos. A ideia é criar um patuá que a ajude a sonhar com um propósito, seja para obter respostas a perguntas específicas, seja para receber orientação durante o sono.

Você mesma pode confeccionar o seu, costurando os lados de um pedaço de tecido e amarrando-o com uma fita ou cordão após preenchê-lo, ou optar por uma bolsinha de cordão já pronta. No interior, coloque uma ou várias ervas que ajudam a sonhar, como artemísia (cuidado se for sensível, pois pode ser bastante poderosa), lavanda, camomila, lúpulo e/ou erva-dos-gatos. Você também pode adicionar um pedaço de ametista ou cristal de quartzo transparente. Se estiver buscando uma resposta para uma pergunta específica, escreva-a em um pedaço de papel e insira-o na bolsa, junto com as ervas.

Enquanto monta seu patuá, concentre-se no tipo de sonho que deseja ter ou na pergunta para a qual deseja obter uma resposta. Em seguida, coloque seu amuleto sob o travesseiro para que ele aja enquanto você dorme.

FEITIÇO PARA AUMENTAR O PODER SENSITIVO

07 MAR

As habilidades sensitivas variam de pessoa para pessoa, e alguns indivíduos apresentam um talento natural para isso. No entanto, todos nós temos o potencial para usar e expandir o que é conhecido como o sexto sentido. Não desanime se não tiver essas habilidades imediatamente; como na maioria das coisas, a prática pode ajudá-la a melhorar nas áreas do trabalho sensitivo que você deseja explorar.

Você também pode realizar este feitiço para aumentar o seu poder sensitivo. Alguns objetos úteis para realizá-lo incluem um cristal de ametista (um pedaço de joia de ametista serve) ou uma pedra de lua, uma vela roxa e incenso ou óleo essencial de lavanda, olíbano, patchouli, alecrim, sálvia ou verbena. Se for usar esses itens, umedeça a pedra com o óleo ou passe o incenso sobre ela, acenda a vela e, em seguida, segure a pedra na mão enquanto recita o feitiço.

Depois, você pode usar a pedra como um ponto focal para qualquer magia que envolva habilidades sensitivas. Ou, se não tiver esses suprimentos, simplesmente recite o feitiço:

> *Estrelas e pedras, cartas e ossos*
> *Terceiro olho aberto e ativo,*
> *Todas as coisas além dos cinco sentidos.*
> *Aumentem agora em pleno poder.*

08 MAR

ÁGATA AZUL

Existem muitas formas diferentes de ágata, mas a ágata azul, uma pedra listrada de azul e branco, é uma das mais conhecidas por sua utilização na cura, seja física, psicológica ou espiritual. Associada ao elemento Água, a ágata azul promove paz e harmonia para o ambiente doméstico e para o indivíduo, aumenta a felicidade e ajuda a liberar medos e emoções indesejadas. Também é usada para dar mais energia.

Se você está se sentindo inquieta ou sobrecarregada, tente levar consigo um pedaço de ágata azul ou colocá-lo em seu altar ou debaixo do travesseiro. Para dar um toque mágico a mais, acenda uma vela azul ou branca (ou ambas) e, segurando a pedra nas mãos, conecte-se com sua energia e diga: "Deus e Deusa, por favor, abençoem esta pedra para que ela ajude a curar minha mente, meu corpo e meu espírito, trazendo-me paz, harmonia e felicidade. Assim seja".

O CALDEIRÃO MODERNO

09 MAR

O caldeirão é outra ferramenta que há muito está associada às bruxas. Quem nunca viu um desenho animado com uma bruxa risonha (muitas vezes verde e com uma verruga proeminente) mexendo algo nefasto em um caldeirão gigante?

Nunca conheci uma bruxa que fosse realmente verde, embora conheça algumas que dão gargalhadas de vez em quando. No entanto, o caldeirão é uma ferramenta real e pode ser bastante útil, mesmo para uma bruxa moderna. Antigamente, eles eram usados para cozinhar sobre uma chama aberta, pendurados em um braço móvel ou em um tripé. Quase sempre feitos de ferro fundido, estão disponíveis em diversos tamanhos para uso mágico.

Hoje em dia, você não está restrita ao ferro fundido padrão para o seu trabalho de magia. Se quiser preparar alguns ingredientes mágicos e não tiver um caldeirão, experimente usar uma panela elétrica! A bruxa moderna pode sempre usar ferramentas modernas no lugar das antigas que não têm mais. Tente cozinhar um ensopado ou uma sopa na sua panela elétrica, adicionando ervas e especiarias para o tipo de magia que você está fazendo. A panela elétrica é ótima para coisas como molho de espaguete ou purê de maçã, que em geral precisam ser mexidos constantemente para não queimarem. Experimente fazer um molho de espaguete com manjericão e salsa extras para atrair prosperidade e visualize sua panela elétrica como um caldeirão mágico enquanto a usa. Mexa o conteúdo no sentido horário enquanto diz estas palavras: "Antigo caldeirão, novo caldeirão, aumente em poder a minha refeição".

10 MAR
A VELA COMO AJUDA PARA AUMENTAR A CONCENTRAÇÃO

As velas são usadas para muitos propósitos diferentes na bruxaria, mas uma de suas funções mais básicas é auxiliar na concentração. Quando você acende uma vela e a observa, você relaxa e se concentra no que está fazendo. Isso acontece com qualquer forma de magia que você usa, seja com velas, meditação ou adivinhação, especialmente se estiver usando a vela durante o *scrying*.

Quando você usa uma vela durante um trabalho mágico, a cor também pode ajudar a focar no seu objetivo, mas só de observar a chama, você pode se encontrar e mergulhar mais fundo em um estado transformador.

Experimente fazer isso hoje. Escolha um feitiço ou uma forma de adivinhação, ou talvez coloque uma música tranquila para meditar. Então acenda uma vela e olhe para ela, e veja se essa simples atitude muda a forma como você se sente. Se não funcionar na primeira vez, continue praticando, já que a prática leva à perfeição!

OBTENDO RESPOSTAS COM PEDRAS RÚNICAS

11 MAR

Assim como com o tarot, sentir-se confortável com as pedras rúnicas pode exigir um pouco de prática e experimentação para descobrir o que funciona melhor para você e para se familiarizar melhor com as pedras. No entanto, ao contrário do tarot, as pedras rúnicas são bastante simples e fáceis de usar, e eu as considero muito divertidas.

Você pode deixar todas as pedras em uma bolsinha com cordão, que geralmente é como elas são armazenadas, e retirar uma sem olhar, ou pode espalhá-las viradas para baixo (lado rúnico para baixo) sobre uma mesa e passar a mão sobre elas, até encontrar uma que pareça a mais adequada para você naquele momento.

Uma maneira de conhecer as runas é fazer uma pergunta simples todos os dias e retirar uma pedra rúnica para obter a resposta. Essas perguntas podem variar de "O que eu preciso saber hoje?" a "Devo fazer isso assim-assim ou não?". Se estiver usando um diário ou um Livro das Sombras, pode ser útil anotar essas perguntas e as runas que você retirar para responder.

Essa é uma atividade útil e divertida, e como bônus, você vai começar a aprender o significado das runas sem precisar sentar e estudá-las. Dica: é bom ter um livro sobre runas à mão, até você se familiarizar melhor com o significado de cada uma.

12 MAR
UMA LISTA DE ERVAS PARA USO MÁGICO

Assim como sugeri uma lista de pedras para trabalhos mágicos, também é uma boa ideia ter uma lista de ervas para os tipos de magia que você costuma praticar. Essa lista pode ser colocada dentro do seu diário ou no Livro das Sombras, se usar um, ou até na porta da geladeira, se você faz muitos trabalhos mágicos na cozinha.

Reserve alguns minutos para pensar na finalidade das ervas: bruxaria na cozinha, projetos de artesanato mágico ou qualquer uma das várias formas de magia que compartilho com você neste livro, apenas para começar. Você pode fazer uma lista de projetos ou objetivos, depois consultar alguns livros ou a internet para descobrir quais ervas funcionam melhor com eles. Ou pode fazer uma lista das suas ervas favoritas, seus aromas prediletos, como lavanda e rosas, ou aquelas que gosta de usar na cozinha, como endro e tomilho, e então descobrir quais associações mágicas elas possuem.

De qualquer forma, uma vez que tenha uma lista, você pode acrescentar alguma erva sempre que necessário e tê-la pronta para usar na próxima vez que quiser fazer um feitiço, ritual ou bolsa de feitiçaria.

COLOCANDO MAGIA NO QUE VOCÊ BEBE

13 MAR

A bruxaria na cozinha não se resume apenas a preparar uma grande panela de sopa cheia de ervas (embora isso também seja ótimo). Às vezes, a magia pode ser tão simples quanto integrar ingredientes mágicos em qualquer bebida que você consome.

O chá é uma das maneiras mais evidentes de fazer isso, pois há muitas ervas que podem ser usadas para preparar chás e infusões. Um simples chá de hortelã se torna mágico quando você se concentra na intenção de receber cura a cada gole, ou você pode combinar diferentes ervas para criar um chá para obter prosperidade, proteção ou qualquer outra necessidade.

Mas não se limite apenas às opções óbvias. Por exemplo, um copo d'água pode se transformar em um instrumento de purificação se você adicionar um pouco de suco de limão. E que tal criar um coquetel mágico? Isso pode ser muito divertido! Experimente o livro *Moon, Magic, Mixology: From Lunar Love Spell Sangria to the Solar Eclipse Sour, 70 Celestial Drinks Infused with Cosmic Power*, de Julia Halina Hadas. Ou invente suas próprias bebidas, com ou sem álcool, escolhendo ingredientes que estejam em sintonia com sua intenção mágica.

Comece com o seu café da manhã. Reflita sobre o vigor que essa bebida proporciona, sobre o fato de vir de um simples grão plantado no solo, crescendo em direção ao sol. Mexa seu café três vezes no sentido horário e visualize-o oferecendo um impulso espiritual enquanto aumenta sua energia física. Então beba-o devagar, absorvendo esse toque extra de magia.

14 MAR

VENDO AURAS

Resumidamente, uma aura é o campo de energia que envolve uma pessoa, um animal, uma planta ou um objeto. Em teoria, tudo tem uma aura, embora em geral os seres vivos tenham auras mais fortes do que os objetos inanimados.

Algumas pessoas têm a habilidade inata de ver auras. Elas podem percebê-las com diferentes cores, texturas ou vibrações energéticas. Algumas pessoas (inclusive eu) não "veem" auras literalmente, mas conseguem senti-las. Portanto, se você me perguntar como é a aura de alguém, posso ser capaz de lhe dizer, mas não estou realmente vendo nada.

Curadores energéticos podem usar a visão ou a percepção da aura de uma pessoa para detectar áreas doentes ou desequilibradas do corpo. Outros podem sentir algo em relação aos objetos. Nem todos têm essa habilidade, mas, como em muitas outras coisas, se você praticar, ao longo do tempo você pode melhorar.

Experimente olhar para alguém com os olhos um pouco desfocados ou sem olhar diretamente para a pessoa. Às vezes, isso facilita. Ou feche os olhos e veja se alguma cor surge em sua mente. Se estender a própria mão em um lugar de pouca luz, talvez consiga ver um contorno fraco. Experimente e observe o que acontece.

FEITIÇO COM CERA MÁGICA
15 MAR

Uma maneira fácil de realizar um feitiço, especialmente se deseja que ele seja temporário, é entalhá-lo na cera. Você pode usar cera de abelha para isso ou cera de parafina, que não é tão natural, mas pode ser mais fácil de encontrar. (Dica: procure nos suprimentos para conservas.) Ou você pode derreter uma vela com cuidado, usando calor difuso, como em um banho-maria.

Encontre ou crie uma superfície de cera plana, como uma pequena tábua. Em seguida, use uma ferramenta pontiaguda para gravar todo o seu feitiço, se for curto, ou símbolos e palavras-chave que o representem. Concentre-se em direcionar sua energia e intenção na cera. (Dica: pode ser útil aquecer a ponta da sua ferramenta para a cera ser esculpida com mais facilidade. Tente aquecê-la, colocando-a sobre uma vela.)

Quando terminar, ponha a tábua de cera em um lugar seguro até finalizar aquele trabalho mágico. Para encerrar o feitiço, aqueça a cera e borre o que foi gravado nela ou espere derreter completamente para recomeçar.

16 MAR

PLANTE UMA SEMENTE

Uma das maneiras mais fáceis de fortalecer sua conexão com a natureza é plantar uma semente. Afinal, o crescimento e as sementes são uma parte fundamental do mundo natural. Elas são baratas e, se você escolher as certas, não exigem muito esforço para crescerem e se desenvolverem. Observá-las brotar da terra é como ver um pequeno fragmento da natureza.

Se tiver espaço, plante uma semente no solo, ao ar livre, ou em um vaso próximo onde possa acompanhá-la. Caso contrário, plante as sementes em um vaso dentro de casa. Este é um ótimo projeto para fazer com crianças, especialmente se você está criando bruxinhas.

Algumas sementes fáceis de cultivar incluem ervas como endro ou manjericão, ou flores como calêndula. Para tornar o projeto ainda mais especial, plante algo que você possa usar posteriormente em seu trabalho mágico e, enquanto cuida da planta, envie um pouco de energia extra para potencializar seu uso em seus futuros feitiços.

OSTARA

17 MAR

Ostara, deusa germânica também conhecida como Eostre, é celebrada na primavera, por volta da época do equinócio. Ela está associada ao renascimento e à renovação, à fertilidade e aos novos começos, como se espera nesta época do ano.

Para se conectar com a energia dela para seus próprios novos começos, acenda uma vela amarela em um recipiente à prova de fogo, preferencialmente ao amanhecer ou no início do dia. Sente-se ou fique em uma posição confortável e segure a vela em direção ao céu. Sinta-se abrir para o potencial, para as infinitas possibilidades e para a energia da primavera.

Ostara, Deusa da Primavera, ouça-me enquanto clamo a você no início de um novo dia. Envie-me um pouco de sua energia ilimitada para me ajudar a crescer e me transformar da melhor maneira possível, assim como você ajuda as plantas a crescer e florescer. Que eu seja renovada e renascida, cheia de luz e esperança, seguindo em frente com suas bênçãos. Assim seja.

18 MAR
ESCOLHA UMA PEDRA, QUALQUER PEDRA

Assim como qualquer outro elemento do trabalho mágico, as pedras preciosas possuem sua própria energia individual. Essa é uma das razões pelas quais elas são eficazes em feitiços e rituais: porque nos conectamos com aquela vibração especial e a utilizamos para orientar e energizar nossas intenções.

Algumas pedras são mais indicadas para trabalhos de prosperidade, por exemplo, enquanto outras são melhores para magias de atração amorosa.

Mas como saber qual pedra é a mais adequada? Para a maioria de nós, isso começa com pesquisa — lendo livros, buscando informações online ou aprendendo com uma bruxa mais experiente. No entanto, nada supera o conhecimento prático, e acredito que a melhor maneira de descobrir com quais pedras preciosas você está mais sintonizada e quais funcionam melhor com sua própria magia é conhecê-las pessoalmente.

Escolha uma pedra, qualquer pedra. Talvez aquela que mais chamar a sua atenção depois de ler isso. Segure-a nas mãos e sinta seu peso; observe sua cor e quaisquer variações que a diferenciem de outras pedras do mesmo tipo. Como ela faz você se sentir? Feliz? Poderosa? Está tudo bem se você não sentir nada (é apenas uma pedra, afinal de contas). Mas, para muitos de nós, há pedras preciosas que nos atraem especialmente ou que parecem perfeitas para um tipo específico de magia. Se não se conectar com uma, experimente outra. Ou siga as orientações dos livros. Isso também dá certo.

O PILÃO E O ALMOFARIZ MODERNOS

19 MAR

Dois utensílios historicamente associados às bruxas são o pilão e o almofariz.

O almofariz é uma tigela, e o pilão é um instrumento em forma de taco usado para triturar o que é colocado na tigela, transformando-o em uma pasta ou em pedaços menores e mais finos. Tradicionalmente, o pilão e o almofariz têm sido usados na cozinha para preparar remédios ou triturar ervas.

Muitas bruxas modernas não possuem mais pilão e almofariz, mas é provável que você tenha outros utensílios na cozinha que funcionam igualmente bem. Por exemplo, um processador de alimentos — especialmente um pequeno — é perfeito para picar ervas em pedaços menores ou misturá-las para fazer uma mistura de ervas. Para algumas especiarias, um moedor de café também é útil. Se estiver misturando ingredientes líquidos, experimente usar um liquidificador.

Hoje, experimente um pouco de Bruxaria na Cozinha que envolva triturar ou misturar ervas para uma receita ou alguma magia herbal que exija combinar diferentes elementos. Um dos meus favoritos é o pesto, que faço no meu processador de alimentos. Coloco muitas folhas de manjericão do meu jardim, juntamente com alguns dentes de alho, um punhado de pinhões ou nozes, um pouco de suco de limão, sal marinho, queijo parmesão ralado e uma boa quantidade de azeite de oliva. Então misturo tudo no processador de alimentos enquanto foco em prosperidade e abundância. Delícia!

20 MAR
COLORINDO OVOS DE OSTARA

Eu cresci em uma família judaica, então nunca pintei ovos de Páscoa quando era criança, como a maioria das pessoas. Na verdade, minha primeira experiência colorindo ovos foi com meu primeiro coven, já que a alta sacerdotisa era uma grande entusiasta de misturar magia artesanal e diversão. E eu também sou!

Colorir ovos para o equinócio de primavera é um ótimo projeto para realizar com seus filhos, com seu grupo, se você tiver um, ou até mesmo com amigos abertos a celebrar a primavera. Contudo, não tem o menor problema em fazer isso sozinha.

Uma das diferenças ao colorir ovos em um contexto mágico é que usamos ingredientes naturais para tingi-los, em vez de corantes artificiais. Entre outras coisas, você pode fazer corantes naturais com repolho roxo, café, cascas de cebola, açafrão, beterraba vermelha, pimenta em pó, espinafre, suco de uva e de mirtilo. Alguns deles precisam ser fervidos com os ovos, outros podem ser usados como estão, mas, de qualquer forma, eles criam cores lindas e suaves sem produtos químicos ou outros ingredientes artificiais.

Você pode adicionar um toque mágico usando giz de cera para desenhar símbolos ou imagens que representem primavera, fertilidade, abundância ou qualquer objetivo que você deseje que os ovos simbolizem. Faça isso antes de tingi-los. E não se esqueça de se divertir!

EQUINÓCIO DE PRIMAVERA
21 MAR

O Equinócio de Primavera, também conhecido como Ostara, é celebrado em todo o mundo há séculos. Diversas culturas o observam de maneiras diferentes, mas por volta de 21 de março, a primavera chega oficialmente no hemisfério norte, mesmo se você morar em um lugar, como eu, que às vezes ainda está coberto de neve.

O Equinócio de Primavera é um dos dois dias do ano em que o dia e a noite têm uma duração de tempo igual, com a luz e a escuridão em equilíbrio. Algumas bruxas usam esse sabá para celebrar o fim do inverno; outras, para realizar trabalhos mágicos em busca de equilíbrio ou para plantar sementes físicas ou metafóricas que representam o que esperam que cresça e floresça nos meses seguintes.

Escolha uma ou mais dessas ideias e crie um ritual breve para observar esse dia especial. Plante uma semente, derreta um cubo de gelo em água morna para representar o triunfo da primavera sobre o inverno, ou faça um feitiço para criar mais equilíbrio em sua vida. Ou simplesmente coloque em seu altar uma linda flor de primavera, como uma tulipa ou um narciso, e recite este simples feitiço de Equinócio de Primavera:

> *Deus e Deusa, eu os saúdo na virada da roda do ano e celebro a chegada da primavera! Saúdo as flores e os pequenos brotos nas árvores. Saúdo os pássaros que retornam e os sinais da nova vida. Saúdo o novo dia e o potencial que ele traz. Bênçãos à primavera e boas-vindas!*

22 MAR
ABENÇOE E CONSAGRE SUAS FERRAMENTAS

Quando você adquire uma nova ferramenta ou cria algo mágico, como um saco de feitiçaria ou uma mistura de ervas que pretende usar em um feitiço ou ritual, muitas bruxas gostam de abençoar e consagrar esse item antes de usá-lo.

Embora não seja estritamente necessário, isso serve a alguns propósitos e é bastante simples de fazer. Uma nova ferramenta pode carregar uma energia indesejada. Abençoar e consagrar ajudam a limpar e purificar a nova ferramenta e sintonizá-la com sua própria energia e intenção mágica.

Mesmo que seja algo que você criou, abençoar e consagrar uma nova ferramenta confere um pouco mais de força, pois você está declarando claramente sua intenção de dedicá-la ao trabalho mágico benéfico.

Existem várias maneiras de fazer isso, mas a que eu costumo usar requer uma pequena tigela com água, uma vela, algum tipo de ervas ou incenso para limpeza e um recipiente com sal. Coloco um pano, pois isso pode ficar um pouco bagunçado, acendo a vela e as ervas de limpeza. Segure na mão o item a ser abençoado ou o deposite sobre o pano. Polvilhe-o com água, depois com o sal (Terra), segure-o cuidadosamente acima da chama da vela (Fogo) e agite-o com as ervas ou o incenso (Ar).

Diga: "Eu limpo e purifico esta ferramenta e a abençoo e consagro para uso mágico benéfico".

AMARELO

23 MAR

O amarelo é uma das cores mais comumente usadas na magia. Muitas bruxas o colocam no leste ao traçar um círculo ritual para representar o elemento Ar. Também está associado à mente, ao intelecto, ao conhecimento, à primavera e ao sol.

Por ser tão radiante e alegre, é uma boa cor para usar quando se realizam trabalhos mágicos destinados a elevar o espírito ou as habilidades mentais, como estudar para uma prova ou até mesmo meditar.

Se estiver se sentindo para baixo, experimente acender uma vela amarela e segurar uma pedra dessa cor (ágata amarela, ônix amarelo, um pedaço claro de âmbar, citrino e topázio são os exemplos mais comuns). Você pode até vestir uma camisa amarela, se tiver uma. Concentre-se na vela e na elevação que a cor proporciona, e visualize-se envolta por um brilho amarelo, alegre e brilhante.

24 MAR

O DIABO

Muitas pessoas que fazem leituras de tarot ficam assustadas quando surge a carta do Diabo. Elas o veem como uma carta "ruim", que indica algo maligno. Na verdade, o Diabo raramente representa uma força externa que nos deseja mal. Em vez disso, é mais provável que represente os nossos próprios demônios — vícios, maus hábitos, comportamentos destrutivos, pensamentos negativos, ou até mesmo aquela vozinha que muitos de nós temos na cabeça que nos diz que não somos bons o suficiente, que vamos fracassar ou que os outros não gostam de nós.

Nesse sentido, quando você tira o Diabo em uma leitura, geralmente é uma sugestão para refletir sobre como você pode estar se sabotando. Hoje, separe a carta do seu deck ou encontre uma imagem online. Observe a imagem e pense no que ela pode representar em sua vida. Quais demônios internos estão impedindo você de alcançar sucesso e felicidade? Encare aquele Diabo e diga: "Eu vejo você. Eu reconheço você. Eu o rejeito e o expulso da minha vida". Você pode fazer isso todos os dias, se isso ajudá-la a se concentrar em deixar para trás os "demônios" com os quais lida.

MAGIA SIMPLES DE PROTEÇÃO NO BANHEIRO

25 MAR

A magia não precisa ser complicada. Também não precisa ser feita em um círculo, lançada em um espaço sagrado ou realizada durante um longo ritual. Às vezes, leva menos de um minuto, usando o que você tem bem na sua frente.

Vou lhe dar um exemplo usando magia simples no banheiro. Quando você sair do chuveiro e as janelas e o espelho estiverem embaçados, use a ponta do dedo para desenhar um pentagrama no vapor. Enquanto faz isso, concentre-se na intenção de proteger sua casa. Uma vez que o vapor desaparece, o símbolo ainda estará lá, cumprindo seu papel, onde ninguém poderá vê-lo.

Muito legal, não é?

26 MAR

ORAÇÕES

Você pode não considerar isso como parte da sua prática mágica, mas se é uma bruxa que adora um deus, uma deusa ou várias divindades, então a oração faz parte do seu caminho na bruxaria.

Se pensar bem, um feitiço é muito parecido com uma oração. Às vezes, eu a uso como exemplo para explicar o trabalho mágico para pessoas que não são bruxas. Você está pedindo ajuda aos deuses ou ao universo. Mas muitos de nós também fazemos algum tipo de oração fora dos rituais.

Começo cada dia pedindo aos deuses que me ajudem e ajudem àqueles que amo, e que nos protejam. No final de cada dia, digo "obrigada", o que também é uma forma de oração.

Da próxima vez que fizer um feitiço, considere-o como uma oração, se estiver confortável com isso. Para hoje, apenas tente conversar com os deuses e pedir algo simples, como uma boa noite de sono, uma surpresa agradável ou força para enfrentar as tarefas do seu dia. E não se esqueça de dizer "obrigada".

MAGIA COM XAROPE DE BORDO

27 MAR

O verdadeiro xarope de bordo é completamente diferente do artificial que muitos de nós conhecemos. Ele é rico, escuro e doce. Pode ser caro, pois são necessários muitos galões de seiva para obter um vidrinho, mas vale a pena. Ele não só é delicioso, como também possui um poder mágico que nenhum xarope falso é capaz de imitar.

As árvores de bordo estão associadas à magia da prosperidade, então o xarope extraído delas pode ser usado para isso. Assim como muitos alimentos doces, é bom para ser usado na magia do amor. Por ser um xarope bastante espesso, você pode usá-lo para desenhar símbolos em cima da comida (como mingau) antes de misturá-la e comê-la.

Se você tiver neve onde mora nesta época do ano, faça o que chamam de "neve de açúcar". Aqueça o xarope de bordo até o ponto de ebulição, tornando-o ainda mais espesso, e despeje-o sobre uma panela cheia de neve limpa. O xarope vai endurecer na forma que você despejou, de um jeito muito parecido com o que ocorre com o caramelo. Para a magia da prosperidade, reproduza a forma de uma moeda ou de um cifrão. Para a magia do amor, tente fazer o formato de um coração. E, claro, depois é só comer!

28 MAR
MAGIA DA LUA ESCURA

A lua escura é o período que se passa entre as fases minguante e crescente, quando a lua não é visível no céu. Algumas pessoas consideram isso como sendo o mesmo que a lua nova, embora tecnicamente a lua nova seja o dia em que a primeira pequena fatia da lua crescente é visível.

Muitas bruxas gostam de usar esse período para contemplação e introspecção, possivelmente para adivinhação, mas não para trabalhos mágicos ativos. Outras o utilizam para banimento, trabalhos de proteção ou conexão com uma das deusas da escuridão, como Hécate ou Kali, ambas historicamente ligadas a essa fase lunar.

Quando a lua escura voltar, veja que tipo de energia você consegue sentir e qual parece ser a melhor forma de aproveitá-la. Experimente fazer adivinhação ou meditação com a carta da Lua do tarot, ou trabalhos de proteção usando uma vela preta e um pedaço de linha ou corda preta. Acenda a vela e segure a linha entre suas mãos, permitindo que ela absorva a energia da lua escura. Diga: "Lua escura, poder silencioso, empreste sua proteção a partir deste momento". Depois, amarre a linha em volta do pulso para se proteger ou a pendure em algum lugar dentro da sua casa ou carro.

DOMINGOS

29 MAR

Talvez você nunca tenha refletido sobre isso (eu mesma nunca tinha pensado), mas a palavra "domingo", em inglês, *Sunday*, revela exatamente o que ele representa: o dia do sol. Cada dia da semana é associado a um deus diferente, como a quarta-feira, que é o dia de Woden (Odin), e a quinta, que é o dia de Thor. Já o domingo é dedicado ao sol.

Assim, o domingo é o dia ideal para realizar magia que se conecta com o poder solar. Seja saindo ao meio-dia, quando o sol está a pino, fazendo um feitiço em um raio de luz solar, ou, como um gato, aproveitando a energia solar para tirar uma soneca, ou realizando uma magia sutil para rejuvenescimento e reenergização, qualquer prática que envolva a energia do sol deve receber um impulso especial nesse dia.

Reserve alguns minutos todos os domingos para se dedicar a uma pequena prática mágica guiada pelo sol.

30 MAR
CONECTANDO-SE COM OS ELEMENTOS

Não conseguimos ver a energia elemental, mas a invocamos o tempo todo. Quando chamamos pelos quatro pontos durante um trabalho ritualístico, estamos invocando as energias da Terra, do Ar, do Fogo e da Água. Esses elementos também costumam ser componentes do trabalho mágico, quando usamos a água para limpar ou o fogo para energizar. Algumas bruxas acreditam em seres elementares que podem ser invocados para ajudar e proteger.

Experimente fazer essa prática simples para fortalecer sua conexão com os elementos de maneira mais intencional.

Realize esses exercícios em diferentes ocasiões para se concentrar em um elemento por vez ou faça todos em uma única sessão, dando-se um tempo para respirar antes de mudar de um para outro.

Reúna um ou mais itens que representem um elemento específico. Por exemplo, a Água pode ser representada por uma tigela de água da chuva, uma imagem do mar ou de um lago e uma concha. O Ar pode ser representado por uma pena, um incenso (o vapor representa o ar), ou até mesmo por um ventilador suave ou uma janela aberta através da qual você possa sentir a brisa. Use o que tiver à mão que representa esse elemento para você.

Então invoque o elemento, dizendo algo como: "Elemento Ar, junte-se a mim neste lugar e ajude-me a me conectar com sua energia". Pense sobre o poder que cada elemento traz para o trabalho mágico e repare se consegue sentir sua presença.

ACOLHA A LUZ

31 MAR

O mundo pode ser um lugar sombrio e assustador, o que torna ainda mais vital para nós buscarmos e acolhermos a luz em todas as suas formas positivas. Esta é uma meditação simples para ajudá-la a fazer isso. Leia-a em silêncio ou em voz alta, ou grave-se lendo para ouvir depois com os olhos fechados e realmente se entregar à experiência.

O mundo pode ser escuro, mas eu acolho a luz. Eu me estendo com todo o meu ser, corpo, mente e espírito, e levo a luz a qualquer lugar que precise dela. Eu abro meu corpo físico para a luz curativa, minha mente para a luz esclarecedora, e meu espírito para a luz que eleva e ilumina a alma. Olho para dentro e vejo minha própria luz brilhando dentro de mim e lhe envio sentimentos de apreciação e reconhecimento. Eu sou a luz e a luz sou eu. Nós brilhamos na escuridão, enviando luz para onde for necessário. Eu acolho a luz, e a escuridão não tem poder. Eu acolho a luz.

ABRIL
raízes e cuidado

O LOUCO

01 ABR

A carta do Louco é uma das minhas imagens favoritas no tarot. Ela não tem nada a ver com ser tolo, ou mesmo fazer algo tolo. O Louco geralmente é retratado como alguém prestes a caminhar para a beira de um precipício sem olhar para baixo e representa a ideia de dar um salto em direção à fé.

Às vezes, você precisa tomar uma decisão sem ter certeza do resultado, acolhendo o desconhecido e confiando na sua própria capacidade de lidar com o que vier. Para as bruxas, isso também pode implicar um elemento de confiança no universo ou nos deuses para saberem quais escolhas são melhores para o futuro, mesmo quando temos dúvidas.

Se há algo em sua vida sobre o qual você está incerta ou uma escolha difícil a fazer, use a carta do Louco para ajudar a focar no positivo. Pegue a carta, se tiver uma, ou uma imagem de qualquer deck de tarot de que você goste, e passe algum tempo apenas refletindo sobre as diversas possibilidades. Depois feche os olhos e pergunte a si mesma (ou ao universo) para qual direção você deve saltar, e então salte!

No mínimo, você aprenderá algo. E talvez as coisas acabem melhor do que você poderia imaginar.

02 ABR
((☾●☽))
FUMAÇA SAGRADA E ERVAS DE PURIFICAÇÃO

À primeira vista, talvez você não veja a fumaça como uma ferramenta, mas, quando gerada a partir de ervas de purificação, ela se torna um elemento essencial na feitiçaria e nos rituais mágicos. Há mais de vinte anos, todos nós do grupo iniciamos nossos rituais nos purificando e purificando o espaço onde trabalhamos, passando uma varinha de sálvia e agitando a fumaça de cima a baixo em nossos corpos e ao redor do círculo, dissipando qualquer negatividade trazida do mundo exterior e nos preparando para o trabalho sagrado.

Atualmente, muitas bruxas evitam o uso de sálvia, pois seu consumo excessivo tem ameaçado a disponibilidade para os povos nativos, que dependem dela para seus próprios rituais. Além disso, existe o cuidado no que se refere à apropriação cultural. Embora eu procure obter a minha de fontes responsáveis, há alternativas igualmente poderosas. A sálvia azul (*Salvia azurea*), parente da sálvia branca (*Salvia apiana*), cresce em uma variedade maior de climas, possui um aroma mais suave, não está ameaçada e não carrega as mesmas questões culturais da sálvia branca.

Outras opções incluem a lavanda, o alecrim ou a sálvia comum (*Salvia officinalis*). Você também pode utilizar incensos purificadores feitos com óleos essenciais naturais.

Experimente diferentes ervas purificadoras e descubra quais funcionam melhor em você. Deixe que a fumaça percorra seu corpo e o espaço ao seu redor, sentindo a energia se transformar e fluir de maneira harmoniosa.

LUA CHEIA DE ABRIL

03 ABR

A lua cheia de abril costuma ser chamada de Lua Rosa. Como se poderia pensar, não porque a lua em si é rosa (o que seria incrível), mas porque é a época em que uma flor rosa, a flox, começa a florescer pela América do Norte. Também é conhecida como Lua da Lebre, já que os coelhos subitamente aparecem por toda parte e se multiplicam. É um bom momento para celebrar a fertilidade e a abundância em todas as suas formas e, quem sabe, colocar algumas flores cor-de-rosa no altar ou plantar algumas do lado de fora como uma oferenda à sua deusa lunar favorita.

Se está tentando engravidar, use a energia dessa lua cheia para se dar um impulso extra. Se a intenção for outra, conecte-se ao poder dessa lua para aumentar a produtividade e a prosperidade. Disponha um símbolo daquilo que deseja aumentar (como moedas para dinheiro) no altar, ou segure-o nas mãos se estiver ao ar livre. Concentre-se no seu objetivo e diga: "Lua de abril, a brilhar, empresta-me teu claro luar. Com tua essência a me cercar, que a abundância não tarde a chegar".

04 ABR

ÁRTEMIS

Se você gosta de mulheres fortes e independentes, então Ártemis é a deusa certa para você. A deusa grega da caça também está associada à proteção, especialmente de mulheres, crianças, dos mais fragilizados e vulneráveis ou dos que estão em apuros. Independência, natureza, lua, florestas, animais selvagens e bosques pertencem igualmente a ela.

Seus símbolos são o arco e flecha, a lua, os cervos e os cães de caça. Apesar de toda libertinagem pela qual os deuses gregos geralmente são conhecidos, Ártemis jurou nunca se casar e permanece solteira e independente.

Para se conectar com Ártemis, o ideal é ir a lugares na natureza que ela tanto ama, como as florestas ou até um parque (se for o mais próximo que você puder). Se está invocando sua ajuda, certamente pode fazê-lo em casa. Apenas diga a ela que sua necessidade é grande e explique sua situação. Se for uma mulher em apuros ou estiver pedindo por um filho, ela certamente ouvirá suas preces.

Ou você pode apenas buscar a conexão com Ártemis e acolher sua natureza selvagem, poderosa e independente, inspirando-se nessa energia à medida que avança nos dias e semanas.

EU SOU FORTE

05 ABR

A vida pode ser dura, e todos nós enfrentamos momentos em que sentimos que não somos fortes o suficiente para lidar com os desafios que surgem. Mas você é forte, eu lhe garanto. Você é mais forte do que imagina. Quando for difícil lembrar isso, experimente repetir esta afirmação. Sente-se com a coluna ereta e a cabeça erguida, ou fique de pé com os pés afastados na largura dos ombros, na postura do Guerreiro, sentindo a força da terra sob você.

Eu sou forte. Eu sou poderosa. Posso enfrentar qualquer desafio, por mais difícil que seja. Eu sou forte.

06 ABR
ENTALHANDO INTENÇÕES EM VELAS

Uma das minhas maneiras favoritas de usar velas em feitiços e rituais é entalhar minhas intenções nelas. Como a cera é uma superfície relativamente macia, é fácil escrever ou esculpir usando qualquer ferramenta pontiaguda. Você pode usar a ponta do seu atame, se tiver um, um palito de dente ou até mesmo a sua unha.

Não há limites para o que você pode gravar na vela — basicamente, qualquer coisa que represente e reforce o seu objetivo mágico. Por exemplo, se estou fazendo um feitiço para obter prosperidade, posso usar alguns símbolos rúnicos associados à prosperidade, como Uraz e Gifu, sinais de dólar, meu nome ou minhas iniciais, ou um símbolo que represente uma meta específica, como uma pilha de livros para simbolizar o sucesso no lançamento de uma nova obra.

Experimente fazer isso hoje. Pegue uma vela (você pode usar uma branca ou escolher uma cor que se alinhe com o seu objetivo) e entalhe símbolos ou palavras nela. Lembre-se de focar em suas intenções enquanto entalha, trabalhando com calma e propósito. Em seguida, acenda a vela, sentindo o poder que você infundiu nela enquanto gravava seus desejos.

TIRE UMA CARTA DE ORÁCULO OU TAROT POR DIA

07 ABR

Muitas vezes, usamos cartas de tarot ou oráculo com uma pergunta específica em mente, em busca de uma resposta. Mesmo que a pergunta seja algo simples como: "O que preciso saber hoje?".

No entanto, uma maneira divertida de se sentir mais à vontade com as cartas, ou de se familiarizar melhor com um deck novo, é simplesmente tirar uma carta e ver o que aparece. Talvez seja algo útil. Talvez apenas lhe dê a oportunidade de pesquisar o significado da carta e aprender um pouco mais sobre ela. (Às vezes, o que você descobre é que esse deck em particular não combina muito com você e pode precisar de outro. E isso é uma informação bem importante.)

De qualquer forma, se você é relativamente nova no uso de tarot e/ou oráculos, ou quer se familiarizar melhor com eles, esta é uma prática simples e fácil. Experimente tirar uma carta por dia. Você pode até registrar em seu diário ou no Livro das Sombras o que aparece, para observar se existem padrões.

08 ABR

DELÍCIA DE ASPARGOS

Aspargos são vegetais que não permanecem frescos durante muito tempo e em geral vêm de lugares muito distantes (acredite, o Peru é um grande produtor de aspargos) e por isso perdem muito do sabor. Magicamente, eles têm sido associados ao sexo e ao desejo (por causa de sua semelhança com uma certa parte do corpo masculino), mas, para mim, representam a paixão de qualquer tipo.

A maneira tradicional de servir aspargos é com manteiga, um toque de limão e uma pitada de molho. Ou, se você estiver se sentindo generoso, com molho *hollandaise*, misturando manteiga derretida, gemas de ovo batidas, suco de limão e sal, cozido em banho-maria. Parece simples, e é, quando você pega o jeito, mas se tiver dificuldade em evitar que o molho talhe, substitua por um delicioso aioli, que é basicamente uma maionese de alho.

Para preparar os aspargos, cozinhe-os no vapor com cuidado, para eles não amolecerem demais. Cubra-os com o molho delicioso e generoso que você escolheu e concentre-se nas ofertas de sexualidade, paixão e saúde que eles proporcionam.

Se for fazer seu próprio molho *hollandaise* do zero, mantenha o fogo baixo e sempre mexa no sentido horário, visualizando a energia mágica que deseja infundir nele.

FEITIÇO DE CURA
09 ABR

Existem muitos tipos de cura e, mais cedo ou mais tarde, todos nós precisaremos de algum deles. Há a cura para problemas físicos, sejam eles crônicos ou agudos, e a cura para questões mentais, emocionais e até espirituais. Você também pode querer realizar uma cura para um animal querido. Feitiços de cura podem ser feitos para outras pessoas também, desde que você tenha a permissão delas primeiro. Afinal, nem todos querem ajuda ou desejam estar associados à bruxaria de alguma forma, mesmo que as intenções sejam boas.

Este é um feitiço de cura de modo geral, que pode ser usado para a maioria das situações. Se você precisar de algo mais específico, modifique este feitiço ou use-o como inspiração para criar o seu próprio. Se preferir, acenda uma vela azul (para cura) ou uma vela preta (para banir a doença).

> *Deus e Deusa, enviem-me* cura*
> *Substituam o desequilíbrio pelo equilíbrio.*
> *A dor pelo conforto,*
> *A estagnação pelo crescimento positivo,*
> *Transformem aquilo que não me serve.*
> *Naquilo que cura, ajuda e acalma*
> *Deus e Deusa, enviem-me cura agora.*
> *E em todos os dias que virão.*

* Observação: se estiver fazendo o feitiço para outra pessoa, substitua o pronome "me" pelo nome em questão.

10 ABR
FORÇAS E FRAQUEZAS

Se você está escrevendo em um diário ou trabalhando no seu autoconhecimento, um ótimo exercício é fazer uma lista das suas forças e fraquezas. Mas aqui está o desafio: a maioria de nós está muito mais consciente de uma dessas listas do que da outra. Quando alguém nos pergunta sobre nossas forças, às vezes precisamos de um tempo para pensar. Já nossas fraquezas, muitas vezes, somos capazes de listar em um piscar de olhos.

Estar consciente das nossas fraquezas pode nos dar um ponto de partida para as trabalharmos a fim de superá-las, ou até para transformar em um trunfo o que parece ser uma fraqueza. (Não se sente bem ao trabalhar com outras pessoas ou em ambientes cheios? Talvez uma carreira como escritor seja o caminho!) Reconhecer nossas forças, por outro lado, pode nos conectar ao nosso lado mais poderoso, que muitas vezes deixamos de valorizar.

Reserve um momento para refletir sobre suas maiores forças e fraquezas e as escreva. Será que suas fraquezas são realmente fraquezas, ou apenas uma parte de quem você é, algo que precisa acolher em vez de tentar mudar? Se elas a prejudicam ou a limitam, o que você pode fazer para transformá-las (seja por meio de magia ou de outras maneiras)? Anote uma força para cada fraqueza, para manter um equilíbrio entre as duas listas.

Se quiser, guarde sua lista e diga: "Deus e Deusa, ajudem-me a encontrar equilíbrio dentro de mim, a melhorar aquilo que posso mudar e a aceitar com graça e dignidade aquilo que não posso, e a tirar o melhor proveito das duas coisas".

DANÇANDO NA CHUVA, BRINCANDO NAS POÇAS

11 ABR

Às vezes, a prática da bruxaria é um trabalho sério e intenso. Mas acredito que também é essencial lembrar, de vez em quando (ou até com mais frequência), de reservar um tempo para fazer coisas apenas por diversão, acolhendo a magia do cotidiano enquanto nos conectamos com o espírito, com os elementos ou com os deuses.

Afinal, dizem que praticamos com "reverência e alegria", mas muitas bruxas se esquecem dessa segunda parte, porque ficam muito focadas na primeira.

Da próxima vez que chover, saia e dance sob o aguaceiro. Se não gosta de dançar, experimente pular nas poças d'água. Há uma razão pela qual as crianças fazem isso: é divertido e libertador! Não se preocupe com o que os outros vão pensar. Apenas se permita. Conecte-se com a natureza, com o elemento Água, com sua criança interior. Isso vai renovar suas energias para os momentos mais sérios e é uma excelente forma de aliviar o estresse.

12 ABR
CASAS COM HISTÓRIA

Uma maneira de praticar suas habilidades sensitivas é visitar casas ou outros locais com muita história. Não precisam, necessariamente, ser lugares conhecidos por serem assombrados, embora você possa tentar esses também, se a ideia de fantasmas não a incomodar.

Qualquer lugar com uma longa história, onde pessoas viveram por muitos anos, estará cheio de experiências e emoções. Nem todos são sensíveis a esse tipo de energia, mas pode ser um interessante teste para a sua sensibilidade a vibrações e energias externas. Veja se você percebe algo quando visita uma casa antiga, um mosteiro, um hotel, ou até mesmo um forte ou uma prisão abandonada.

Você pode sentir a presença de uma pessoa ou de várias, ou captar uma emoção, tal como tristeza, medo, raiva ou alegria. Abra todos os seus sentidos e veja o que acontece. Mesmo que não ocorra nada, é uma ótima prática.

Se não puder visitar uma casa antiga próxima, olhe fotos de casas históricas na internet e observe se consegue sentir algo.

PAPEL SEMENTE

13 ABR

De vez em quando, meu grupo e eu fazemos trabalhos mágicos usando papel reciclado que eu compro, no qual estão embutidas sementes. É bonito e funcional, já que você pode escrever metas, desejos ou feitiços diretamente no papel e, em seguida, plantá-lo na terra.

Você também pode fazer esse tipo de papel em casa de forma relativamente simples, utilizando papel usado, sementes de sua escolha e, se quiser, corantes naturais ou flores secas para deixá-lo mais colorido. Você vai precisar de pedaços pequenos de papel, água, sementes e alguns materiais básicos. A maioria das instruções para fazer papel artesanal recomenda o uso de um liquidificador. Se preferir não usá-lo, pode conseguir um efeito semelhante com um grande pote de vidro com tampa e um pouco mais de esforço.

Pegue cerca de duas xícaras de papel rasgado, jogue-o em uma bacia ou panela grande e cubra-o com água. Deixe o papel de molho até ficar macio, depois bata no liquidificador até ele virar uma pasta (ou no pote de vidro, agitando até atingir a consistência desejada). Acrescente as sementes e, se quiser, flores ou corante. Espalhe essa mistura em uma peneira fina para drenar o excesso de água. Coloque sobre um pano para secar, usando uma forma de biscoitos com peso para manter o papel plano. Depois de seco, é só destacá-lo e usar!

14 ABR
UMA VISTA DE CIMA

Todos nós ansiamos por nos conectar com a natureza, mas, em certas ocasiões, isso pode se tornar um desafio. Talvez você more em um ambiente urbano, onde é difícil encontrar algo que evoque o mundo natural. Ou pode ser inverno, e você está presa dentro de casa, sem a menor disposição para encarar a neve novamente. (Só eu?) Felizmente, a tecnologia moderna nos proporciona alternativas que antes não tínhamos. Pode parecer um pouco irônico, mas as bruxas modernas sabem se adaptar.

Com o acesso à internet ou à televisão, você pode explorar uma vasta gama de vídeos e imagens da natureza. A NASA, por exemplo, oferece fotos incríveis da Terra vista do espaço. O YouTube está repleto de vídeos ao vivo e gravados, mostrando o mar, animais, pássaros e qualquer outro aspecto da natureza que você queira contemplar. Há câmeras ao vivo que transmitem ninhos de águias e outras criaturas em seus hábitats naturais. E no site do Serviço Nacional de Parques, www.nps.gov, você se transporta para lugares aos quais talvez não possa viajar fisicamente.

Conectar-se com a natureza de forma próxima e pessoal é, sem dúvida, essencial, mas não se limite apenas ao que está ao alcance de seus olhos. A magia da natureza reside em toda parte, basta saber onde procurar.

USANDO PEDRAS COMUNS
15 ABR

Talvez você pense que a magia com pedras exige coletar pedras preciosas caras, mas há várias maneiras de usar rochas sem precisar comprá-las. Embora as pedras preciosas tenham energias específicas que podem ser úteis para certos feitiços, as rochas em geral são pura energia da Terra em forma sólida, e não há motivo para não usar uma pedra que você encontre ao caminhar por aí.

Minhas pedras favoritas vêm da praia ou de rios, onde são suavizadas e polidas pelas águas que as carregam. Mas também encontrei muitas rochas interessantes no meu próprio quintal ou em passeios pela floresta. As pedras estão por toda parte. Fique atenta às que achar bonitas ou que tenham formas interessantes. Uma boa ideia é construir uma pequena torre de pedras no jardim, quintal ou altar, ou até criar um labirinto (grande o suficiente para caminhar ou em miniatura). Também é possível pintar símbolos místicos em pedras planas e usá-las como decoração.

Outra opção é simplesmente coletar as pedras pela energia que elas trazem. Sempre trago para casa pedras bonitas de todos os lugares que visito e as coloco em tigelas decorativas ou diretamente na bancada. Gosto da energia de aterramento que elas emanam e da sensação de carregar comigo um pedaço dos lugares por onde passei.

Na próxima vez que estiver ao ar livre, veja se encontra uma pedra interessante e a leve para casa, para começar ou continuar sua coleção.

16 ABR
MAGIA COM CHÁS

Uma das maneiras mais simples de praticar magia com ervas é fazer um chá. O termo técnico usado para mergulhar ervas em água quente é, na verdade, *tisana* ou infusão, mas a palavra "chá" funciona perfeitamente para os nossos propósitos. Ainda assim, sinta-se à vontade para chamar de *tisana,* se quiser dar um toque mais sofisticado ao procedimento.

A maioria das ervas mágicas pode se transformar em chá, mas, claro, nem todas são agradáveis ao paladar ou seguras para consumo. (Sempre se certifique de que qualquer erva que você use pela primeira vez não é tóxica — só porque é natural, não significa que não pode prejudicá-la. Também tome cuidado com possíveis reações alérgicas.)

Muitas infusões de ervas podem ser usadas em práticas mágicas. Hortelã, por exemplo, é excelente para atrair prosperidade, enquanto a rosa-mosqueta está associada ao amor e à cura. Outras ervas curativas incluem a melissa e o eucalipto. As ervas podem ser combinadas para criar chás ainda mais potentes.

A diferença entre fazer um simples chá de ervas e um chá mágico está na intenção. Enquanto as ervas estiverem em infusão, concentre-se no seu objetivo. Se estiver usando um infusor de chá, mergulhe-o nove vezes antes de deixá-lo repousar, depois diga: "Ervas em chá, magia já".

NIKE
17 ABR

Nike não é apenas uma marca de tênis famosa. Na verdade, o nome dessa marca foi inspirado na deusa Nike, uma divindade grega associada à vitória, ao sucesso e ao triunfo nas batalhas. Geralmente representada com asas e segurando uma coroa de louros, símbolo de conquista para os vencedores de corridas e competições, Nike também tinha uma ligação com a deusa Atena.

Se você está precisando de um impulso em uma competição ou até mesmo na vida, não é necessário investir em calçados caros. Em vez disso, acenda uma vela para Nike e diga: "Nike, empresta-me tua força e rapidez. Ajuda-me a ser o meu melhor e a dar o meu melhor. Permita-me ter êxito em meus empreendimentos e colher as recompensas que mereço. Que assim seja".

18 ABR
OVOS E MAGIA DO POTENCIAL

Quando você pensa em um simples ovo, talvez não o associe imediatamente à magia. No entanto, os ovos são poderosos símbolos de potencial e podem ser usados em práticas mágicas voltadas para qualquer tipo de crescimento ou desenvolvimento que você esteja buscando. Trabalhando no potencial para um novo amor? Experimente fazer aspargos com molho holandês. Quer aumentar o potencial para a prosperidade? Que tal uma omelete com endro e manjericão?

Ao quebrar o ovo, pense em abrir-se para novas possibilidades. Reflita sobre como o ovo se transforma de líquido para sólido, ou até mesmo em um pintinho, dependendo das circunstâncias. Considere todas as diferentes possibilidades que residem naquela casca simples — ao mesmo tempo frágil e resistente. Transmute essa energia para sua prática mágica.

Aqui está uma receita simples de fritada, um prato que mistura ovos com alguns ingredientes e é assado no forno. Esta versão serve várias pessoas, mas você pode adaptar para uma porção menor.

Derreta quatro colheres de sopa de manteiga no fundo de uma frigideira que possa ir ao forno e adicione oito ovos levemente batidos, sal e um pouco de cebolinha picada ou outras ervas de sua preferência. Cozinhe sem mexer até começar a firmar, então polvilhe meia xícara de queijo ralado e um pouco de farinha de rosca temperada por cima. Asse a 180°C por cerca de três minutos ou até ficar bem cozido.

CALMA
19 ABR

Pode ser difícil manter a calma diante dos desafios da vida, mas nenhum de nós faz as melhores escolhas quando estamos agitados ou preocupados. Sem falar que ficar agitado e preocupado é bastante desagradável. Há algumas coisas práticas básicas que você pode fazer quando precisa manter a calma, como respirar longa e lentamente, ou repetir um mantra de forma tranquila, como: "Eu estou calma e no controle. Não vou me abalar pelas circunstâncias".

Mas, se precisar de algo mais forte para enfrentar uma situação em que precisa manter a calma (embarcar em um avião quando não gosta de voar, entrar em uma reunião estressante com seu chefe ou ter uma discussão difícil com alguém próximo a você), experimente fazer este feitiço rápido e fácil para manter a calma.

Acenda uma vela branca ou amarela (amarela para a comunicação, branca para a calma). Se precisar de um lembrete para ajudá-la a manter a calma mais tarde, segure uma pedra ou talismã enquanto recita o feitiço, depois carregue-o consigo:

> *Eu estou calma e no controle das minhas emoções*
> *Eu estou calma e não vou me deixar perturbar.*
> *Por pessoas ou situações*
> *Por conversas ou confrontos,*
> *Por medo ou desconforto,*
> *Eu estou calma e serena.*
> *E assim vou permanecer, não importa o que aconteça*
> *Eu estou calma e serena.*

20 ABR

AZUL

O azul tem muitas tonalidades, desde o mais claro azul-bebê até o mais escuro azul-marinho, e tudo o que há entre esses extremos. Alguns tons estão associados ao relaxamento, ao mar e ao céu. O azul-royal, que é mais vibrante, pode ser bastante poderoso, assim como a pedra lápis-lazúli, considerada uma das melhores pedras preciosas para trabalhos mágicos.

Na magia, o azul está associado às emoções, à cura e ao elemento Água, assim como à direção oeste. Muitas bruxas usam uma vela azul para invocar essa direção. Também é uma cor utilizada para promover a paz, o sono e a esperança. Todas coisas boas, acho que você concorda.

Experimente observar diferentes tonalidades de azul para descobrir qual é a sua favorita. Há alguma que faça você se sentir calma, enquanto outra lhe dá alegria? Você tem uma pedra azul que parece funcionar melhor em seus rituais? Escolha uma pedra, se tiver, e uma vela azul, e tente fazer um feitiço simples para obter cura ou serenidade. Ou simplesmente olhe para o céu ou para o mar, ou algo mais na natureza que seja azul, e veja se essa conexão faz você se sentir melhor.

AUTOCONSAGRAÇÃO
21 ABR

Algumas celebrações ou rituais de bruxaria são muito individuais e pessoais. A autoconsagração é um deles. Se você faz parte de um coven, pode participar de uma consagração formal, comprometendo-se com a bruxaria de forma geral ou com a entrada no grupo. Esse tipo de ritual costuma ser conduzido pelo líder ou líderes do coven.

No entanto, bruxas solitárias às vezes optam por fazer uma autoconsagração, que é um ritual no qual reconhecem sua intenção de seguir o caminho da bruxaria, seja lá o que isso signifique para elas. Elas podem se dedicar a um deus ou deusa específico ou à prática da bruxaria em si. Esse não é um juramento inquebrável — afinal, as pessoas têm o direito de mudar de ideia —, mas é uma maneira de demonstrar ao universo que você está comprometida em seguir o seu caminho mágico.

Não existe uma forma certa ou errada de fazer uma autoconsagração. Você pode traçar um círculo e realizar um ritual formal, ou simplesmente ficar sob a lua cheia e falar com o coração. Seja qual for o caminho escolhido, é um passo poderoso e não deve ser dado de forma leviana. Independentemente do formato que você adote, pode dizer algo como: "Deusa, olhe para mim. Neste dia, reconheço que sou uma bruxa. Caminho pela trilha que muitos antes de mim já percorreram, embora meus passos possam ser diferentes. Guie-me enquanto caminho, para que eu possa praticar com reverência e alegria em seu nome. Que assim seja".

22 ABR
LAVAR A NEGATIVIDADE

Nossos banheiros são espaços dedicados a diferentes formas de lavagem: tomamos duchas ou banhos de imersão, lavamos as mãos e o rosto regularmente. Por que não aproveitar esses momentos para integrar um pouco de magia ao que já fazemos?

O diferencial do trabalho mágico em atividades cotidianas está no foco e nas intenções que colocamos nelas. Por exemplo, ao tomar um banho, você pode se concentrar em limpar as preocupações do dia, ou visualizar qualquer energia negativa que você possa ter acumulado sendo jogada no ralo, desaparecendo para sempre.

Você também pode preparar um banho de cura para aliviar a dor ou o desequilíbrio, ou um banho calmante para dissipar o estresse. Se preferir, acrescente um spray ou um sachê mágico de banho e use ervas que atendam ao seu objetivo específico.

Para algo ainda mais simples, quando lavar as mãos, concentre-se em se livrar de qualquer coisa da qual gostaria de "lavar as mãos". (Eu lavo as mãos do drama do escritório.)

Quando lavar o rosto, esfregue qualquer sentimento negativo que possa surgir ao se olhar no espelho.

Em resumo, as possibilidades de incluir um pouco de magia ao se limpar são infinitas.

COELHOS

23 ABR

Os coelhos são símbolos de abundância e fertilidade em muitas culturas, além de serem associados à boa sorte. As razões para isso são bastante evidentes — coelhos adultos geram muitos coelhinhos!

Na primavera, vejo coelhos por todo o meu jardim, saltando para cá e para lá e comendo saborosas ervas daninhas.

Na cultura chinesa, o coelho está associado à bondade e à criatividade. Na cultura japonesa, eles estão relacionados à lua. Os coelhos também estão ligados ao Equinócio da Primavera e à deusa Eostre. Com sua audição extremamente aguçada e a capacidade de ver quase em todas as direções ao mesmo tempo, podem ser usados em trabalhos mágicos para sensibilidade e percepção.

Se quer trazer abundância para sua vida, experimente fazer um ritual que inclua uma oferta ao espírito do coelho. Faça uma oferta de cenouras em vez de bolo e peça ajuda para criar abundância da maneira que deseja manifestá-la.

Corte uma cenoura em "moedinhas" para representar prosperidade e coloque-as em um prato pequeno, empilhadas para simbolizar abundância. Você pode usar uma imagem ou uma estátua de um coelho, ou simplesmente visualizar um em sua mente. Diga: "Espírito do coelho, criatura selvagem cheia de alegria, energia e fertilidade, trago-lhe esta oferta e peço sua bênção em meus projetos. Envie abundância e prosperidade para minha vida, e que minhas moedinhas se multipliquem como coelhinhos". Em seguida, coma uma cenoura para absorver a magia.

24 ABR

TALISMÃS DE ARGILA

Um talismã é qualquer objeto que seja inscrito ou imbuído de energia mágica. Eles podem ser feitos para praticamente qualquer propósito, embora sejam mais usados para proteger, curar ou atrair amor. Podem ser confeccionados com qualquer material, e você pode criar um para si, usando argila.

Se não tem um forno de cerâmica — e a maioria das pessoas não tem —, procure argila para artesanato que seca sozinha, ou argila que pode ser assada no forno. Algumas pessoas gostam de usar argila polimérica, que é fácil de trabalhar e está disponível em diversas cores brilhantes. O lado negativo, é claro, é que não é uma substância natural, então muitas bruxas a evitam.

Depois de escolher o material, o resto é bem simples. Trabalhe a argila até que fique macia e modele-a na forma que desejar: oval, redonda, retangular e assim por diante. Se quiser usar como um colar, certifique-se de fazer um buraco na parte superior. Então, inscreva-a com os símbolos que atendem ao seu objetivo específico. Lembre-se de se concentrar na sua intenção enquanto trabalha. Se desejar, consagre o talismã quando estiver pronto ou use esmalte ou tintas para colorir.

Depois, simplesmente coloque-o em seu altar ou sob o travesseiro, ou use-o como um colar.

MEIO-DIA
25 ABR

Muitas bruxas realizam a maioria dos seus rituais e magias após o anoitecer. Em parte, isso vem da tradição, mas também pode ser que esse seja o único momento em que elas têm tempo. Ou talvez seja porque elas queiram estar sob a luz do luar.

No entanto, existe outra opção e, dependendo do trabalho mágico que quiser fazer, é possível realizar seu ritual ao meio-dia. Afinal, o sol também pode ser uma fonte incrivelmente poderosa. Ao meio-dia, ele está no auge de seu poder. Eu gosto de fazer nosso ritual de Solstício de Verão ao meio-dia, porque é a essência da energia do verão. Normalmente, também fazemos uma fogueira para maximizar o poder do elemento Fogo.

Qualquer feitiço que invoque a energia do fogo pode ser realizado ao meio-dia, assim como um que invoque um deus do sol em vez de (ou além de) uma deusa da lua. Se estiver fazendo um feitiço que precisa ser superpotente e a lua cheia vai demorar alguns dias para chegar, experimente aproveitar o poder do sol em vez disso.

26 ABR
FEITIÇO PARA AUMENTAR A FORÇA DE VONTADE

Às vezes, é fácil ter força de vontade, resistir à tentação, manter o foco em uma tarefa ou enfrentar algo complicado ou assustador. Outras vezes, não é.

Lutar com a força de vontade não a torna uma pessoa fraca. Apenas a torna uma pessoa humana. Se você precisa de um pouco de poder mágico para se manter no caminho certo, experimente recitar este feitiço. Se quiser, concentre-se em um símbolo de qualquer coisa que você precise de força de vontade para conseguir (manter uma dieta, evitar um vício, não se distrair quando deveria estar escrevendo... ops). Ou simplesmente concentre-se em seu desejo de ser mais forte e recite o feitiço em voz alta:

> *Deus e Deusa, ajudem-me a ser forte*
> *Para resistir à tentação*
> *Para manter o foco e a tarefa,*
> *Para lembrar por que isso é importante,*
> *E por que cada momento e cada ação importa*
> *Deus e Deusa.*
> *Enviem-me força de vontade,*
> *Para eu permanecer firme e fazer o que devo*
> *Sem vacilar ou hesitar*
> *A força de vontade é minha e eu a abraço.*
> *Porque eu sou forte e eu sou o poder da minha vontade.*

ESPÍRITOS PROTETORES
27 ABR

Nem todos acreditam em espíritos protetores, seja qual for o nome que você lhes dê, mas muitos bruxos acreditam. Conheci pessoas que têm certeza de que há anjos da guarda cuidando delas e outras que estabeleceram conexões com seres espirituais ou energias elementares que percebem como protetores.

Eu acredito e muito em algo assim, embora seja difícil para mim explicar essas crenças em palavras. (Sim, eu sei — eu deveria ser capaz de fazer isso agora!) Acredito que a imagem varia de pessoa para pessoa e que seu espírito protetor pode se manifestar para você de uma forma completamente diferente daquela que aparece para outra pessoa.

Mas também acho que todos esses seres diversos, sejam espíritos animais, fadas madrinhas ou qualquer outra forma que possam assumir, vêm de um lugar de amor e poder superior, e frequentemente nos observam durante anos sem que tenhamos ideia de sua presença.

Como um experimento, tente meditar ou fazer um ritual onde você chegue o mais próximo possível de um estado de transe (ou simplesmente sente-se em um lugar tranquilo, de preferência ao ar livre) e pergunte se você tem um espírito protetor, e, se tiver, se ele estaria disposto a se revelar para você. Você pode não ver nada, mas mantenha a mente aberta para quaisquer sinais que apareçam ou imagens que surjam em sua cabeça. E lembre-se de agradecer.

28 ABR
COMO A BRUXARIA MELHORA SUA VIDA?

Pode não ser uma pergunta sobre a qual você costuma refletir, mas, obviamente, o fato de ser bruxa melhora a sua vida, ou você não estaria fazendo isso.

Reserve um tempo hoje para pensar na resposta. O que a prática da bruxaria faz para melhorar a sua vida? Ela torna você uma pessoa mais feliz e equilibrada? Ela lhe propicia melhores interações sociais? Lhe dá uma sensação de poder quando você se sente mais fraca? Ajuda a conectá-la com a natureza ou com algo maior do que você mesma?

Não há respostas erradas e, para muitas de nós, existe uma longa lista de respostas certas. Se você está escrevendo um diário, essa é uma ótima pergunta para refletir e anotar. Você pode se surpreender ao descobrir como ser bruxa toca sua vida de uma forma positiva, de várias maneiras.

Se não tiver um diário, tente meditar sobre a questão. Acenda uma vela branca e olhe para ela em silêncio por um tempo, ou ponha uma música relaxante para tocar ao fundo. Você pode até perguntar em voz alta: "Como ser bruxa melhora a minha vida? O que mais posso fazer para aproveitar o poder e a natureza espiritual da minha prática para melhorar a minha vida?". Então sente-se com os olhos fechados ou olhe para a vela e veja o que vem à sua mente.

CRESCER E MINGUAR
29 ABR

Além dos dias de lua cheia e lua nova, há duas fases lunares principais, e a lua está quase sempre em uma ou outra. Esse fato é importante para as bruxas, pois afeta a forma como praticamos nossa magia.

A lua crescente começa logo após a lua nova e é o período em que a lua cresce um pouco a cada dia até voltar a ser uma lua cheia. Tudo bem, tecnicamente a lua é sempre do mesmo tamanho, a menos que um pedaço dela seja arrancado por um asteroide gigante, mas estou falando da lua visível, daquela que vemos no céu.

A lua minguante começa logo após a lua cheia, à medida que ela diminui dia a dia até desaparecer por completo na noite da lua nova. E embora você possa fazer trabalhos mágicos igualmente bem durante qualquer um desses períodos, de modo geral, a lua crescente é usada para as magias voltadas para aumentar alguma coisa (ou para obter uma quantidade maior de algo), e a lua minguante é usada para as magias voltadas para diminuir alguma coisa (ou para obter uma quantidade menor de algo).

À medida que a lua cresce, pedimos para aumentar alguma coisa, e à medida que ela diminui, pedimos para diminuir alguma coisa. É fácil lembrar.

Verifique em que fase a lua está hoje à noite e faça um feitiço ou ritual que se ajuste a essa energia. Esforce-se para se conectar e seguir as fases da lua e sua energia mutável e, se puder, faça delas parte da sua prática.

30 ABR

RITUAL DA VÉSPERA DE BELTANE

No hemisfério norte, Beltane acontece oficialmente em 1º de maio, mas muitas pessoas começam suas celebrações na noite anterior e permanecem acordadas até o amanhecer do dia de Beltane. Esse tempo pode ser usado para celebrar, executar trabalhos de proteção ou simplesmente para dar boas-vindas ao verão.

Aqui está um ritual simples que você pode fazer sozinha ou com outras pessoas. Você vai precisar de um pequeno buquê de flores (as da estação são as melhores, mas quaisquer flores servem), uma tigela grande com água e uma vela branca. Se puder estar ao ar livre, ótimo, mas também funcionará dentro de casa.

Acenda a vela e diga: "Salve, Véspera de Beltane! Bem-vinda à Deusa e ao Deus! Bem-vinda às fadas! Bem-vinda à nova temporada de abundância e fertilidade! Salve, Véspera de Beltane!"

Retire as pétalas uma a uma e coloque-as na tigela com água. A cada pétala, faça um pedido, agradeça ou simplesmente celebre o dia. Por exemplo: agradeço o tempo mais quente. Agradeço minha família e meus amigos. Peço prosperidade para os meses seguintes. Se tiver filhos, deixe-os fazer pedidos também.

Pela manhã, quando o sol nascer, jogue fora a água e as pétalas ao ar livre, se tiver um lugar para fazer isso, ou drene a água e descarte as flores de forma respeitosa.

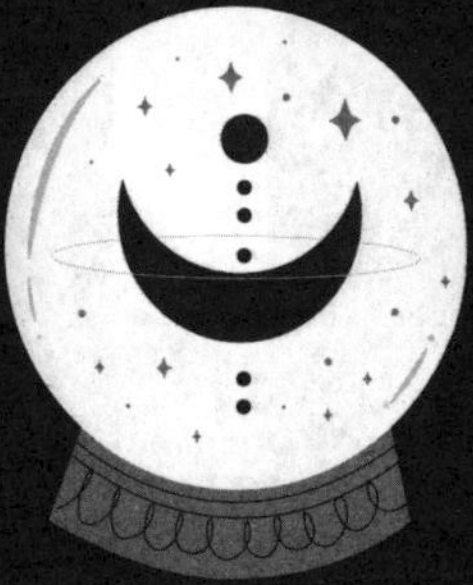

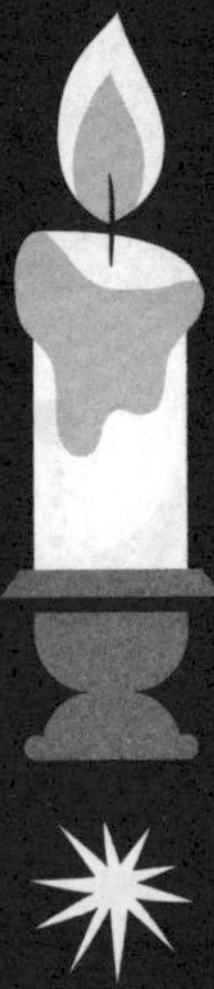

MAIO
quietude e conexão

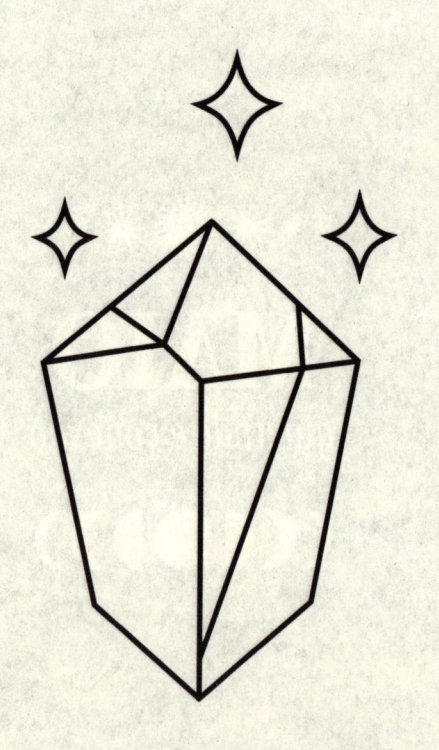

BELTANE

01 MAI

Beltane, também conhecido como Dia de Maio, se originou de um antigo festival celta baseado em rituais de fogo que celebrava a fertilidade e o plantio. É uma festa animada, divertida e irreverente, com danças ao redor do mastro de maio e expressões de amor em suas muitas formas.

Essa ocasião é perfeita para realizar trabalhos mágicos para tudo o que você quer que cresça e prospere em sua vida. Se tiver uma árvore ou um arbusto pequeno, amarre fitas nela(e) para simbolizar o que quer que se desenvolva. Faça uma fogueira (ou um churrasco — isso também é fogo). Se não puder fazer algo maior, acenda uma vela vermelha para representar o fogo e execute um feitiço para atrair abundância, amor ou fertilidade nas manifestações que funcionam melhor para você. Se quiser realmente entrar no clima e não puder contar com um fogo de verdade, disponha um conjunto de pequenas velas em um prato seguro para chamas ou dentro de um caldeirão para imitar as fogueiras que as pessoas normalmente acendem em Beltane.

Uma das tradições dessa data compreendia realizar feitiços para proteger as comunidades e os animais. Embora seja improvável que você queira conduzir um rebanho inteiro de gado entre duas grandes fogueiras, certamente pode guiar seus animaizinhos de estimação entre duas velas e dizer: "Deus e Deusa, por favor, protejam a mim e a meus queridos animaizinhos durante todo este ano".

02 MAI

HATHOR

Deusa egípcia do amor e da música, Hathor é perfeita para você invocar se quiser prolongar a vibração de Beltane por mais um dia. Ela está associada à abundância, à sexualidade e à feminilidade, assim como a todas as formas de arte, música, dança e criatividade. Às vezes, Hathor é representada como um gato, e outras, como uma mulher com orelhas de vaca, já que as vacas são um de seus símbolos, juntamente com os espelhos, um tipo de chocalho chamado sistro, a cerveja vermelha e a cor dourada.

As celebrações de Hathor costumam ser animadas, repletas de música e muita bebida. Sugiro que você se concentre na parte musical e vista algo divertido e extravagante para dançar à vontade. Esqueça suas preocupações e deixe a música a levar. Se tiver um chocalho, sacuda-o ou direcione toda essa energia para um feitiço.

Mesmo que não possa dançar, sente-se, bata palmas ou cante junto. Gere o máximo de energia que puder e, em seguida, recite seu feitiço, seja ele qual for, e envie-o ao universo em forma de notas musicais.

LUA CHEIA DE MAIO
03 MAI

A lua cheia de maio é tradicionalmente chamada de Lua das Flores, Lua do Plantio, Lua do Leite, Lua da Lebre ou Lua da Grama. Todos esses nomes refletem o que acontece nessa época do ano, dependendo de onde você está.

Particularmente, eu amo o nome Lua das Flores. Que tal celebrar a lua cheia desse mês escolhendo (ou comprando) algumas flores? Você pode espalhá-las pela casa para alegrar o ambiente ou colocá-las no seu altar como uma oferenda aos deuses. Também pode plantar sementes de flores para apreciá-las mais tarde.

Tente fazer uma oferenda de flores, seja em um altar interno ou em algum lugar externo. Olhe para a lua, se puder vê-la, ou concentre-se em saber que ela está lá em cima, e diga: "Deusa da Lua das Flores, por favor, aceite essas flores como um pequeno símbolo do meu amor e respeito e abençoe-me com sua luz e energia radiantes".

04 MAI

OS AMANTES

No tradicional baralho Rider-Waite-Smith, a carta dos Amantes mostra dois indivíduos nus, cada um ao lado de um arbusto ou árvore (a mulher está ao lado do arbusto com uma cobra e algumas maçãs), e um enorme anjo guardião pairando acima deles. No *Everyday Witch Tarot*, a carta é um pouco mais sutil, com duas pessoas de mãos dadas, com as costas voltadas para que possam ser de qualquer gênero, e dois gatos com seus rabos entrelaçados na forma de um coração.

De qualquer maneira, a carta representa o amor, embora não necessariamente o amor romântico ou sexual, apesar da nudez do casal original. Ela está mais relacionada a estar aberta e vulnerável em seus relacionamentos com os outros, oferecendo e recebendo amor em seu nível mais benéfico e positivo.

Se você quer um pouco mais de amor em sua vida ou deseja dar um impulso à energia do amor que já tem, tente usar a carta dos Amantes como foco para este feitiço simples. Acenda uma vela rosa ou vermelha (rosa é para amizade ou um amor mais sereno; vermelho geralmente é para paixão), ou uma branca, se isso parecer mais apropriado. Então diga: "Que os deuses e guardiões me abençoem com amor em todas as suas formas mais positivas e me ajudem a ser aberta em dar e receber esse amor. Assim seja".

FEITIÇO PARA LIDAR COM PESSOAS DIFÍCEIS

05 MAI

A menos que você seja incrivelmente sortuda, mais cedo ou mais tarde terá de lidar com alguém difícil. Infelizmente, para a maioria de nós, isso não é uma ocorrência incomum. Chefes ou colegas desagradáveis, membros da família com quem você não consegue se entender, ou até mesmo pessoas aleatórias que você encontra na rua e que são rudes, irritadas ou maldosas. Vamos encarar a realidade — nem todos são gentis, e embora tenhamos dias ruins em que somos menos agradáveis do que gostaríamos de ser, há pessoas que são difíceis com frequência.

Obviamente, o melhor é evitar essas pessoas, mas se isso não for possível, aqui está um feitiço para ajudar você a manter a calma e não deixar que o mau humor de alguém estrague o seu dia. (Infelizmente, não conheço nenhum feitiço para tornar as pessoas menos difíceis.)

Diga o feitiço com intenção e visualize-se envolta em uma bolha protetora de luz brilhante:

> *Pessoas desagradáveis, fiquem longe,*
> *Não voltem mais, por favor.*
> *Suas palavras duras e suas grosserias*
> *Não podem transformar meu sol em chuva.*
> *Seu mau humor vai me alcançar,*
> *Vai deslizar da minha bolha brilhante.*
> *Por mais que sejam ranzinzas,*
> *Estou protegida por essa luz radiante.*

06 MAI
NÉVOAS MÁGICAS

Para quem busca uma alternativa ao uso da sálvia ou de outras ervas para defumação, há uma solução encantadora: névoas mágicas! Elas são compostas basicamente de água em um frasco borrifador, mas com uma dose de magia. O preparo e o uso ficam ao seu critério.

Se deseja criar uma névoa para limpeza, substituindo varinhas de ervas ou incensos, experimente adicionar algumas gotas de óleos essenciais como limão, alecrim, lavanda ou sálvia. (Tenha cuidado com óleos essenciais perto de animais de estimação, pois podem ser tóxicos. Opte por ervas frescas, se quiser.) Adicione uma pequena pedra, como quartzo cristal ou ametista. A selenita é superficaz na eliminação de energias negativas e está ligada à lua.

Para um impulso extra, use água da lua, que é a água deixada sob o luar de uma lua cheia. Acrescente uma pitada de sal marinho e um pouco de hamamélis ou álcool como conservantes. Para limpar um espaço antes de um trabalho mágico, basta sacudir a água e borrifar a área algumas vezes.

Você pode criar sprays para proteção ou outras finalidades, apenas trocando as ervas utilizadas e modificando a sua intenção ao preparar o conteúdo a ser borrifado.

BELENUS

07 MAI

Belenus é uma divindade celta de grande importância, geralmente celebrado perto da época de Beltane. Considerado um dos mais antigos deuses celtas, ele também está associado ao deus grego Apolo, sendo algumas vezes chamado de Apolo Belenus.

Assim como Apolo, que veio depois, Belenus é um deus da luz, do sol e da cura. (Há algumas dúvidas sobre se os celtas realmente adoravam o sol, então pode ser mais preciso vê-lo como um deus da luz.) Belenus era representado por estátuas de cavalo e pela roda.

Para um ritual simples para se conectar com essa antiga divindade, vá para fora em um dia ensolarado com uma bebida saudável, como suco de laranja ou de romã. Despeje um pouco no chão como libação para o deus e diga: "Belenus, ó Grande e Antigo, ilumine-me com sua luz curativa e ajude-me a ser forte em mente, corpo e espírito". Em seguida, sente-se ao sol por um tempo e saboreie lentamente seu suco, absorvendo a cura que tanto o suco quanto o sol proporcionam a você.

08 MAI

VELAS RÉCHAUD

Bruxas utilizam velas para diversas finalidades — para conjurar os quatro elementos, invocar deuses ou deusas e como parte de feitiços e rituais. No entanto, nem sempre é prático manter um grande estoque de velas, e elas podem ser caras. Por isso, em algumas situações, uma boa opção é o uso de velas tipo réchaud.

Elas são pequenos discos achatados de cera que em geral vêm em recipientes de metal individuais. Embora seja importante colocá-las sobre uma superfície resistente ao calor, em teoria elas podem ser queimadas diretamente. Gosto de acomodá-las nas bordas do círculo quando realizo rituais ao ar livre, sobre as pedras que marcam o espaço ritual. Elas também são ótimas para espalharmos pela casa em ocasiões especiais, como no Yule, quando celebramos a luz. Como são baratas, você pode usar uma grande quantidade delas, conforme a ocasião exigir.

Para transformar uma vela réchaud comum em algo mágico, experimente gravar símbolos no topo da cera antes de acender a vela. Você também pode ungi-la com algumas gotas de óleos essenciais ou mágicos que estejam alinhados com o seu objetivo (mas com cuidado, já que os óleos são inflamáveis). Se quiser preparar várias velas réchaud com antecedência e de forma discreta, tire-as dos recipientes de metal, grave suas iniciais e símbolos mágicos no fundo da cera e depois coloque-as de volta. Ninguém precisa saber, além de você.

LEITURA DE RUNAS

09 MAI

Assim como com cartas de tarot ou oráculos, uma prática de adivinhação eficaz com pedras rúnicas consiste simplesmente em retirar uma runa e ver o que aparece. Não é imprescindível ter uma pergunta em mente para esse exercício. Na verdade, é até melhor se não tiver. Apenas enfie a mão na bolsinha ou no recipiente onde as guarda, mexa-as um pouco e retire a que lhe parecer certa.

A runa que você retirou tem algo a ver com o que está acontecendo na sua vida agora ou com os seus planos para o dia? Se fizer isso de noite ou de tardinha, aconteceu algo durante o dia que coincidiu com a runa que você escolheu pegar?

Experimente repetir essa leitura durante um mês e anote (ou apenas preste atenção) com que frequência a runa que você pegou parece fazer sentido.

Se preferir algo mais formal, tente uma leitura de três runas com uma pergunta específica. Por exemplo, você pode perguntar: "O que eu preciso saber agora?". Retire três runas da bolsa e coloque-as na ordem em que foram retiradas, ou ponha todas elas viradas para baixo em uma mesa e retire as três que mais chamam sua atenção. A primeira representa o passado, ou o que já aconteceu que poderá lhe servir de aprendizado. A segunda tem a ver com o presente, ou onde você está hoje, e a terceira representa o futuro.

10 MAI | CONECTANDO-SE COM A SABEDORIA INTERIOR

Todos temos uma sabedoria interior profunda. Se você sente que seu instinto está tentando lhe dizer algo que você não consegue entender, ou se apenas deseja se reconectar com ele, experimente esta meditação.

Se quiser, ponha uma música suave ao fundo ou acenda uma vela durante e após a meditação. Leia esta oração em voz alta ou grave-a para tocar de volta e realmente se concentrar nas palavras. Comece com algumas respirações lentas e profundas.

"Eu sou sábia e perceptiva. Em algum nível, já conheço todas as respostas para as perguntas que faço, embora, no momento, essas respostas possam não parecer claras.

É como se houvesse uma camada de névoa entre mim e minha própria sabedoria interior, cinza e enevoada, cheia de incerteza. Mas eu tenho a capacidade de dissipar essa névoa, soprando-a com minha respiração enquanto inspiro e expiro. Lentamente, eu sopro a névoa que se interpõe entre mim e minha visão interior, até que tudo esteja claro. Eu conheço as respostas para as perguntas que faço. Eu sei qual direção seguir. Peço à minha sabedoria interior que me guie porque sei que sou sábia."

Sente-se quietinha por um tempo, apenas respirando profunda e calmamente, e veja o que acontece com você.

SPRAY DE LIMPEZA E PROTEÇÃO

11 MAI

Sprays mágicos são uma ferramenta muito prática. São fáceis de fazer, rápidos e simples de usar, e podem servir a variados propósitos. Gosto de usar óleos essenciais para os meus, pois eles duram mais e são mais potentes, mas você também pode usar ervas frescas mergulhadas em uma mistura de água e álcool para criar o mesmo efeito.

Um dos meus sprays mágicos favoritos é para limpeza e proteção. Existem muitas ervas associadas a essas propriedades, mas, para um spray de ambiente, gosto de usar alecrim, limão e sálvia. (O alho é ótimo para proteção, mas você não vai querer borrifá-lo pela casa, não é?) Além das ervas que mencionei, você pode substituir por outras que preferir.

Pegue um frasco de spray e encha-o até a metade com água. Adicione algumas gotas de cada óleo essencial e, se desejar, algumas gotas de álcool isopropílico ou vodca para ajudar a preservá-lo. Complete com água e agite suavemente para misturar. (Se usar ervas frescas, deixe de molho por um ou dois dias e depois coe.)

Você pode usar o spray em qualquer parte da casa onde a energia pareça estagnada ou borrifar um pouco no chuveiro antes de entrar para se envolver com sua magia. Também pode borrifar um pouco na vassoura antes de usá-la para varrer, espalhando, assim, a energia protetora pelo seu espaço.

12 MAI
PEDINDO AJUDA ÀS DIVINDADES

Se você está trabalhando em um projeto mágico — ou mesmo em um projeto mundano que se beneficiaria de um empurrãozinho —, agora é um bom momento para pedir ajuda a uma divindade. Talvez tudo esteja fluindo bem, como planejado, mas se seu projeto está parado ou não está avançando tão rapidamente quanto você esperava, não hesite em buscar ajuda.

Muitas de nós fomos ensinadas a ver o pedido de ajuda como um sinal de fraqueza, mas não há nada de errado em dizer: "Preciso de uma mãozinha aqui", desde que você aceite essa ajuda com bondade e gratidão, e também esteja disposta a retribuir, quando tiver oportunidade. Às vezes, precisamos realizar algo por conta própria, mas na maioria das vezes não há benefício algum em lutar sozinha, sendo que as coisas seriam muito mais fáceis se pedíssemos ajuda.

Se o seu projeto mágico precisa de um impulso, procure uma divindade associada a seus aspectos relacionados. Por exemplo, se está trabalhando em algo criativo, invoque Brígida ou Apolo. Para um projeto para obter prosperidade ou abundância, peça ajuda de Ceres ou Lugh.

Se já tem um deus ou deusa com quem mantém uma relação, não hesite em chamá-lo(a). Apenas lembre-se de dizer *por favor* e *obrigada*.

TORTA PARA A PROSPERIDADE

13 MAI

A Magia da Cozinha é sobre integrar seu trabalho mágico com a comida e a bebida que você prepara todos os dias. É fácil e divertido — se você tem filhos pagãos, eles podem ajudar — e, ainda por cima, você pode comer o que cozinhou. É ou não é perfeito?

A prosperidade é um elemento mágico particularmente simples de adicionar à maioria das refeições, pois muitos ingredientes e ervas estão associados à prosperidade e à abundância. Um dos meus pratos favoritos é o que chamo de Torta da Prosperidade — na verdade, uma quiche.

Você pode modificar os ingredientes conforme suas preferências, mas eu uso estes aqui: 1 massa de torta pronta; 1 ½ xícara de queijo ralado (gosto de uma mistura de suíço e cheddar); 1 cebola média picada; 1 xícara de espinafre fresco picado; 4 ovos; 1 ½ xícara de leite; 3 colheres de sopa de farinha; ¼ de colher de chá de mostarda seca e sal; e ervas de prosperidade variadas (use menos se optar por ervas secas ao invés de frescas), incluindo endro, manjericão, salsa e cebolinha.

Refogue as cebolas e adicione o espinafre até murchar. Coloque o queijo, as cebolas e o espinafre na massa da torta e cubra com uma mistura dos outros ingredientes batidos. Asse a 190°C por cerca de 45 minutos, ou até o centro estar firme. Lembre-se de focar na sua intenção de imbuir o prato com prosperidade enquanto você o prepara.

14 MAI — OUVINDO A VOZ INTERIOR

No início do mês, propus uma meditação para nos conectarmos com nossa sabedoria interior. Este exercício é uma expansão dessa meditação, embora possam ser usados separadamente.

Uma das coisas mais frustrantes para quem trabalha com a intuição é distinguir aquela voz interior, que diz "Ei, isso não é uma boa ideia" ou "Não siga o caminho de sempre hoje", da paranoia básica ou do fluxo constante de pensamentos que geralmente preenchem nossa mente. Se eu ganhasse um centavo para cada vez que ignorei um aviso da minha voz interior e mais tarde descobri que deveria tê-la ouvido, estaria rica.

Uma forma de aprimorar sua conexão com a voz interior é prestar atenção quando você ouve algo que pode ser uma mensagem intuitiva e se, de fato, estava certa ou não. Se tem o hábito de escrever, registre essas percepções. Caso contrário, mantenha um caderno ou anote as ocorrências em um pedaço de papel.

A voz interior estava certa mais vezes do que errada, ou o contrário? Talvez você deva ouvi-la com mais atenção. Faça uma pausa agora e escreva algumas coisas que você acha que sua voz interior está lhe dizendo e observe o que acontece nos próximos dias.

CONECTANDO-SE COM A ÁGUA

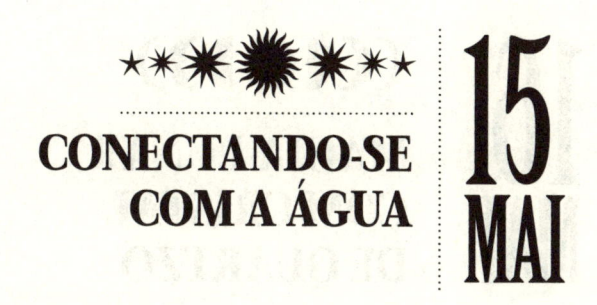

15 MAI

A água provavelmente é o elemento mais fácil de se conectar, pois está em toda parte, de formas bastante variáveis, e a maioria delas é bem mais tangível do que, digamos, o ar. E menos perigosa de tocar do que o fogo.

Mas isso não significa que devemos subestimá-la. Portanto, é bom reservar um momento para se conectar e apreciar o elemento Água de maneira consciente. Experimente fazer uma caminhada na chuva ou sentar-se à beira de um rio, lago, mar ou córrego e ouvir os sons da água. Concentre-se com mais atenção ao beber um copo d'água ou tomar um banho, e sinta a água ser absorvida pelo seu corpo.

Lembre-se de que somos compostos principalmente de água e que ela está ligada entre si de diversas maneiras. Uma gota do mar, por exemplo, se torna uma gota de chuva a muitos quilômetros de distância. Assim, na verdade, quando nos conectamos com a água, estamos nos conectando de um jeito sagrado uns com os outros.

Faça algo hoje para se conectar intencionalmente com a água, mesmo que seja algo simples, como beber uma xícara de chá.

16 MAI

MAGIA LUNAR COM CRISTAL DE QUARTZO

O cristal de quartzo é uma das pedras mais versáteis na bruxaria e está especialmente ligado à lua e a todas as formas de trabalho mágico lunar. Sempre digo a bruxas iniciantes que, se puderem ter apenas uma pedra para começar, devem investir em um cristal de quartzo.

Ele é um poderoso condutor de energia, o que o torna perfeito para a magia da lua cheia. Tente ficar ao ar livre, sob a luz da lua cheia. Se não puder, abra uma janela para olhar para a lua que brilha ou a imagine brilhando no céu. Segure o cristal de quartzo contra o peito para conectar-se à sua energia, depois posicione-o sobre a cabeça. Diga: "Senhora da Lua, compartilhe sua energia e seu poder comigo, uma filha da Lua. Peço isso com amor e confiança perfeitos".

Segure o cristal por um ou dois minutos, em seguida encoste-o de novo contra o peito. Sinta as vibrações da deusa lunar pulsando suavemente e as absorva. Não se esqueça de agradecer quando terminar.

INFUSÕES PARA LIMPEZA E BANHOS

17 MAI

Infusões de ervas geralmente são consumidas em forma de chás, no entanto há outra maneira de utilizá-las, sobretudo para fins mágicos. Para este último, atente-se para usar uma quantidade maior de ervas em comparação à quantidade de água, para tornar a infusão mais concentrada. Isso é particularmente útil para ervas cujo sabor você não aprecia, mas cujas propriedades mágicas deseja aproveitar.

Deixe as ervas em infusão por um período mais longo do que para o chá, depois coe as folhas ou flores. O líquido restante é uma água com ervas que pode ser utilizada para limpeza mágica, acrescentada a um banho mágico ou transformada em um spray mágico para o ambiente. Escolha ervas que melhor atendem ao seu objetivo mágico específico. Certifique-se de que elas sejam seguras, pois estarão em contato com o seu corpo ou com o ar que você respira.

18 MAI

SOLIDÃO

Para muitas pessoas a solidão é temporária, enquanto, para outras, ela é uma constante. O mundo pode ser um lugar solitário, especialmente se você está afastado da família, tem dificuldades para fazer amigos ou é limitado por determinadas circunstâncias.

Embora a magia não possa curar a solidão, muitas bruxas encontram uma espécie de segunda família na comunidade de bruxaria, o que pode ajudar. Outras se sentem menos sozinhas por se conectarem com divindades. (Eu, pessoalmente, tenho muitos gatos. Essa é uma outra saída.)

Às vezes, realizar trabalhos voluntários e direcionar sua atenção para ajudar os outros pode proporcionar uma conexão e uma satisfação que diminuem os sentimentos de isolamento.

Se a solidão é um desafio para você, tente um feitiço simples para pedir ao universo que envie alguém ou algo que possa atenuar esse sentimento. Acenda uma vela rosa ou azul e diga: "Deus e Deusa, por favor, ajudem-me a encontrar uma solução para a minha solidão. Guiem-me para o melhor caminho ou para as melhores pessoas para aliviar minha solidão e preencher meu coração. Assim seja".

Em seguida, mantenha a mente aberta para o que aparecer.

VERDE
19 MAI

Verde é a cor da abundância, do crescimento, da prosperidade, da fertilidade, da sorte, das finanças e das profissões. Também representa o elemento Terra e todas as coisas que crescem. O Homem Verde é um símbolo antigo de um rosto rodeado por folhas encontrado em muitas construções antigas, principalmente na França e na Inglaterra, e acredita-se que represente forças naturais ancestrais ou até mesmo um deus.

Uma vela verde costuma ser usada no quadrante norte de um círculo ritual para representar o elemento Terra, e pedras preciosas verdes, como malaquita, ágata verde, esmeralda e aventurina, estão todas associadas à prosperidade, ao crescimento e à sorte.

Se quiser atrair mais prosperidade para sua vida, acenda uma vela verde e coloque uma pedra verde na frente dela. Faça seu feitiço de prosperidade favorito e carregue a pedra no bolso. Ou então compre algumas plantas extras para se cercar de verde.

Se já tem plantas dentro ou fora de casa, faça uma pausa para ficar ao lado delas e apreciar os vários tons de verde e a vida que elas representam.

20 MAI — MAGIA DOS BANHOS NO FINAL DO DIA

Como um banho no final do dia é diferente de um no início? Se você está fazendo trabalho mágico, o foco será se livrar das vibrações negativas acumuladas durante o dia, em vez de aumentar sua energia para enfrentar o mundo.

Banhos noturnos são ótimos para promover relaxamento e uma qualidade de sono melhor. Se você pretende usar um spray mágico para o banho, pode prepará-lo com ervas calmantes, como lavanda e camomila, ou utilizar um sabonete de lavanda feito com óleos essenciais. Se for lavar o cabelo, faça isso primeiro e, em seguida, visualize-se lavando as tensões do dia e liberando todo o estresse acumulado. Feche os olhos e imagine a água como uma massagem, especialmente no pescoço e nos ombros, onde a tensão costuma se acumular.

Visualize a água trazendo calma e relaxamento para todo o seu corpo, preparando-a para desacelerar e ir para a cama renovada, pronta para um sono profundo e reparador.

GATOS
21 MAI

Há muito os gatos são associados às bruxas e à magia, em parte, provavelmente, em razão do seu caráter misterioso e independente. Embora muitos escolham nos honrar com sua companhia, é evidente que o fazem por sua própria vontade, não porque precisem de nós. Os gatos ainda carregam muitos dos traços de seus ancestrais selvagens, incluindo o instinto de caçar, se esconder e brincar. Se você foi escolhido por um, ou cinco, considere-se uma bruxa sortuda.

O que podemos aprender com os gatos? Que tirar uma soneca é bom. Que se aconchegar também é ótimo. Está tudo bem ser um pouco misterioso e, às vezes, insistir em fazer as coisas do seu próprio jeito. O preto é bonito... mas o laranja, o cinza e o branco também — todas as combinações de cores que você puder imaginar. Assim como não há uma forma errada de ser um gato, não há uma forma errada de ser uma bruxa.

Faça algo hoje para se conectar com o seu gato interior. Coma um petisco. Depois, coma outro. Aqueça-se ao sol por um tempo. Persiga uma bola. Seja independente e faça as coisas do seu jeito. Espreguice-se. Ou simplesmente tire uma soneca de gato. Se tem gatos, talvez possa convencê-los a fazer isso com você. Ou não...

22 MAI
CRIANDO UM ESPAÇO SAGRADO

Falamos muito sobre espaço sagrado, mas o que é exatamente e como você o cria? Basicamente, espaço sagrado é qualquer lugar onde você realiza rituais ou trabalhos mágicos. Pode ser permanente, delimitado por um marcador físico, como as pedras que contornam o círculo ritual atrás do meu celeiro, ou temporário, uma energia que dura o breve período de um ritual e é dissipada quando ele chega ao fim.

Quando você traça um círculo, está criando um espaço sagrado dentro de uma pequena área onde pretende realizar magia ou rituais. Às vezes, esse processo é complicado e envolve acender velas nos quatro pontos cardeais e, possivelmente, limpar o espaço com uma vassoura ou queimar ervas ou incenso. Outras vezes, é apenas uma questão de visualizar-se cercado por um círculo de luz.

O que realmente importa é que você tenha um espaço que, por mais temporário que seja, esteja separado da vida cotidiana, no qual você possa se sentir livre para praticar sua magia e estar aberta ao divino/à natureza/ao universo. Pratique criar um espaço sagrado hoje, mesmo que apenas por alguns momentos de meditação ou oração. Concentre-se em como se sente dentro desse espaço e se consegue sentir que ele é diferente do espaço mundano imediatamente fora dele. Visualize-o se preenchendo com uma luz clara e brilhante, e abra-se para receber essa luz dentro de si.

Então faça um ritual ou uma magia, ou simplesmente concentre-se por alguns minutos antes de desmanchar o círculo.

GAIA

23 MAI

Gaia é a deusa grega da Terra, mas também passou a representar a Mãe Terra para pessoas que não praticam bruxaria nem adoração a essa divindade. Ela é a origem de toda a vida e, portanto, está associada à fertilidade, à criação, à abundância e às profecias, responsável por governar o oráculo de Delfos.

Se você deseja invocar uma deusa pelo nome, mas não sabe qual escolher, comece com Gaia. Ela é a Terra e a mãe de todos nós, e acolherá a todos. Se puder, vá para um parque, jardim ou até mesmo para o seu próprio quintal, pois essa é a melhor forma de se conectar com a energia de Gaia. No entanto, mesmo que não possa estar ao ar livre, você ainda está vivendo no planeta, o que significa, portanto, que Gaia está onde você está.

Simplesmente a chame e diga: "Gaia, Mãe Terra, de quem todos viemos e a quem todos retornaremos, invoco seu poder verde, sua sabedoria enraizada, seu amor que nutre e que dá vida. Esteja comigo, hoje e sempre".

24 MAI

EU SOU MAGIA

É fácil perder o contato com nosso eu mágico no meio da correria do dia a dia. Se você não tem tempo para fazer um ritual ou até mesmo uma magia simples de cozinha ou banheiro, tente dizer esta afirmação para reiterar sua conexão com a magia e lembrar-se de que a magia está dentro de você.

"Eu sou uma bruxa. Eu sou magia. A magia vive dentro de mim, em cada batida do meu coração e em cada respiração que entra e sai dos meus pulmões. Eu sou uma bruxa e eu sou magia."

CONVERSANDO COM O UNIVERSO
25 MAI

Você pode não ver o divino, mas definitivamente ele a vê. E não importa quem você chame de divindade, universo ou poderes superiores, tudo isso é fé e faz bem conversar com ele(s).

As pessoas ao seu redor nem sempre podem querer ouvir, ou talvez você não se sinta confortável compartilhando o que está acontecendo em sua vida, mas os deuses/o universo estão sempre lá. Sempre ouvindo, mesmo que você não consiga ter nenhuma prova de sua presença.

Então, por que não tentar sentar-se em seu altar, na grama ou até mesmo na cama e se dirigir aos poderes universais? Conte-lhes seus problemas, suas perguntas ou até os segredos mais profundos do seu coração, aqueles que não compartilha com mais ninguém. O universo não julga nem critica. Ele simplesmente é.

E quem sabe, você se sinta melhor apenas por expressar em voz alta o que se passa em sua mente.

26 MAI
QUAIS SÃO SEUS PONTOS FORTES COMO BRUXA?

Todos nós temos pontos fortes e fracos em várias áreas da nossa vida, e isso também se aplica à nossa prática de bruxaria. Por exemplo, algumas pessoas são boas em visualização e foco, outras, não. Algumas se sentem mais confortáveis em escrever seus próprios feitiços, liderar rituais ou criar novas ideias para sua prática, enquanto outras preferem seguir as orientações de um livro.

Ninguém é bom em tudo. Mas pode ser útil estar ciente do que você faz bem, para poder usar essa habilidade ao máximo. Se estiver escrevendo em um diário, esse é um ótimo tópico para refletir. Não apenas para refletir, mas para saber, no futuro, com o que deseja trabalhar e quais direções optará por seguir com sua bruxaria.

Reserve um momento para anotar todos os aspectos da bruxaria nos quais você se destaca, não importa quão pequenos eles sejam. Você consegue manter velas acesas em uma brisa? Encontrar o feitiço certo quando precisa? Acrescentar magia facilmente à sua comida ou às atividades diárias? Certifique-se de dar a si mesma o crédito que merece. Se necessário, consulte essas anotações mais tarde, tanto para se tranquilizar quanto para acrescentar novos itens à medida que adquire novas habilidades. Se começou recentemente na bruxaria, talvez seja legal fazer uma lista das coisas em que gostaria de se tornar boa.

DANÇA DA LUA
27 MAI

Existem muitas formas de celebrar a lua cheia, e todas são maravilhosas. Em muitas culturas, há a tradição de dançar sob a luz da lua, e acho que todos deveriam tentar pelo menos uma vez.

Não se preocupe — não se trata de uma dança formal e ninguém vai julgar seu charme ou habilidade. Dançar sob a luz da lua é uma celebração da conexão entre a deusa lunar e você; uma maneira de concentrar a poderosa energia da lua cheia por meio do movimento.

Se tiver outras pessoas para acompanhá-la, tente incluir tambores, chocalhos ou qualquer acompanhamento musical de sua preferência. Cantar, entoar mantras e gritar, se você se sentir inspirada, também são boas pedidas. Se estiver sozinha, simplesmente faça o que lhe der na telha. Use a música ou dance no ritmo que a lua evoca dentro de você. Movimentos silenciosos e meditativos também são muito poderosos.

Enquanto dança, absorva a energia da lua cheia e ofereça seus passos como um presente para a Deusa. Por um instante, vocês estarão plenamente unidas.

28 MAI
MANCHAS SOLARES OU A FALTA DELAS

Como bruxas, estamos mais acostumadas a pensar no poder da lua e tendemos a desconsiderar o poder do sol. No entanto, o sol também pode nos influenciar, embora suas mudanças possam ser menos óbvias do que as fases da lua.

As manchas solares são áreas no sol onde o campo magnético é cerca de 2,5 mil vezes mais forte do que o da Terra. Elas têm um ciclo que dura em média onze anos e podem levar a aumentos nas erupções solares, que se manifestam como tempestades geomagnéticas. Embora não as vejamos ou sintamos de forma óbvia, elas podem aumentar as auroras boreais e austrais, além de interromper as redes de energia e os sinais de rádio.

Portanto, faz sentido que essas fases solares também estejam nos afetando, mesmo que não tanto quanto a lua cheia e outros ciclos lunares. Minha melhor amiga sempre gosta de culpar os acontecimentos estranhos nas "manchas solares ou na falta delas". O que, convenhamos, cobre praticamente tudo.

Se estiver tendo sentimentos estranhos ou seus aparelhos não estiverem funcionando direito, não presuma que seja culpa da lua, ou mesmo de Mercúrio retrógrado. Pode ser apenas o sol passando por seus próprios ciclos. Tente acompanhar a atividade solar e veja se isso corresponde ao que está sentindo ou com o que está acontecendo em sua vida.

SACHÊS DE CURA

29 MAI

Os sachês são um projeto artesanal simples e fácil de usar para fins mágicos. Um sachê é preenchido com ervas e, em alguns casos, algum tipo de enchimento. Eles podem ser feitos no tamanho que você quiser, mas costumam ter cerca de sete a dez centímetros de largura.

Para criar um sachê mágico, você só precisa de um pedaço de tecido, agulha e linha, e o que vai colocar dentro. Gosto de usar um tecido na cor correspondente à magia que estou realizando; por exemplo, eu usaria azul para cura, mas qualquer tecido disponível serve. (Você pode até reaproveitar um pedaço de uma camiseta ou pijama velho.)

Ervas de cura que funcionam bem para sachês incluem calêndula, eucalipto, lavanda, melissa, alecrim e hortelã, entre outras. Ervas secas são preferíveis às frescas, pois evitam problemas com umidade e mofo. Se você usar ervas frescas, o sachê pode não durar tanto tempo.

Corte um pedaço retangular de tecido e costure dois dos três lados. Em seguida, coloque as ervas e qualquer enchimento que desejar. Se quiser, adicione uma pedra preciosa de cura, um pedaço de papel mencionando o que deseja curar, ou qualquer outro item que pareça adequado. Costure o lado que falta. Enfie o sachê debaixo do seu travesseiro, carregue-o com você ou ponha-o sobre seu altar.

30 MAI
FEITIÇO PARA ATRAIR PROSPERIDADE E ABUNDÂNCIA

Mais prosperidade não faz mal para ninguém. No entanto, prosperidade e abundância significam coisas diferentes para cada pessoa. Para aqueles que têm um grande jardim, pode representar uma colheita bem-sucedida e alimento para a família no próximo ano. Para outros, pode significar sucesso na carreira ou dinheiro suficiente para começar um novo sonho.

Independentemente do que prosperidade e abundância significam para você, este é um feitiço que pode ser usado quando sentir que está um pouco aquém de seus objetivos nessa área. Certifique-se de focar claramente no que deseja antes de recitar o feitiço. Se quiser, use uma imagem que simbolize seu objetivo ou um pacote de sementes para representar crescimento.

Acenda uma vela verde. Se a necessidade for grande, acenda a vela e recite o feitiço todas as noites, de lua cheia a lua cheia:

> *Sementes que florescem e crescem*
> *Fortes na luz do luar*
> *Conceda-me poder em minha missão,*
> *Brilhando com o poder da magia,*
> *Prosperidade para o que preciso*
> *Abundância para realizar meus sonhos,*
> *Crescendo como uma semente germinada,*
> *Sob os raios mágicos da lua.*

SOPA DE ERVILHAS

31 MAI

Brilhantes, verdes e doces, as ervilhas são perfeitas para comer direto da vagem. No entanto, se você quiser um prato saudável para servir à sua família ou em um ritual, é facílimo preparar uma sopa de ervilhas verdes.

Esta é uma receita vegana que agradará até aos paladares mais exigentes e só requer alguns ingredientes. Você vai precisar de 1 batata, alguns dentes de alho (a gosto), 1 cebola, 3 ou mais xícaras de ervilhas, 1 xícara de caldo de legumes, 1 colher de sopa de azeite, um pouco de salsinha picada, sal e pimenta a gosto. Um toque de limão é opcional. Não há medidas exatas para este prato; basta experimentar.

1. Corte a cebola, o alho e a batata em pedaços pequenos.
2. Refogue a cebola no azeite até ficar macia, adicione o alho e cozinhe até liberar aroma. Em seguida, adicione a batata, as ervilhas e o caldo, e cozinhe até que tudo esteja macio (cerca de quinze minutos).
3. Jogue a salsinha picada e o limão, se quiser usar, e bata com um mixer ou em pequenas porções no liquidificador.

Não se esqueça de aproveitar as dádivas da terra. Se quiser, adicione uma colherada de creme azedo ou iogurte vegano, ou regue a sopa com um pouco de azeite aromatizado.

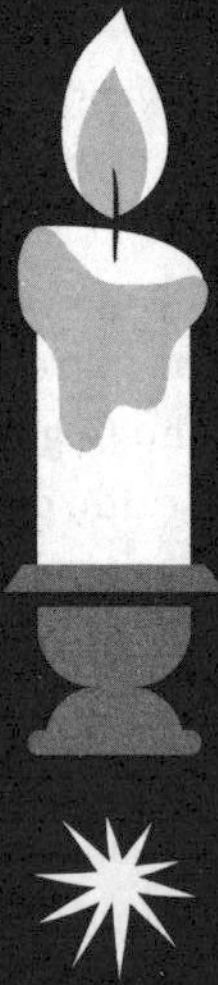

JUNHO
abrigo e entrega

RITUAL PARA FOCAR A ENERGIA

01 JUN

Quer você esteja trabalhando em um projeto mágico contínuo ou em qualquer projeto pessoal em sua vida, provavelmente haverá momentos em que encontrará obstáculos. Às vezes, há um bloqueio que impede o progresso, mas, em geral, acabamos perdendo o ímpeto. Manter o ritmo em qualquer projeto em andamento pode ser desafiador, então aqui está um minirritual para ajudar a recuperar seu foco e energia.

Em seu altar ou em qualquer superfície plana, posicione um símbolo que represente o que você está trabalhando. Coloque um pouco de água em uma tigela pequena e uma vela vermelha em um recipiente resistente ao calor que você possa segurar nas mãos.

Concentre-se em seu objetivo por um momento e mergulhe os dedos na água. Ao tocar estes na testa e no coração, diga: "Com esta água, limpo minha mente e meu espírito, para que eu possa avançar com propósito e foco". Acenda a vela e segure-a à sua frente, dizendo: "Que esta luz brilhe através da escuridão e da confusão e me mostre o caminho para alcançar meus objetivos, recarregando minha energia para que eu possa seguir adiante com propósito e foco".

Sempre que se sentir estagnada, repita o ritual.

02 JUN
LIMPEZA DE CRISTAIS

Seja para trabalho mágico, para complementar uma cura energética ou simplesmente para decorar a casa, os cristais precisarão de limpeza em algum momento. Isso acontece porque eles podem absorver a energia ao redor, que pode conter elementos negativos ou desagradáveis. Isso não é algo ruim — é parte do que os torna tão úteis. No entanto, se notar que um cristal parece desgastado ou menos poderoso do que costumava ser, ou se observar descolorações na pedra, pode ser um sinal de que ele deve ser limpo.

Felizmente, há várias maneiras de fazer isso, e todas são bastante fáceis. Minha favorita é colocar o cristal sob o luar, em uma noite de lua cheia (às vezes alguns dias antes e depois), ao ar livre, se possível, ou em uma janela, se não puder. A luz solar também funciona, especialmente durante o verão, quando o sol está mais forte.

Você também pode usar sal (enterre a pedra debaixo de uma camada de sal, se for pequena, ou, se for grande, simplesmente polvilhe o sal sobre ela e deixe por uma ou duas horas), terra ou areia, ou mesmo água corrente, embora você deva garantir que o cristal que está limpando não seja um dos poucos que não gostam de água. A fumaça de ervas de limpeza ou incenso é uma forma padrão para limpar a maioria das ferramentas mágicas e também funciona para as pedras. Até mesmo o som — como um ou mais sinos ou uma tigela de canto — pode dissipar qualquer energia negativa remanescente e deixar seus cristais limpos e prontinhos para o uso.

LUA CHEIA DE JUNHO
03 JUN

A lua cheia de junho também é chamada de Lua dos Morangos, não por causa de sua cor, mas porque no hemisfério norte é o mês principal para a colheita dessa fruta. Outros nomes são Lua do Hidromel e Lua do Plantio.

Para celebrar a lua cheia de junho, experimente fazer um ritual simples com morangos. À medida que você dá cada mordida, permita que a doçura da fruta a lembre da doçura da vida e agradeça pelas coisas que trazem essa doçura.

Se puder fazer isso ao ar livre sob a lua cheia, melhor ainda, mas mesmo que esteja dentro de casa, concentre-se nas muitas dádivas que a Deusa nos oferece, incluindo as deliciosas frutas.

Lave e escorra alguns morangos e disponha-os em uma tigela, com os talos. Se possível, fique ao ar livre sob a lua ou acenda uma vela branca para representá-la. Coma cada morango devagar e com atenção, pensando em algo bom em sua vida ou no mundo. Quando chegar às folhas e talos, devolva-os à tigela com um simples agradecimento. Quando tiver comido todos os morangos, levante a tigela e diga: "Eu sei que nem tudo é perfeito, assim como essas folhas e talos não são comestíveis, apesar da doçura de sua fruta. Mas vou focar no bom e não no ruim, e lembrar de apreciar toda a doçura em minha vida".

04 JUN
CONECTANDO-SE COM A LUA

Falamos muito sobre conectar-se com a lua e a energia da deusa lunar como parte da prática de bruxaria. Mas às vezes isso pode ser desafiador, especialmente se você não estiver em um lugar onde possa sair e ficar sob a lua. Se precisar de um pouco de ajuda, tente dizer ou ouvir uma gravação desta meditação. Você pode gravá-la no seu celular e reproduzi-la. Se fizer isso, lembre-se de falar devagar e calmamente:

> *Saudações à lua, cuja luz brilha acima de mim em gloriosa redondeza. Saudações à Deusa, cuja luz ilumina meu mundo e meu espírito. Estou aqui, plenamente presente neste momento, para banhar-me em sua luz e em sua glória. Eu absorvo essa energia até que eu também comece a brilhar, no início, lentamente, começando pelo meu centro, depois, a energia se espalhando para os meus dedos dos pés e das mãos, e subindo para a minha cabeça. Agora eu também brilho, alimentada pela energia lunar e pelo amor da Deusa. Estou em sintonia com a lua, brilhando cheia, acima de mim. Saudações à lua. Saudações à Deusa. Obrigada por sua presença esta noite. Obrigada por esta luz.*

PERGAMINHO DE AMOR

05 JUN

Acredito que qualquer tipo de magia de amor deve ser abordada com cuidado, para não interferir no livre-arbítrio. No entanto, um tipo de artigo bastante seguro envolve simplesmente fazer uma lista. Listas não são muito mágicas por si só, então vale embelezá-las um pouco e acrescentar sua própria energia e intenções mágicas nelas.

Comece com um pedaço de papel bonito. Pode ser papel de carta já pronto, papel-pergaminho ou uma folha em branco. Decore-o com o que você quiser: adesivos, desenhos, glitter ou algo similar. Você pode desenhar runas ou símbolos, ou até colar pequenos pedaços de pedras preciosas como quartzo rosa ou ametista, ou flores secas, como pétalas de rosa ou lavanda.

Uma vez que seu papel esteja totalmente decorado, escreva uma lista do que você está procurando em um parceiro ou parceira ideal. Seja específica, mas lembre-se de deixar espaço para que o universo possa lhe enviar alguém com características que você talvez não tenha considerado. Enquanto faz sua lista, visualize como seria a vida com essa pessoa (tente não focar em uma pessoa específica para este projeto) e direcione essa energia e desejo no papel também.

Quando terminar, enrole a lista cuidadosamente em forma de pergaminho e use uma fita branca, rosa ou vermelha para amarrá-la. Coloque-a em seu altar, debaixo do travesseiro ou na gaveta de suas roupas íntimas.

06 JUN
O SOL

O Sol é uma das cartas mais inequivocamente positivas do tarot, desprovida de interpretações negativas. Se ele aparecer em uma de suas leituras, pode querer dizer "sim" para a pergunta que você fez, ou apenas querer lembrá-la de deixar sua própria luz brilhar.

Use este ritual para abraçar a alegria do sol. Pegue a carta dele do seu baralho, se você tiver um, ou encontre uma imagem online e imprima-a ou coloque-a no seu celular onde você possa vê-la claramente. Se tiver fotos ou coisas que a lembrem de memórias felizes sob o sol (uma concha de uma viagem à praia, uma foto de um dia divertido com os amigos ou com a família, ou até mesmo seu maiô), disponha-os ao lado da carta. Acenda uma vela amarela e observe a alegria que a carta emite ou concentre-se em uma lembrança agradável com o máximo de detalhes que puder. Pense na sensação do sol no seu rosto, nos cheiros do ambiente — grama, praia ou churrasco —, no som das crianças rindo ou do choque das ondas na costa. Mergulhe realmente nesse sentimento.

Quando estiver pronta, diga: "Eu sou o sol. Eu sou a alegria. Eu sou tudo o que é bom, brilhante e radiante no mundo, e não vou me esquecer disso". Quando terminar, se puder, compartilhe essa energia.

ADIVINHAÇÃO PARA CONFERÊNCIA PERIÓDICA

07 JUN

Às vezes, usamos ferramentas de adivinhação, como cartas de tarot, pedras rúnicas ou outras, para fazer perguntas específicas ou para saber o que o universo quer nos mostrar em um determinado dia. Mas especialmente quando lidamos com questões ou projetos que já consultamos antes, pode ser útil verificar de tempos em tempos se algo mudou.

Por exemplo, digamos que você perguntou às cartas de tarot sobre encontrar o amor, e a resposta foi algo como: "Agora não é o momento certo". Você pode querer conferir se isso ainda é verdade ou se as cartas indicam que alguma coisa está diferente.

Checar a situação pode ser tão simples quanto tirar uma carta ou uma pedra rúnica, ou olhar em um espelho de *scrying* para ver se a resposta que você recebe difere da anterior. Se estiver usando o tarot, talvez uma alternativa seja fazer uma nova leitura completa e perguntar: "Algo mudou?". Outra opção é pedir para outra pessoa fazer a leitura ou usar um deck de tarot diferente do que você costuma usar.

08 JUN — CRIANDO ROUPAS CERIMONIAIS

Embora não haja nada de errado em realizar suas práticas de bruxaria cotidianas com suas roupas do dia a dia, há momentos em que desejamos caprichar ou usar algo especialmente bruxo e mágico.

Pode acontecer em uma ocasião especial, como um *handfasting*, em um encontro festivo ou quando realizamos um feitiço particularmente importante e queremos vestir algo diferente. Ou talvez você simplesmente goste de ter uma roupa de bruxa para usar sempre que realiza qualquer trabalho mágico, porque isso ajuda a entrar no clima.

É claro que você pode comprar um vestido, capa ou túnica, também chamados de trajes cerimoniais. Mas também pode transformar algo menos óbvio, como um lenço ou xale, em uma peça de vestuário cerimonial mais discreta para quando não deseja ser vista como uma bruxa ou não tem tempo ou energia para uma mudança completa de roupa.

Se souber costurar, borde símbolos mágicos, seu nome mágico, se tiver um, runas ou qualquer outra coisa que lhe agrade no verso do lenço, onde ninguém vai ver. Outra opção é procurar um lenço ou xale que tenha uma imagem que signifique algo para você, como uma coruja, se ela for seu guia mágico, ou estrelas e luas que não sejam claramente bruxas. Apenas reserve-o para ocasiões mágicas, e pronto.

VELAS CHIME
09 JUN

Minhas velas favoritas para magia são as minivelas, também conhecidas como velas chime. Embora o tamanho possa variar, geralmente elas têm cerca de 10 cm de altura e 2 cm de diâmetro. O tempo de queima também varia, dependendo do material de que são feitas, mas costuma ser em torno de três horas.

Há alguns motivos para usar essas velas pequenas, além de serem adoráveis. Primeiro, elas são relativamente baratas. Você pode comprar uma caixa com vinte velas por menos de dez dólares, além de ser possível encontrar caixas com cores variadas, para você ter uma vela adequada para qualquer tipo de magia que deseje fazer. Elas são ótimas para rituais e feitiços nos quais você quer que a vela queime completamente, do início ao fim, para concluir o trabalho mágico.

Experimente comprar velas chime vermelhas, verdes, azuis e amarelas, e monte um conjunto de velas ritualísticas, incluindo quatro para chamar os quatro elementos. Se quiser entrar no espírito da coisa, adicione velas prateadas para a Deusa e douradas para o Deus, ou apenas brancas para ambos. Depois, monte um kit de velas para facilitar o uso sempre que precisar. Amarre-as com uma fita bonita ou um pedaço de lã e as consagre com sal, água e ervas sagradas ou incenso. Esse é um ótimo presente para uma amiga bruxa, especialmente se você acrescentar um feitiço a cada vela.

10 JUN
MEDO

Todos sentimos medo. Às vezes, ele vem de algo realmente ameaçador — afinal, o medo existe para nos proteger —, mas muitas vezes ele se origina do fundo da nossa mente, iludindo-nos que algo é assustador, mesmo quando não há motivo algum que ponha nossa vida em risco. Pode acontecer de o nosso nível de medo ser mais alto do que o potencial real de perigo. Faz sentido ter medo de altura quando se está no topo de um edifício muito alto, por exemplo, mas não em subir em uma cadeira para trocar uma lâmpada.

Mas independentemente de o medo ser de algo real ou imaginário, ele *parece* real, e é isso que devemos levar em consideração. Pode interferir na nossa vida e ser muito desagradável, e, se esse for o seu caso, talvez valha a pena trabalhar seus medos com um profissional. No entanto, enquanto isso, aqui está um pequeno feitiço que você pode recitar quando o sentimento de medo for muito intenso e paralisante:

Deus e Deusa, por favor, cuidem de mim e me mantenham segura. Ajudem-me a lembrar que, embora minha mente esteja tentando me proteger, na verdade não há nada a temer, e enviem-me calma e força para superar este momento. Assim seja.

RECEITA PARA OBTER CURA
11 JUN

Você conhece aquele ditado que diz que uma maçã por dia mantém o médico longe? Bem, não é nenhuma novidade que as maçãs sejam um dos alimentos considerados curativos. Você pode comer uma maçã *in natura*, mas se quiser criar uma receita para cura um pouco mais elaborada e que você possa compartilhar como comida festiva com amigos ou familiares, experimente esta receita simples de maçã assada.

Lembre-se de que, ao preparar os ingredientes e juntá-los à receita, você deve se concentrar em sua intenção de promover a cura de todos que participarem do prato. Outros dois alimentos curativos são o mel (que pode até ter o uso tópico para curar queimaduras e feridas) e as nozes. Obviamente que se você for alérgico a nozes, deixe-as de fora. A canela é uma erva de amor, mas o que é mais curativo do que o amor?

Remova o interior de quatro maçãs, deixando o fundo intacto. Misture 2 colheres de sopa de mel, 1/4 de xícara de nozes picadas, 1 colher de chá de canela e, se desejar, 1 pitada de pimenta da Jamaica, que também é uma erva curativa. Divida os ingredientes e recheie as maçãs sem miolo, cobrindo cada uma com uma pequena fatia de manteiga. Asse por 35 a quarenta minutos a 190ºC, até que as maçãs estejam macias. Para tornar a receita vegana, basta não usar manteiga.

12 JUN
CAMINHANDO EM SONHOS

Caminhar em sonhos é uma forma de projeção astral que consiste em mover a consciência para fora do corpo enquanto estamos dormindo. Algumas pessoas fazem isso naturalmente, enquanto outras precisam praticar para conseguir.

O propósito de caminhar em sonhos é viajar para lugares ou reinos inalcançáveis no corpo físico. Algumas pessoas querem saber como estão os entes queridos — e sempre fazem isso a distância —, embora invadir a mente de outra pessoa enquanto ela está dormindo é erradíssimo. Para a maioria, é uma forma de visitar o que alguns chamam de plano astral, onde você pode se conectar com guias espirituais e outros seres.

Caminhar em sonhos é um tipo de sonho lúcido, em que você dorme (ou entra em um estado de transe) com a intenção de sua mente sair do corpo e viajar para algum lugar específico. Isso deve ser feito com cautela, e é melhor começar devagar, talvez com a orientação de alguém que já tenha experiência com isso.

Se quiser começar a experimentar, escreva algo com que gostaria de sonhar em um pedaço de papel e coloque-o debaixo do travesseiro ou dentro da fronha. Enquanto está adormecendo, concentre-se nesse objetivo — por exemplo, cumprimentar um amigo ou parente ou revisitar um lugar favorito. Então veja o que acontece.

CONECTANDO-SE COM O AR

13 JUN

Conectar-se com o elemento Ar pode ser tão simples quanto inspirar profundamente, segurar o ar, expirar e dizer obrigada. A maioria de nós não faz isso de forma consciente no dia a dia, já que respirar é uma atividade mais ou menos automática.

Para maneiras mais conscientes de se conectar com o ar, experimente sair quando estiver ventando. Sinta a brisa acariciando seu corpo, bagunçando seu cabelo, observe-a soprar folhas ou inclinar árvores. Estenda sua percepção para se sentir parte do processo e imagine que o vento está vindo da ponta dos seus dedos enquanto você os acena para cima e para baixo.

Você também pode se conectar com o ar através da fumaça, seja de uma fogueira ou de um palito de incenso. Enquanto observa a fumaça se enrolar e dançar para a frente e para trás com as correntes do vento, aprecie a beleza do ar, assim como seu poder de mover coisas, mesmo que você não possa ver.

14 JUN
CRIANDO UM LABIRINTO, GRANDE OU PEQUENO

Quando usamos pedras em práticas de bruxaria, geralmente imaginamos gemas e cristais. Mas há formas muito maiores de pedras que lhes conferem destaque na experiência espiritual.

Por exemplo, enormes grupos de pedras verticais, como as existentes em Stonehenge, são considerados locais sagrados, utilizados para encontros rituais. Existem círculos de pedras nos Estados Unidos, mas nenhum tão espetacular quanto os de Stonehenge. Mais acessíveis são os labirintos, pedras dispostas no chão em forma de espiral, com passagens confusas e interligadas.

Os labirintos existem há pelo menos quatro mil anos e frequentemente são usados para meditação ou prática de rituais. Se tiver espaço, pode criar um no seu quintal ou, mediante uma autorização, em algum espaço público compartilhado. Você só precisará de pedras e um pouco de paciência. Se desejar algo mais complexo do que uma espiral simples, pode encontrar modelos online para designs mais elaborados.

Você também pode construir um labirinto simbólico temporário na sua sala de estar. Use algo como fita adesiva ou corda e desenhe o padrão, depois adicione pedras em alguns pontos para obter a energia desejada. Ou pode até fazer a miniatura, usando pedrinhas em uma tigela cheia de areia, muito parecida com um minijardim zen, e traçar o padrão com o dedo em vez de caminhar por ele.

BOLO DE MORANGO COM ERVAS

15 JUN

Os morangos combinam superbem com ervas frescas nesta sobremesa fácil.

Para fazer o bolo, misture 2 xícaras de farinha, 3 colheres de chá de fermento em pó, 2 colheres de sopa de açúcar mascavo e 1 colher de chá de sal em uma tigela. Misture 1/3 de xícara de manteiga até ficar com uma textura grosseira. Adicione ¾ de xícara de leite ou creme de leite. Pique algumas colheres de sopa da erva ou ervas da sua preferência. Gosto de melissa, hortelã-laranja ou tomilho, mas lavanda também funciona. Modele a massa em uma bola e amasse suavemente cerca de vinte vezes. Abra a massa até que fique com cerca de 1,5 cm de espessura e corte em discos de 7,5 cm de diâmetro. Asse a 230ºC até dourar, por dez a doze minutos.

Enquanto o bolo esfria, fatie os morangos e misture-os com um pouco de açúcar ou xarope de grenadine, ou até com um pouco de licor de laranja, se quiser algo mais sofisticado. Você pode adicionar mais ervas aos morangos.

Faça seu próprio chantilly (é fácil — basta comprar creme de leite e bater com uma batedeira até engrossar) ou use chantilly pronto.

Corte os bolos ao meio, recheie e cubra com morangos e chantilly. Fica delicioso!

16 JUN
FEITIÇO PARA AUMENTAR A ENERGIA

É possível que existam pessoas por aí com energia de sobra para tudo o que precisam fazer, mas definitivamente não sou uma delas. Se você também precisa de um empurrãozinho para aumentar sua energia, tente fazer este feitiço. Se quiser, use uma vela vermelha e beba uma xícara de chá de gengibre ou refresco feito com gengibre de verdade. Depois de acender a vela, concentre-se na energia que ela emite e na energia do gengibre. Ou simplesmente concentre-se em atrair energia do universo:

>Eu tenho energia e poder
>Que se ergue como o sol da manhã
>Que brilha como a lua cheia,
>Energia da Terra sob os meus pés.
>Energia do universo,
>Que está repleto de tudo o que eu preciso e mais
>Eu tenho energia e poder.
>Assim é e assim será.

DESEJOS COM BOLHAS

17 JUN

A magia é um assunto sério, mas também deve ser divertida, e podemos acessar nossa criança interior de vez em quando. Afinal, essa parte de nós tem muito poder.

Uma das coisas que gosto de fazer, particularmente no Solstício de Verão, é usar frascos de bolhas como parte do meu ritual. Pense em como as bolhas funcionam: você assopra nelas e as envia para o mundo, repletas com um pedacinho de você. Não é perfeito para a magia?

Geralmente eu uso essa magia para assoprar um desejo na varinha de bolhas e, em seguida, deixar a bolha flutuar para cima e carregar meu desejo para o universo. Um frasco de bolhas é barato (e você pode fazê-lo em casa, com água e detergente), então dá para assoprar desejos todos os dias, se quiser. Por que não?

Você também pode colocar outras coisas em suas bolhas. Pense em assoprar dor ou tristeza em uma bolha e deixá-la flutuar para longe. Prepare algumas bolhas hoje, pense no que quer e experimente!

18 JUN
ENERGIA DO SOLSTÍCIO DE VERÃO

O Solstício de Verão é o ápice da energia do verão. É celebrado como um festival de fogo para simbolizar o calor do sol. É o dia mais longo do ano e, na maioria dos lugares no hemisfério norte, o sol paira intenso e forte sobre nós.

Os dias que antecedem o solstício são momentos perfeitos para captar essa energia solar poderosa e direcioná-la para qualquer parte da sua vida que precise de um pouco mais de ímpeto.

Você não precisa acender uma fogueira para isso. Apenas vá para fora, se puder, e concentre-se no sol. Sinta seu calor na pele, note o quão brilhante ele torna o mundo. (Se estiver chovendo, espere por outro dia ou simplesmente use sua imaginação. O sol ainda está lá em cima, afinal.) Se não puder ficar ao ar livre, tudo bem. Olhe pela janela ou feche os olhos e visualize. Se for o caso, busque fotos do sol na internet.

Passe algum tempo entrando em sintonia com o sol e, em seguida, reúna o máximo de vibração solar que puder e direcione-a para qualquer área que precise de mais energia brilhante, luminosa e poderosa, seja para cura, carreira, amor ou qualquer outro aspecto da sua vida. Levante os braços para o céu e absorva toda a energia que puder. Armazene um pouco como reserva, para usar quando precisar.

AINE

19 JUN

Aine (*awn-ya*) é uma deusa irlandesa celebrada no Solstício de Verão. Ela é uma deusa da lua e do sol, o que é incomum, e tem uma forte conexão com as fadas. Alguns mitos afirmam que ela era filha do Rei das Fadas. Aine está associada à fertilidade, ao amor apaixonado, à sorte, à cura e à proteção, especialmente para mulheres. Seu nome significa "brilhante" ou "alegria".

Como deusa do sol, você pode invocá-la no Solstício de Verão ou sempre que precisar de cura, proteção ou um impulso de fertilidade, no sentido literal ou figurado. Se deseja atrair um amor apaixonado, invoque-a e peça sua ajuda para encontrar o parceiro que mais lhe convém.

Durante o Solstício de Verão, em particular, experimente deixar oferendas para Aine, como um copo de hidromel ou uma grinalda de flores silvestres. Essas oferendas podem ser colocadas sobre uma pedra ao ar livre ou sob um arbusto ou árvore. Se não puder ficar ao ar livre, deposite as oferendas em seu altar, se tiver um, ou em um canto da cozinha. Você também pode jogar algumas pétalas de flores pela janela e confiar que as fadas as levarão até Aine. Se precisar de proteção ou de um estímulo de fertilidade, agora é um bom momento para pedir isso a ela.

Enquanto lhe oferece presentes, recite: "Receba as bênçãos do Solstício de Verão, brilhante deusa. Por favor, aceite estas oferendas e conceda-me [proteção/fertilidade/cura]. Muito obrigada".

20 JUN
VÉSPERA DO SOLSTÍCIO DE VERÃO

O Solstício de Verão, também conhecido como *midsummer*, é uma importante festividade pagã que as pessoas comemoram, em que permanecem acordadas desde a noite anterior ao solstício propriamente dito até o pôr do sol do dia seguinte. Era tradição em muitos lugares acender uma fogueira na véspera do solstício e passar a noite dançando e cantando ao redor do fogo.

Mesmo que você não sinta vontade de ficar acordada a noite toda, pode fazer um ritual mais curtinho para celebrar a noite. Acenda uma ou várias velas, em recipientes seguros. Se quiser, coloque-as em seu altar (ou em uma mesa onde animais de estimação e crianças não possam alcançá-las) e deixe-as acesas desde o momento em que o sol se põe, que é bem tarde nessa época do ano, até ir para a cama. Então acorde ao nascer do sol, ou o mais próximo disso que conseguir, e acenda-as novamente para saudar o dia. Se quiser, dance ou cante.

SOLSTÍCIO DE VERÃO
21 JUN

O Solstício de Verão tem o dia mais longo e a noite mais curta do ano. Celebramos a energia e a vitalidade do verão, esperando captar um pouco dessa sensação para nós. Essa data tem sido observada no mundo todo desde o início da história.

Tradicionalmente, o Solstício de Verão é um festival celebrado com fogueiras, mas não há razão para não fazer um churrasco, em vez disso. Ele marca o meio do verão, em tese, o ponto entre o plantio e a colheita, por isso é um bom momento para fazer uma pausa no trabalho árduo e apenas relaxar e se divertir. Prepare uma festa e compartilhe-a com amigos, ou tire um dia tranquilo para si e leia um livro ao sol. Se puder ir à praia, melhor ainda!

Experimente fazer este feitiço logo de manhã, ao ar livre sob o sol ou dentro de casa com uma vela. Faça uma pausa para apreciar o dia, a luz e um momento de quietude. Em seguida, diga: "Deus e Deusa, eu os saúdo no Solstício de Verão e peço que compartilhem a abundante energia do sol comigo. Ajudem-me a recarregar e renovar as energias, absorvendo-as ao máximo, para que eu possa viver minha vida com alegria. Que as bênçãos do verão sejam minhas!".

Observação: se o solstício coincidir com um dia de trabalho, não tem problema em celebrá-lo no final de semana mais próximo, se for a única maneira de fazê-lo.

22 JUN — PRESENTEANDO AS FADAS

O período próximo ao Solstício de Verão é perfeito para se conectar com as fadas. Se você deseja deixar oferendas ao Povo das Fadas, lembre-se de que elas não são as criaturas aladas e fofas dos desenhos e livros infantis, mas sim forças elementares poderosas. Portanto, sempre as trate com respeito.

As fadas apreciam tigelas de leite, hidromel ou mel. Elas também gostam de flores, então uma boa opção é fazer uma grinalda de margaridas ou um buquê de flores silvestres e depositá-los sobre uma pedra plana ou sob um arbusto. Se houver um lugar próximo onde você mora que parece um pouco mágico, pode ser que as fadas o visitem. Se encontrar um círculo de cogumelos crescendo no parque ou no seu jardim, trata-se de um círculo de fadas (dizem que elas o visitaram à noite e dançaram no meio dele). Você pode sempre deixar uma pedra brilhante ou um enfeite no meio, se encontrar um. Se voltar depois e ele tiver desaparecido, as fadas aceitaram sua oferenda e você terá boa sorte.

Ao ofertar seus presentes, você pode dizer: "Saudações ao Povo das Fadas, onde quer que vocês estejam! Por favor, aceitem estas oferendas, dadas de livre e espontânea vontade, sem esperar nada em troca, para mostrar meu respeito a vocês e aos seus".

ABELHAS
23 JUN

As abelhas simbolizam algumas deusas, e com razão. Elas formam uma parte essencial da natureza, pois polinizam diversas flores e plantações. Trabalham juntas para construir as colmeias onde vivem, produzem mel e cera, ambos usados por seres humanos há séculos, e mantêm a rainha viva para que toda a colmeia prospere. Representam produtividade e cooperação, bem como prosperidade, fertilidade, amor, sexo, energia, cura, sabedoria e felicidade. Isso é muita coisa para um inseto tão pequeno!

Se quiser ajudar as abelhas, que estão desaparecendo ultimamente, plante flores e ervas que as atraem e forneçam alimento para elas. Evite usar pesticidas em seu gramado e jardim, se tiver um.

Para criar uma conexão com a energia das abelhas, experimente tomar uma colher de mel ou acrescente-a ao seu chá. Beba um pouco de hidromel ou acenda uma vela feita de cera de abelha. Envie uma mensagem de amor e agradecimento às abelhas, dizendo: "Obrigada, pequena prima, por todo o seu árduo trabalho. Obrigada pelas suas dádivas, pelo mel e pelas flores, por ajudar nossos alimentos a crescer, por nos mostrar como trabalhar juntos, em harmonia. Que eu seja tão produtiva e útil quanto uma abelha. Sejam muito abençoadas, abelhas!".

24 JUN
ERVA-DE-SÃO-JOÃO

Hoje é Dia de São João, um momento apropriado para celebrar a erva que recebeu esse nome porque era considerado um bom presságio colhê-la nesse dia. Acreditava-se que possuía poderes curativos e mágicos, e, de fato, estudos científicos mostraram que é eficaz no tratamento da depressão leve a moderada. (Como pode ter efeitos colaterais, incluindo sensibilidade ao sol, use com cautela, como acontece com todas as ervas.)

Magicamente, a erva-de-são-joão está associada à cura, à proteção, ao amor, à felicidade e à adivinhação. Scott Cunningham, em sua *Enciclopédia de Ervas Mágicas* (Llewellyn, 1985), sugere guardar a erva em um pote, que deve ser pendurado na janela, como forma de se proteger contra relâmpagos, incêndios e espíritos malignos.

Se preferir não fazer isso, coloque flores frescas ou secas em um sachê e pendure-o na porta. Ou ainda faça um amuleto antidepressivo para pôr no seu altar, debaixo do travesseiro ou em um bolso. Cultive as bonitas flores amarelas no seu jardim e colha-as sempre que necessário. Apenas tome cuidado para não deixar que se espalhe, pois ela pode se tornar invasora.

EU SOU AMADA

25 JUN

Muitos de nós desejaríamos ter mais amor em nossa vida. Talvez você deseje se relacionar afetivamente com alguém, mas ainda não encontrou seu parceiro ideal, ou talvez seu relacionamento não esteja dando muito certo. Algumas pessoas têm um convívio tenso com a família ou vivem com pessoas que não expressam amor com frequência, mesmo que você saiba que elas sentem isso.

Se você tiver sorte, pode sentir-se amada na maior parte do tempo, mas, se não se sentir, lembre-se de que os deuses a amam exatamente como você é, sempre. E você também é capaz de dar e receber amor de si mesma. Recite isto e sinta o amor, tanto de dentro quanto de fora de você. Eu também lhe envio amor.

Eu sou amada. O universo me ama, exatamente como eu sou. Eu me amo, exatamente como eu sou. Eu sou amada.

26 JUN
LIMPEZA DA AURA COM SELENITA

A selenita é uma pedra que transmite a sensação de giz ao toque, uma forma cristalizada do gesso, mineral. Ela é considerada um supercristal, com altas vibrações e capacidade de limpar a energia bloqueada, produzir calma e tranquilidade, elevar o espírito, trazer clareza mental e purificar pessoas, espaços e até mesmo outras pedras. Normalmente é branca, mas também pode ser encontrada de outras cores.

A selenita está associada a Selene, deusa grega da lua. Não é de admirar que seja tão poderosa! A torre de selenita é a forma mais utilizada para manter um ambiente limpo, enquanto a varinha desse mesmo material é usada para cura e limpeza de pessoas ou animais de estimação. Se você tiver uma varinha de selenita, pode usá-la para este exercício específico.

Para limpar sua aura com selenita, experimente usar um pedaço que caiba confortavelmente na sua mão. Comece no seu chacra da coroa e faça movimentos suaves descendo pela frente do seu corpo até alcançar os pés. Dê um pequeno toque ou sacuda a pedra para remover a energia que ela coletou, depois repita o processo dos dois lados. Quando terminar, use a varinha em um movimento inverso, subindo dos pés à cabeça, visualizando seu corpo sendo carregado de energia positiva, preenchendo todos os espaços que acabou de limpar.

FEITIÇO PARA OBTER PROTEÇÃO

27 JUN

Mesmo quem não mora em um bairro perigoso precisa de proteção. A verdade é que a vida está cheia de diversos tipos de perigo, desde o clima e outras pessoas até acidentes imprevistos. Magias para proteção nunca são demais, mesmo que sejam apenas para preveni-la de perigos. Faço trabalhos para proteger minha casa e minha propriedade todo outono, à medida que o inverno se aproxima. Não fazem mal e são muito úteis.

Se você está se sentindo vulnerável, planejando viajar ou simplesmente quer se precaver de perigos, experimente fazer este feitiço de proteção.

Acenda uma vela preta e coloque um pedaço de fio preto, corda ou barbante ao redor do espaço onde você vai realizar o feitiço. Se desejar, segure um pouco de alecrim fresco. Visualize-se envolvido por uma luz branca protetora. Se estiver lidando com uma situação desagradável, visualize também essa luz com um exterior espelhado, de modo que ela reflita de volta qualquer coisa negativa que venha na sua direção, sem esforço da sua parte.

"Estou segura e protegida. Tenho guardiões poderosos que cuidam de mim. Nenhum mal pode me atingir. Estou segura e protegida a partir deste momento."

Se quiser, carregue o barbante e um pedaço de alecrim em um bolso ou guarde-os debaixo do travesseiro.

28 JUN
CÂNTICOS PARA A DEUSA

Uma forma fabulosa e realmente simples de se conectar com a energia lunar é sair para uma área externa (ou abrir uma janela) e cantar para a Deusa.

O momento ideal para fazer isso é na noite de lua cheia, mas a lua está sempre lá em cima, não importa em que fase esteja, e a Deusa flui através de todos os seus aspectos. Portanto, talvez durante a lua nova você queira cantar para uma das deusas mais sombrias, como Hécate ou Kali. Durante a lua crescente, você pode querer cantar sobre alguma coisa que deseja que cresça e se desenvolva, e durante a lua minguante, cantar sobre algo que deseja que diminua e se dissipe.

Claro, há muitos cânticos perfeitos para a lua cheia, incluindo o cântico da Deusa que menciona muitas deusas pelo nome: Ísis, Astarte, Diana, Hécate, Deméter, Kali, Inanna.

Faça uma busca online e encontre alguns cânticos que ressoem em você ou crie alguns da sua própria autoria. (Todos os cânticos começaram de algum lugar, certo?) Conecte-se com a lua através da música e do espírito. Garanto que você não vai se arrepender.

SABONETES E SHAMPOOS MÁGICOS

29 JUN

Uma forma simples de integrar o trabalho mágico à sua rotina diária é fazer magia no banho, usando sabonetes, shampoos, esfoliantes corporais e outros produtos mágicos.

Não é difícil confeccionar esses produtos, mas você pode também encontrar um bruxo artesão que more perto de você ou na internet (Etsy é um ótimo lugar para procurar) e apoiar um pequeno negócio enquanto também potencializa sua própria prática.

É comum encontrar sabonetes e outros produtos corporais que utilizam ervas ou óleos essenciais, então você pode procurar, por exemplo, um sabonete de lavanda que a ajudará a fazer um ritual rápido de calma durante sua ducha ou toda vez que lavar as mãos. Ou então produtos especificamente idealizados para serem mágicos, feitos por outros bruxos. (Certifique-se de que usem ervas ou óleos essenciais de verdade, e não perfumes artificiais, que não terão o mesmo efeito.)

Precisa de algo para ajudar a despertar sua mente pela manhã? Experimente um sabonete ou shampoo que contenha óleo essencial de alecrim, hortelã ou toranja. Experimente para ver o que funciona melhor para você, mas tenho certeza de que encontrará algo perfeito. Uma vez que você tenha encontrado o sabonete ou produto corporal ideal (ou confeccionado um do zero, se estiver disposta), faça um pequeno feitiço para dedicá-lo à limpeza mágica e energética. Apenas segure-o e diga: "Este (nome do item) vai me limpar e me purificar, suave e poderosamente. Assim seja".

30 JUN

VERMELHO

Na bruxaria, o vermelho está ligado à paixão, ao amor, ao desejo, ao sexo, à coragem, à energia, à força, à força de vontade e à raiva. Nem preciso dizer que não recomendo trabalhos mágicos para invocar esta última! A cor também simboliza o elemento Fogo e costuma ser usada em rituais para marcar o quadrante sul.

Há uma razão pela qual um buquê de rosas vermelhas é dado como prova de amor. A relação com o fogo faz sentido quando pensamos em energia, paixão e coragem, aspectos que representam estar "aceso". Se precisa de um empurrãozinho a mais em relação a algo (ou alguém), acenda uma vela vermelha ou vista suas roupas vermelhas favoritas. Ou use uma joia vermelha, como cornalina ou jaspe vermelho, se precisar de força para enfrentar um desafio.

Se precisar de mais energia, use o máximo de vermelho que encontrar: acenda uma vela vermelha e segure uma pedra preciosa vermelha, se tiver. Visualize-se envolta por um poderoso brilho vermelho, com todas as energias positivas do Fogo. Diga: "Eu sou vermelha. Eu sou Fogo. Estou energizada. Eu sou poderosa".

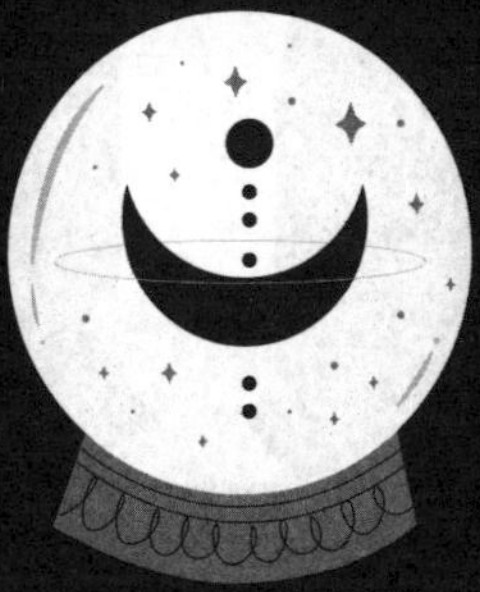

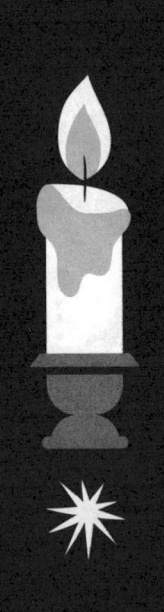

JULHO
impulso e firmeza

COMO ESTÃO SEUS PROJETOS?

01 JUL

Se você tem se dedicado a um projeto contínuo desde o início do ano, como ele está progredindo? Está no caminho certo ou é hora de reavaliar?

Este é um momento ideal para refletir sobre qualquer grande empreitada em sua vida, incluindo os relacionamentos. Com o meio do ano se aproximando, é uma boa oportunidade para examinar os principais aspectos da sua vida e avaliar se você está satisfeita com o progresso. Está avançando conforme o planejado ou é hora de fazer ajustes?

Se estiver em dúvida, pode ser útil buscar a opinião de alguém próximo, pois uma visão externa pode oferecer clareza. Outra opção é realizar uma leitura de tarot para obter insights.

Caso essas alternativas não funcionem, confie na sua intuição. Se, ao se perguntar "Estou no caminho certo?", você sentir uma sensação de tensão ou desconforto, talvez seja um sinal de que é necessário fazer algumas mudanças. Identifique o problema e trabalhe em uma solução para corrigi-lo.

02 JUL — FOCO E INTENÇÃO

Na bruxaria, falamos muito sobre foco e intenção, e há uma boa razão para isso. A intenção é basicamente o que confere força aos nossos feitiços e trabalhos mágicos, enquanto o foco é como direcionamos essa força. Por exemplo, se você está fazendo uma sopa, ela servirá apenas para alimentá-la. Mas se sua intenção é adicionar um elemento de prosperidade à sopa e você se concentrar nessa intenção o tempo todo enquanto corta os ingredientes e os mistura, então será magia.

É fundamental ter clareza sobre sua intenção ao preparar qualquer tipo de magia. Quanto mais clara for sua intenção, mais fácil será focar no seu objetivo.

O foco pode ser desafiador para algumas pessoas. É por isso que usamos ferramentas, pedras preciosas, cores de velas e afins – elas nos ajudam a lembrar qual é nossa intenção. Muitas também acrescentam poder ao trabalho mágico, como um bônus. Além disso, o foco melhora com a prática, razão pela qual às vezes bruxos experientes conseguem lidar com ele de uma forma mais fácil.

Experimente o seguinte: faça um feitiço sem usar ferramentas. Apenas recite em voz alta. Depois realize o mesmo feitiço usando velas, pedras, ervas, seu atame ou varinha, ou quaisquer ferramentas que você normalmente usa. Você consegue sentir a diferença? É possível focar sem as ferramentas ou elas a ajudam no seu trabalho mágico?

LUA CHEIA DE JULHO
03 JUL

A lua cheia de julho também é conhecida como Lua do Veado, pois é quando, em muitos lugares, chifres novos aparecem na cabeça dos cervos jovens. Também pode ser chamada de Lua do Salmão ou Lua da Framboesa, já que são mais abundantes nessa época.

A Lua do Veado é um ótimo momento para invocar Herne, que geralmente é representado como uma figura masculina com grandes chifres. Se você quiser entrar no espírito da coisa, faça uma oferenda de framboesas para ele e deixe-as sob a lua cheia. Ou se conecte com Ártemis, que também é uma caçadora.

Visualize a divindade com a qual você deseja se comunicar ou apenas fale com quem aparecer. Pegue uma pequena tigela de framboesas e coma-as lentamente, saboreando cada uma. Diga: "Obrigada, divindade, pela abundância da estação, pela comida na mesa e pela luz da lua cheia para me guiar". Então deixe algumas frutas ao ar livre, se possível.

04 JUL

TAMBORES

Você pode não considerar um tambor uma ferramenta, mas na verdade ele é um dos itens mais antigos usados no trabalho espiritual, tanto por xamãs quanto por pessoas comuns.

A batida do tambor pode imitar o ritmo do coração humano, que se ajusta à cadência do instrumento. A prática de bater tambores costuma ser utilizada para induzir um leve estado de transe para o trabalho espiritual. Isso não se limita à bruxaria; nós apenas adotamos essa prática. Ela também pode ser adotada de forma mais intensa para gerar energia, que será direcionada para um feitiço ou outro trabalho mágico.

O tambor é um instrumento fácil de tocar e qualquer um pode fazê-lo, embora algumas pessoas tenham uma noção de ritmo melhor do que outras. Se você não tem um tambor, pode adquirir um barato e experimentá-lo como uma ferramenta mágica. Outra opção é criar um tambor simples, usando uma lata de café vazia, fita adesiva ou um balão grande, papel e cola. Corte o papel para cobrir a lata e cole-o. Cubra o topo da lata com fita, ou corte o fundo de um balão e estique-o para cobri-la, depois o fixe com fita ou cola. Faça baquetas cortando uma rolha de vinho ao meio, com um pequeno furo em uma extremidade para colar um espeto de madeira longo. Decore as peças com elementos mágicos, se desejar.

CALMA E TRANQUILIDADE
05 JUL

Todos nós poderíamos nos beneficiar com um pouco mais de calma e tranquilidade em nossa vida, certo? Eu adoraria... Mas pode ser difícil alcançar a serenidade que buscamos em meio a um mundo agitado, com uma vida cada vez mais corrida e demandas que sempre parecem urgentes.

Aqui está uma meditação simples que você pode fazer quando precisar de uma pausa. Ela leva menos de cinco minutos e, assim como outras meditações neste livro, você pode lê-la para si mesma ou gravá-la no seu celular e reproduzi-la, para que possa fechar os olhos e de fato se concentrar. Leia ou fale devagar e com calma.

Inspire, lenta e profundamente. Mais uma vez. Deixe sua respiração desacelerar, seu coração se acalmar e sua mente ficar mais tranquila. Inspire serenidade e expire o estresse do dia. Inspire calma, sentindo os músculos relaxarem e deixando dissipar a tensão que você não percebeu que estava segurando. Inspire calma e relaxe rosto e mandíbula, pescoço e ombros. Expire a ansiedade e deixe-a desaparecer. Enquanto respira, visualize ondas de paz descendo sobre você e se espalhando por cada parte do seu corpo. Inspire. Expire. Esteja em paz.

06 JUL
BONECOS DE PROSPERIDADE

Bonecos são uma forma tradicional de magia usada em várias culturas de diferentes maneiras. Um boneco é uma figura humana feita para representar a pessoa para quem a magia está sendo realizada. Ou, em algumas culturas, a quem a magia é direcionada de forma negativa, mas não apoio nem recomendo o uso de bonecos para prejudicar os outros, então, por favor, não faça isso.

Bonecos podem ser feitos de praticamente qualquer material, mas, na bruxaria, em geral os confeccionamos com tecido, depois os recheamos com ingredientes mágicos e os costuramos para fechar. Eles trazem prosperidade à pessoa que os confecciona, ou seja, eles a representarão. Você vai precisar de um pedaço de tecido (gosto de usar verde para magia de prosperidade, mas qualquer cor serve), dobrado ao meio e cortado em um formato que tenha duas pernas, dois braços, um tronco e uma cabeça. Costumo desenhar a figura no tecido primeiro, depois corto e costuro tudo, exceto a cabeça, por onde vou inserir o enchimento e os outros itens mágicos. Você também pode desenhar um rosto e adicionar cabelos, se quiser.

E igualmente ervas associadas à prosperidade (como manjericão, hortelã-pimenta etc.) e uma pedra, como aventurina ou malaquita. Gosto de incluir um pequeno pergaminho com a palavra "prosperidade" e alguns símbolos rúnicos. Em seguida, termine de costurar e coloque o boneco em um lugar seguro.

ESCOLHENDO A COR DA VELA
07 JUL

Ao realizar um ritual, feitiço ou até mesmo uma meditação, utilizamos velas para ajudar a focar e energizar o que estamos fazendo.

Às vezes, a escolha da cor da vela é simples. Por exemplo, se você está seguindo um feitiço de um livro, geralmente ele indicará a cor mais adequada.

Mas o que fazer se você não souber qual cor usar ou se criou seu próprio feitiço e está em dúvida? Ou mesmo se deseja usar uma cor específica, mas não a tem disponível?

Uma alternativa é usar vela branca, que sempre substitui qualquer outra cor. Você também pode adotar uma abordagem diferente. Por exemplo, se estiver realizando magia de cura para eliminar uma doença, pode optar por usar preto (banimento) em vez de azul. Se estiver fazendo um feitiço de amor e não souber se usa vermelho (amor apaixonado) ou rosa (amor romântico), você pode usar ambas as cores ou colocar um laço de uma cor na base da vela da outra cor.

Não há um modo errado de fazer isso, e é perfeitamente razoável seguir sua intuição e ser flexível. Considere revisar alguns feitiços e criar uma lista de cores de velas que você prefere usar para objetivos mágicos específicos, para estar preparada sempre que necessário.

08 JUL
MAGIA DO MAR, DO SOL E DA AREIA

Para mim, não há nada tão mágico quanto estar na praia. Todos os quatro elementos estão presentes: o mar representa a Água, a areia, a Terra, o céu, o Ar, e o calor do sol, o Fogo. Juntos, eles são poderosos e calmantes, e a praia é onde me conecto com a Deusa com mais facilidade. Onde a costa encontra a água é um espaço liminar, e caminhar pelas bordas das ondas espumantes tem sua própria magia.

Mas você ainda pode realizar a magia do mar, do sol e da areia mesmo que não esteja na praia. Use sua imaginação ou vá ao YouTube e escolha um vídeo de mar. Se tiver a sorte de estar na praia, pode fazer isso lá, sentado na areia de verdade.

Caso contrário, utilize uma tigela com água salgada como substituto do mar e um prato raso coberto de areia (se você tiver) ou sal para representar o litoral. Acenda uma vela amarela para simbolizar o sol. Sua respiração representa o ar. Inspire e expire, passe os dedos na água, depois na areia ou no sal. Visualize-se na praia ou esteja totalmente presente se você estiver lá. Então diga: "Eu sou a Terra, o Ar, o Fogo e a Água. Eu sou as ondas e a costa, a brisa e o sol. Eu sou o lugar onde todas as coisas se encontram, e eu acolho meu próprio poder e minha paz".

ALTARES PORTÁTEIS
09 JUL

Um altar é um espaço onde você realiza seu trabalho mágico. Pode ser uma mesa, uma prateleira ou até mesmo uma pedra em uma clareira. Alguns bruxos têm altares permanentes, sempre prontos para uso mágico e decorados com vários símbolos e ferramentas de bruxaria. Esses altares podem ser ajustados para diferentes estações ou dedicados a uma ou várias deidades.

Assim como acontece com muitas outras práticas de bruxaria, não existe uma forma única de montar um altar; eles são tão singulares quanto os bruxos que os utilizam.

Mas e se você não puder ter um altar onde todos possam vê-lo? Talvez ainda não tenha se assumido como bruxa, ou talvez você compartilhe sua casa com alguém que não se sinta confortável com a bruxaria. Nesses casos, é possível optar por ter um altar portátil.

Forre uma caixa ou bolsa com um tecido decorativo. Você pode ter um conjunto de velas com suporte para os quatro pontos cardeais e utilizar velas chime se tiver pouco espaço, além de mais algumas para invocar o Deus e a Deusa. Um copo dobrável ou até mesmo um copo descartável pode servir como cálice, e um guardanapo bonito pode ser usado como prato para bolos ou oferendas.

Tudo o que você precisar para o trabalho mágico pode ser guardado dentro dessa caixa ou bolsa, pronto para ser usado em um momento de privacidade, depois guardado novamente até a próxima vez.

10 JUL

RECEITA DE AMOR

Quando preparamos alimentos para serem consumidos por outras pessoas, muitas vezes se diz que cozinhamos com amor. Certamente isso é verdade, seja quando um pai cozinha para o seu filho, quando alguém cozinha para os amigos ou para os parceiros românticos.

Tenho certeza de que todos os alimentos de festa que compartilho com meu coven levam amor na receita, independentemente de quais sejam.

Você pode acrescentar amor à comida simplesmente focando seu carinho por aqueles que a comerão enquanto a prepara. Mas também há certos ingredientes associados ao amor (geralmente amor romântico), que incluem ervas como manjericão, canela, cravo, gengibre, alecrim, tomilho e baunilha. Tomates sempre foram considerados plantas do amor, assim como morangos, maçãs e a maioria das outras frutas. E, é claro, o chocolate. Não é por acaso que as pessoas dão chocolates de presente para expressar amor.

Experimente preparar e servir uma salada caprese, um prato simples que contém poderosas pitadas de amor. Ela é feita com queijo muçarela, tomates e manjericão. Fatie o queijo e os tomates em rodelas e disponha-os em camadas alternadas. Polvilhe o manjericão por cima e finalize com um bom vinagre balsâmico.

Para a sobremesa, nada supera morangos mergulhados em chocolate derretido.

Ah, eu adoraria se me servissem isso!

MAGIA COM AVIÕEZINHOS DE PAPEL

11 JUL

A magia não precisa ser sempre um trabalho sério, e gosto de fazer algo um pouco mais leve de vez em quando, apenas por diversão. E, por sinal, isso não a torna menos eficaz.

Você já pensou em fazer magia com aviõezinhos de papel? Pense só: para criar um avião de papel, é preciso dobrar uma folha na forma de um avião e lançá-la pelo ar. Há um grande potencial para trabalho mágico nesse processo.

Quando você dobra o papel, está moldando-o na forma que deseja. Você também pode escrever o que quiser no papel antes de dobrá-lo. Isso pode ser usado para magia de várias maneiras. Por exemplo, você pode escrever coisas que deseja eliminar e depois enviá-las para longe (não precisa ir muito longe; é mais um ato simbólico. Você pode até mesmo lançá-lo em uma lixeira próxima). Ou pode listar desejos e usar seu aviãozinho para enviá-los para o mundo.

Tem uma mensagem para alguém com quem não pode falar de outra forma? Escreva-a em um avião de papel e jogue-a no ar. Pelo menos você terá dito o que precisava dizer e, quem sabe, talvez a mensagem chegue, de um jeito ou de outro...

Não se esqueça de se divertir com isso, não importa o quão séria seja a magia. E está tudo bem rir de si mesma se o seu aviãozinho não decolar!

12 JUL

A IMPERATRIZ

A Imperatriz é a personificação do divino feminino. Isso não significa que você não possa se conectar com ela se não se identificar como mulher; o divino feminino faz parte de todos nós. É o poder da criação, do crescimento e da possibilidade. A Imperatriz representa abundância e fertilidade, além de usar suas habilidades para o benefício de todos.

Se você quiser se conectar com a Imperatriz para obter força e acolhimento, selecione o arcano do seu deck ou encontre uma imagem online de que goste. Concentre-se na sua conexão com a Terra, com seu próprio eu feminino, da forma como você o percebe, e então diga: "Eu sou a Imperatriz. Carrego dentro de mim o poder e o potencial para alcançar tudo o que desejo, para o bem de todos e de acordo com o livre-arbítrio de todos. Eu sou abundância e crescimento, e sou forte".

SINAIS DE PEDRA
13 JUL

Este exercício divinatório é muito simples e me foi ensinado por um amigo. Você só precisa de um local com pedras espalhadas — um parque, uma área de mata, um jardim ou até mesmo uma calçada. Praias também são uma ótima opção.

Para começar, concentre-se em uma pergunta ou defina a intenção de procurar um sinal. Ande para trás (com cuidado!) até encontrar uma pedra que pareça adequada ou até pisar em uma, o que ocorrer primeiro. Pegue-a e observe-a com atenção, procurando identificar qualquer forma ou marca que lhe transmita uma mensagem. Eu já encontrei pedras com o formato de coração ou com a imagem de uma casa gravada.

Os sinais podem surgir em muitos lugares. Basta manter a mente aberta.

14 JUL
FEITIÇO PARA OBTER ALEGRIA

Quem não gostaria de ter mais alegria na vida? Pequenos momentos de alegria estão ao nosso redor, mas nem sempre dedicamos o tempo ou o foco necessário para apreciá-los. Momentos maiores de alegria podem exigir mais esforço e planejamento, mas o potencial está sempre presente.

Este feitiço não visa apenas obter mais alegria, mas também ajuda você a se abrir para reconhecê-la e acolhê-la quando ela surgir.

Se quiser, acenda uma vela branca enquanto recita este feitiço ou exponha fotos de pessoas, lugares ou coisas que trazem alegria para você, como inspiração.

Peço ao universo que me envie alegria,
Momentos belos e reluzentes,
Que eu possa acolhê-los à medida que acontecem
E guardá-los como memórias,
Pessoas com quem compartilhá-los
Ou momentos tranquilos de solidão,
Cheios de felicidade, alegria e risos.
Eu me abro para a alegria, hoje e no futuro,
E prometo apreciá-la quando ela chegar.
Peço ao universo que me envie alegria.

CONFECCIONANDO VASSOURAS E *BESOMS*

15 JUL

Vassouras e *besoms* são símbolos clássicos de bruxas e bruxaria, mas às vezes é difícil encontrar um que se encaixe no seu gosto ou estilo para usar como vassoura mágica. As comuns que usamos para varrer o chão raramente são adequadas para os propósitos da bruxaria.

Então, que tal criar a sua própria vassoura? Você pode escolher se quer uma vassoura de tamanho normal, pequena ou mini, e se quer que ela tenha uma aparência comum ou totalmente mágica. Eu tenho duas vassouras decorativas de tamanho médio penduradas na minha sala e várias menores espalhadas pela casa, todas muito diferentes entre si.

Você pode fazer uma, usando um cabo de madeira ou um galho curvo divertido para o cabo, e palha para a parte da vassoura (para o caso de confeccionar uma vassoura) ou galhos (para o caso de confeccionar um *besom*). Outra opção é comprar uma vassoura natural pronta e customizá-la. Para um toque mais mágico, adicione amuletos com pequenos chapéus de bruxa ou pentagramas, cristais, grave runas no cabo ou use uma ferramenta de pirografia, se tiver uma. Para algo que só você sabe que é mágico, use elementos naturais, como penas, ervas, flores secas ou qualquer outra coisa delicada.

Você pode criar sua vassoura mágica ideal do seu próprio jeito e com os materiais que encontrar. Deixe sua imaginação correr solta!

16 JUL
CONECTANDO-SE COM A TERRA

A Terra provavelmente é o elemento com o qual temos mais facilidade de nos conectar, mas isso não significa que o fazemos com regularidade. Séculos atrás, as pessoas interagiam com a Terra diariamente, seja cultivando seus alimentos, sentando-se ao ar livre ou caminhando pelas florestas para se deslocar de um lugar a outro. Até atividades como colher frutas silvestres ou procurar plantas comestíveis as aproximavam da terra.

Hoje em dia, sobretudo para aqueles que vivem em ambientes urbanos, conectar-se com a Terra pode exigir um pouco mais de imaginação e esforço, mas definitivamente vale a pena. Mesmo se você mora na cidade, pode fazer uma caminhada em um parque ou em um local onde haja árvores ou plantas, como um jardim botânico. Algumas cidades e vilas possuem hortas comunitárias onde pessoas que não têm um terreno próprio podem cultivar vegetais ou flores.

Uma das minhas maneiras favoritas de me conectar com a Terra é através das pedras, que são, afinal, partes desse elemento. Passe alguns minutos segurando um cristal ou até mesmo uma pedra que você encontrou ao ar livre. Ou coma um pedaço de fruta ou vegetal e se concentre no caminho que ele percorreu desde que foi plantado e colhido, até chegar à sua mesa.

Não importa como você prefere se conectar com a Terra, reserve alguns minutos hoje para homenageá-la, conscientizando-se da importância dela em nossa vida.

USANDO REDES DE CRISTAIS

17 JUL

Outra maneira divertida de usar pedras preciosas é criar uma rede de cristais ou encontrar um modelo de que você goste e usá-lo. As redes de cristais são uma forma de dispor as pedras em um padrão que potencializa seu poder, baseado no que se chama de Geometria Sagrada. Você pode usar vários tamanhos, formas e tipos de pedras, ou uma quantidade de cristais iguais, todos da mesma espécie. Formas espirais ou labirínticas são comuns, mas você também pode optar por algo mais simples, como três pedras menores dispostas em um triângulo ao redor de uma pedra maior.

Para um feitiço específico, monte uma rede de cristais e a desmonte, quando terminar. Ou, se estiver realizando algo mais complexo, que deseja manter por um tempo, monte-a em uma bandeja que possa ser movida ou em uma mesa ou altar onde não atrapalhe.

Experimente tecer redes de cristais e observe. Você sente que os padrões conferem mais poder às pedras e ao trabalho mágico? As formas a agradam? Você pode começar com um padrão simples. Para obter paz, calma e amor, tente colocar um cristal de quartzo transparente ou uma ametista no centro da sua rede, então complemente com três pedras de quartzo rosa em volta. Use isso como foco para um feitiço ou para atrair essa energia para sua casa.

18 JUL
O JARDIM MÁGICO AO AR LIVRE

Se você tem um quintal ou até mesmo uma janela, tente criar um jardim mágico. Basicamente, trata-se de um jardim ou espaço dentro de um local maior dedicado às plantas que você vai usar para trabalhos mágicos.

Para a maioria das pessoas, um jardim mágico se resume a cultivar ervas, embora você também possa optar por plantar flores bonitas usadas na magia, se assim preferir. A diferença entre um jardim mágico e um jardim comum (que igualmente pode conter coisas usadas na magia) está na sua intenção ao plantar e no desenvolvimento que ele terá.

Se usar sementes, uma boa ideia é colocá-las em seu altar, deixá-las sob a luz da lua cheia por uma noite ou segurá-las nas mãos por alguns minutos antes de plantá-las. Ao colocar as sementes (ou mudas, se for o caso) na terra, concentre-se na sua intenção de integrá-las ao seu trabalho mágico. Ao regá-las, pense no poder da água, na forma como o sol lhes dará energia, nos nutrientes que elas absorverão da terra e no vento que as acariciará.

À medida que crescem, sente-se com elas de vez em quando e lhes envie energia, lembrando-as de que são mágicas. Você pode até falar ou cantar para elas, se desejar. Plantas cultivadas dessa forma têm uma essência mágica ainda maior do que ervas e flores comuns, o que as torna mais poderosas quando usadas em seus feitiços e rituais.

EU ACOLHO A ALEGRIA

19 JUL

Se você fez o feitiço para obter alegria mais cedo no livro, este é um ótimo complemento. Ou pode servir como uma afirmação por si só.

A alegria é importante. Ela preenche nossos reservatórios emocionais, que com frequência ficam vazios por causa dos sentimentos negativos e das demandas do mundo. Ela cria felicidade. Esta afirmação pode ajudá-la a se lembrar de acolher a alegria sempre que ela surgir... e talvez até de ir à sua procura.

Eu acolho a alegria. Aceito que mereço mais alegria em minha vida e me abro a toda alegria que vem até mim.

20 JUL

ROXO

Roxo é uma cor muito mágica, e várias bruxas a apreciam quase tanto quanto o preto. Ele existe em muitas tonalidades, desde um lavanda bem claro até um roxo vívido (que costumava ser usado apenas pela realeza) e um tom escuro de berinjela que mal se distingue do preto. Também existe o índigo, que é um roxo-azulado.

O índigo é associado ao terceiro chacra (*ajna*), enquanto o violeta, outro tom de roxo, está ligado ao chacra coronário. De fato, o roxo, de modo geral, é a cor da habilidade sensitiva, do espírito, da paz, do poder e da própria magia. Se quiser se sentir mais mágica, use algo roxo em qualquer tom que lhe agrade! Pedras roxas, como a ametista, também estão associadas a essas qualidades, assim como flores roxas, como a lavanda e os lilases.

Se quiser se sentir particularmente bruxa, experimente usar uma roupa roxa com um colar de ametista e carregue um pouco de lavanda seca no bolso.

MINIRRITUAL PARA NASCIMENTO OU RENASCIMENTO

21 JUL

Celebramos ocasiões especiais com rituais de vários tipos, mas a maioria deles está ligada a eventos regulares, como sabás ou luas cheias. Às vezes, queremos um ritual mais simples para marcar um momento transformador na vida — não necessariamente uma cerimônia formal, mas algo que seja mágico e inesquecível. Dois exemplos dessas ocasiões são o nascimento e o renascimento.

O primeiro é autoexplicativo. O segundo é um pouco mais complexo, mas refere-se a um momento na vida de alguém quando se escolhe iniciar um novo caminho e renascer através dele.

Se estiver fazendo este minirritual com outras pessoas, cada uma pode acender uma vela pequena para acender uma maior. Troque o "eu" por "nós" ou peça para cada um dizer as palavras individualmente. Se estiver fazendo-o sozinho, acenda uma vela pequena e a use para acender uma maior.

"É um novo dia, e eu acolho esta nova vida." [Acenda a vela pequena.] "Toda vida é um presente e deve ser valorizada, e assim esta será. É um novo dia, uma nova vida e um novo começo, cheio de potencial. Celebro esta nova vida e expresso minha gratidão por tudo que virá depois disso." [Acenda a vela maior com a vela menor.] "Cada nova vida acrescenta luz ao mundo. Cada novo começo é uma bênção. Que esta nova vida seja uma bênção para todos."

22 JUL

SELENE

Selene é a clássica deusa grega da lua e uma deusa verdadeiramente bruxa. Ela está associada à magia, em especial à magia lunar, assim como ao sono, aos sonhos e à profecia. Sua correspondente romana é Luna. Selene é retratada conduzindo um carro pelo céu, puxado por dois cavalos brancos, com uma lua crescente na testa.

Se você deseja realizar algum trabalho de adivinhação na noite de lua cheia, Selene é a deusa perfeita para invocar ajuda. Segure qualquer ferramenta que estiver usando (cartas de tarot, pedras rúnicas, tigela de *scrying* etc.) e diga: "Linda Selene, por favor, ajude-me a ver a verdade e guie-me com sua clareza e sabedoria". Essas palavras também funcionarão se você quiser fazer adivinhação usando sonhos.

PERDÃO
23 JUL

É natural cultivar raiva contra aqueles que nos magoaram ou nos trataram mal. Todos nós fazemos isso, de um modo ou de outro. O problema é que cultivar esse sentimento não faz diferença alguma para as pessoas contra quem estamos zangados (na maioria das vezes, provavelmente elas nem se importam), mas pode ser muito prejudicial para a nossa saúde mental.

Se você conseguir, é melhor praticar o perdão e acreditar que a justiça, cedo ou tarde, vai alcançar essas pessoas. Ou até reconhecer que todos somos humanos e cometemos erros, e às vezes não temos a intenção de causar dor. Raramente sabemos o que está acontecendo na vida e na mente de outras pessoas e, em algum nível, elas também podem estar sofrendo.

De qualquer forma, você será mais feliz e saudável se conseguir deixar esse sentimento nefasto ir embora. O perdão aliviará seu espírito, pois a raiva é um fardo pesado para carregar. Tente pedir ajuda aos deuses, se não conseguir alcançar isso por conta própria. Qualquer divindade pode auxiliá-la, embora Kwan Yin seja particularmente apropriada.

Visualize a pessoa de quem você está com raiva e diga: "Kwan Yin, por favor, ajude-me a me livrar da minha raiva e a perdoar aqueles que me prejudicaram. Aceito o perdão para o bem do meu coração e do meu espírito. Ajude-me a perdoar e a deixar a minha raiva ir embora. Assim seja".

24 JUL
VAGA-LUME

Para mim, os vaga-lumes são a personificação da magia das noites de verão. Também conhecidos como pirilampos, os vaga-lumes são um tipo de besouro que possui bioluminescência natural, o que lhes permite brilhar no escuro. Se tiver sorte, você pode vê-los piscando à noite, como se seu jardim fosse invadido por pequenas fadas alegres.

Os vaga-lumes são um bom lembrete de que o mundo natural está cheio de momentos incríveis e mágicos. Eles podem ser inesperados e fugazes, então precisamos estar constantemente atentos para não perdê-los. Dê uma volta hoje e veja o que consegue captar se, de fato, prestar atenção. Pode ser um bando de vaga-lumes, um pássaro bonito ou o pôr-do-sol. Mas você não verá nada se não *olhar*.

Para se conectar um pouco com a magia dos vaga-lumes, se você não tiver nenhum por perto, tente acender um pisca-pisca. Espere até anoitecer, então apague todas as outras luzes da sala e veja as luzinhas, imaginando que você está em um campo rodeado por vaga-lumes.

Se tiver sorte de ver um de verdade, faça um pedido, assim como faria no caso de uma estrela.

BANHO PARA AUMENTAR A BELEZA INTERIOR E EXTERIOR

25 JUL

"A beleza está nos olhos de quem vê", como se diz, mas acho que todas nós ficamos melhores quando nos sentimos melhor, e também precisamos nos sentir bem com nós mesmas para apreciar nossa própria beleza. Se você quiser fazer um trabalho mágico para aumentar a forma como se sente sobre sua atratividade e tem uma banheira, experimente tomar este banho de beleza.

Você pode combinar qualquer uma dessas ervas (pode ser interessante ver quais delas combinam melhor entre si) secas ou frescas em um saquinho de musselina, ou colocá-las diretamente na água do banho. Todas são boas para aumentar a autoconfiança, aliviar a dúvida e a ansiedade, ou intensificar a sensação de bem-estar: camomila, lavanda, patchouli, alecrim, canela, gengibre e melissa. Você também pode acrescentar ao banho algumas pétalas de rosa.

Se quiser, adicione também um pouco de leite ou leite em pó. Banhos de leite foram usados para realçar a beleza em várias culturas, durante séculos. Diz-se que Cleópatra tomava banhos de leite para ficar mais bonita. Se funcionou para ela, pode funcionar para você!

Enquanto estiver no banho, visualize-se cercada pela energia das ervas, brilhando, linda e autoconfiante.

Observação: se não tiver uma banheira, use as mesmas ervas em um saquinho pendurado no chuveiro.

26 JUL
FEITIÇO PARA AUMENTAR A CORAGEM

Algumas pessoas são naturalmente mais corajosas do que outras. Para muitos, é uma característica com a qual nascem ou não. Mas coragem não é o mesmo que ter bravura natural. Na verdade, você pode dizer que coragem é avançar mesmo quando você não se sente particularmente valente.

Há muitos momentos na vida que nos desafiam a seguir em frente ou enfrentar situações difíceis em circunstâncias em que não nos sentimos nada confiantes. Se você está passando por um desses momentos, experimente fazer este feitiço simples para aumentar sua coragem. Gosto de usar um pedaço de cornalina, mas outras pedras boas para obter coragem incluem granada, hematita, olho de tigre e jaspe vermelho. Uma joia funcionará tão bem quanto um cristal ou uma pedra polida, e você pode usá-la quando precisar de um impulso.

Segure sua pedra ou simplesmente concentre-se em seu desejo de ter mais coragem. Você também pode acender uma vela laranja, marrom ou vermelha. Então diga este feitiço. Você também poderá escrevê-lo em um pedacinho de papel e escondê-lo, assim como sua pedra, no bolso, na carteira ou no sutiã.

Deus e Deusa, por favor, enviem-me coragem
Para enfrentar as dificuldades com bravura,
Para permanecer firme diante dos desafios
E enfrentá-los com graça e firmeza.
Ajudem-me a ser a manifestação do meu melhor eu,
Corajoso, forte e destemido.

CRIANDO UM ALTAR
27 JUL

Nem toda bruxa tem um altar. Algumas pessoas não se assumiram como bruxas ou compartilham seu espaço com alguém que não se sentiria confortável tendo um altar à vista. Outras simplesmente não sentem necessidade de ter um em sua prática.

Eles não são obrigatórios!

Mas, se tiver como, pode ser bacana ter um. Ou três. (Sim, eu tenho três.) Um altar é um lugar onde você pode praticar sua Arte, adorar a(s) divindade(s) que preferir e exibir suas ferramentas favoritas e seus símbolos bruxos. Ele também é útil quando você está praticando um feitiço contínuo, algo que está fazendo por vários dias ou até por um ciclo lunar inteiro, e deseja deixar tudo montado para facilitar o uso.

Não há uma maneira certa ou errada de montar um altar. Algumas pessoas gostam de ter representações dos quatro elementos: Terra, Ar, Fogo e Água. Isso pode incluir um cristal, uma pena ou palitos de incenso, uma vela e um recipiente com água ou concha (ou qualquer variação sobre esse tema). Outros preferem dedicar seu altar à divindade que adoram.

Se usar ferramentas como um atame ou bastão, um altar é um bom lugar para mantê-los.

De qualquer forma, seu altar deve representá-la e representar sua prática mágica, e você pode alterá-lo conforme as estações, adequá-lo ao seu projeto ou simplesmente deixá-lo intocado.

28 JUL
INVOCANDO ESPÍRITOS

Quando fazemos trabalho mágico, especialmente em um espaço ritual formal, com frequência invocamos espíritos para nos ajudar. Por exemplo, é comum chamar os espíritos da Terra, do Ar, do Fogo e da Água ao traçar um círculo. A maioria de nós foi ensinada a fazer isso ou instruída a fazê-lo em um livro de bruxaria. Digo às pessoas para fazerem isso em meus livros o tempo todo.

Mas por que isso é importante? Como não podemos ver esses espíritos, acatamos sua existência pela fé. E ainda assim... você já esteve em um espaço sagrado e sentiu a energia do círculo mudar de um jeito que não dá para explicar?

Acho que sim. Eu certamente já senti.

Chamamos os espíritos porque podemos sentir sua presença. Porque quando os invocamos, sabemos que eles estão lá, como sabemos que o céu está acima de nós, mesmo que não possamos tocá-lo.

Essa é a magia, essa conexão com o invisível.

Hoje ou na próxima vez que precisar realizar um feitiço ou um ritual, tente invocar os espíritos mesmo que você não costume fazer isso. Você pode acender algumas velas para cada um dos elementos ou simplesmente convidá-los a se juntarem a você no espaço sagrado. Abra-se para seu poder e energia e direcione isso para sua prática mágica. Não se esqueça de agradecer quando os dispensar!

O QUE VOCÊ QUER APRENDER MAIS?

29 JUL

Ser bruxa é aprender e crescer continuamente. Você não apenas domina os fundamentos e os faz da mesma maneira para sempre. Esse não é o caminho da bruxa. Pelo menos, não acho que seja. Mesmo se você não seguir a tradição Wicca de dominar vários níveis, uma prática de bruxaria significa crescer e mudar constantemente, esforçando-se para ser a melhor bruxa e a melhor pessoa que você pode ser.

Então, pergunte a si mesma: O que eu quero aprender mais daqui para a frente? Quero me aprofundar mais no uso das pedras e ervas? Mergulhar em questões filosóficas mais complexas? Aperfeiçoar a escrita de feitiços? Praticar magia com outras pessoas e ver o que acontece? Explorar outros lados da bruxaria que eu ainda não investiguei?

Não há resposta errada, exceto estagnar e não fazer nada. Você não precisa fazer algo novo o tempo todo, mas tente não perder o contato com aquele espírito curioso que inicialmente a fez se interessar pela bruxaria.

O que você quer aprender agora? Escreva em seu diário ou no Livro das Sombras ou simplesmente comece a pesquisar. Afinal, conhecimento é poder.

30 JUL
NUA À LUZ DA LUA

Se alguém lhe disser que você deve fazer um ritual nua, sob a luz do luar, então você não precisa se preocupar com o que vestir. Embora os mosquitos talvez sejam um problema...

Há algo a dizer sobre ficar nua sob a lua cheia. Não se trata de exibicionismo. Com um pouco de sorte, ninguém vai vê-la. É mais sobre estar nua sob o olhar da sua Deusa, sem esconder nada dela, sem exibir nenhuma vaidade, algo que diz respeito somente a você, à lua e à divindade.

Se não tiver um lugar discreto para fazer isso ou não se sentir confortável em ficar nua ao ar livre, considere tentar isso apenas uma vez dentro da sua própria casa, mesmo que apenas por alguns minutos. Veja como se sente ao fazer um feitiço apenas com seu próprio corpo e espírito. Você pode se surpreender como isso vai parecer natural.

Ou então vista-se novamente, e está tudo bem também.

TOMANDO SOL
31 JUL

Deixe-me começar dizendo que sou uma grande fã do protetor solar. Queimaduras solares não são nada divertidas e a exposição excessiva ao sol pode ser perigosa.

Mas, assim como ficar nua sob a luz da lua permite que você se conecte com a Deusa lunar de uma maneira única, ficar nua sob a luz do sol permite que você se conecte com os deuses (e deusas) do sol e absorva a energia da nossa própria estrela.

Isso não significa que você deve ficar nua durante uma hora sob o sol do meio-dia, mesmo que tenha privacidade para fazê-lo. Mas você pode tentar abrir uma porta ou uma janela e deixar que os primeiros raios da manhã toquem seu corpo. Ou, se tiver um lugar onde se sinta confortável, tome sol nua por alguns minutos. Isso a fará se sentir iluminada e poderosa, tocada pelo divino.

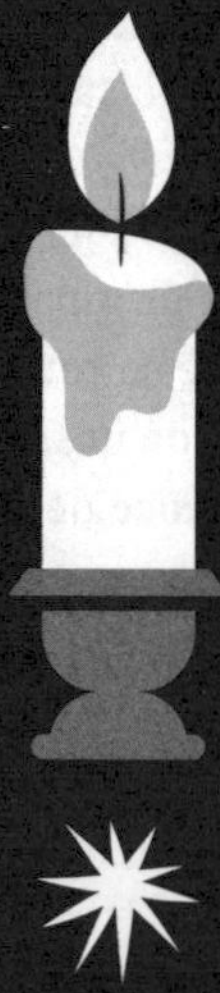

AGOSTO
expressão e curiosidade

LUGHNASADH
01 AGO

Mais comumente conhecido como Lammas, embora, na verdade, esse nome venha de um feriado cristão chamado "Missa do Pão", o qual, por sua vez, provavelmente foi inspirado no primeiro festival celta da colheita. Ficou confusa?

Lughnasadh é o primeiro dos três festivais da colheita no ciclo pagão da Roda do Ano e celebra, em especial, a colheita de grãos. Tradicionalmente, é celebrado com fogueiras e pratos feitos com esses alimentos. A primeira colheita geralmente é oferecida em agradecimento aos deuses.

Esse é um ótimo momento para assar um pão fresco e compartilhá-lo com os amigos ou com a família. Se você não costuma cozinhar, compre um bom pão rústico em uma padaria local (para quem tem problemas com ingestão de glúten, o pão de fermentação natural é uma boa opção). Aqui vai uma receita simples de pão de cerveja, perfeita para a ocasião, já que a cerveja contém lúpulo, que também é um grão.

Misture 2 2/3 xícaras de farinha, 4 colheres de chá de fermento e 1 1/3 colheres de chá de sal. Adicione 350 ml de cerveja. Eu gosto de usar cerveja escura, pois ela dá mais sabor ao pão, mas qualquer tipo de cerveja funciona. Coloque a massa em uma forma untada e asse por cinquenta a 55 minutos a 190°C. Se quiser, decore com sementes ou ervas secas para dar um toque especial.

(Uma versão dessa receita foi publicada originalmente no livro *Witchcraft on a Shoestring*, editora Llewellyn, 2010.)

02 AGO

LUGH

Lugh é um deus celta do sol, também conhecido como "Lugh das Muitas Habilidades", pois era muito talentoso em diversas áreas, tais como artesanato, música, poesia, metalurgia, artes da guerra e da magia. Ele se tornou um dos famosos Tuatha Dé Danann, e muitas lendas falam sobre sua capacidade de liderança e suas múltiplas habilidades. O festival de Lughnasadh é celebrado em sua homenagem.

Lugh está associado ao sol, à luz, ao fogo e às batalhas, assim como à poesia e ao artesanato. Para se conectar com ele, ofereça-lhe algo em que você se destaque, seja cantando uma música, tocando um instrumento, criando uma peça de artesanato ou simplesmente acendendo uma vela para representar a luz e o fogo do seu espírito.

Depois de oferecer seu presente, você pode dizer:

"Grande Lugh, ofereço-lhe este presente em respeito às suas muitas habilidades. Ajude-me a aprimorar as minhas próprias e a brilhar intensamente em tudo o que faço".

LUA CHEIA DE AGOSTO
03 AGO

A lua cheia de agosto costuma ser chamada de "Lua do Esturjão", em virtude da abundância desses peixes nos lagos nessa época do ano. Nos Estados Unidos, também é conhecida como "Lua da Colheita" ou "Lua do Milho", enquanto na Grã-Bretanha é chamada de "Lua do Lince" ou "Lua dos Grãos". Vale notar que, em setembro e outubro, essas luas também são chamadas de "Lua da Colheita" ou "Lua do Milho", provavelmente porque a colheita se estende por um longo período (daí os três festivais da colheita no calendário pagão), e o milho pode ser colhido em diferentes momentos, dependendo das variedades e das estações.

Você não precisa pescar durante a lua cheia, embora possa fazer isso, se for do seu agrado. Que tal celebrar a data com uma refeição que destaque a colheita, com milho, grãos e, é claro, peixe? Embora o esturjão não seja comum onde eu moro, costumo usar salmão com uma crosta de fubá, misturando ervas picadas para intensificar o sabor. O tempo de cozimento depende do tamanho do peixe, mas garanto que será uma refeição deliciosa, especialmente se apreciada ao redor de uma fogueira, sob a luz da lua.

04 AGO
ATERRAMENTO E CENTRALIZAÇÃO

Aqui está uma maneira simples de praticar aterramento e centralização.

O aterramento é o ato de se conectar com a terra abaixo de você, mantendo-a enraizada durante um ritual ou dissipando o excesso de energia acumulada ao final, quando você poderá se sentir agitada. A centralização a prepara para se envolver plenamente no trabalho ritualístico ou para integrar o que foi feito, quando finalizado.

Juntos, aterramento e centralização ajudam a focar na presença plena, enraizando-a para que você possa absorver o que precisa e liberar o que não lhe serve mais. Isso também é útil no dia a dia, quando você se sente desequilibrada.

Sente-se ou fique em pé, certificando-se de que seus pés ou seu quadril estejam em contato com o chão. Visualize uma raiz saindo dos seus pés ou da base da sua coluna, penetrando fundo na terra, como uma árvore. Sinta a energia da terra subindo até o seu abdôme, ancorando-a com firmeza. Respire lenta e profundamente, concentrando-se no centro do seu corpo. Imagine essa energia acumulando-se atrás do umbigo e espalhando-se para os pés, mãos e cabeça.

Respire mais algumas vezes, depois deixe a energia voltar lentamente para a terra, através dos pés, e sair pelo topo da cabeça. Assim, você vai se sentir mais equilibrada, energizada e em paz.

LIVRO DAS SOMBRAS
05 AGO

Um dos instrumentos mais pessoais de uma bruxa é o Livro das Sombras. Embora nem todos o utilizem, aqueles que o fazem costumam registrar suas atividades mágicas nele: feitiços, rituais e até listas de correspondências de pedras e ervas. Alguns também registram práticas de adivinhação, sonhos e tudo relacionado com a sua vida mágica.

Você pode comprar um Livro das Sombras pronto, caso encontre um que combine com você. Mas criar o seu próprio livro pode ser ainda mais especial, pois sua energia ficará impregnada nele, tornando-o uma ferramenta única e poderosa.

Pode ser qualquer tipo de caderno ou diário, até mesmo um fichário que permita adicionar e remover páginas, conforme necessário. Decore-o com folhas secas, flores ou símbolos mágicos que inspirem sua jornada. Depois é só preenchê-lo com sabedoria e conhecimento enquanto trilha seu caminho através dos anos.

06 AGO
FEITIÇO PARA OBTER UMA BOA COLHEITA

Este é o período em que muitas colheitas se aproximam, mas não apenas nos campos. Também é a época de colhermos os frutos dos nossos esforços pessoais e profissionais, se estivermos trabalhando em projetos ou objetivos de longo prazo. Afinal, existem muitos tipos de colheita. O que você deseja que floresça em sua vida?

Pense nisso e faça este feitiço para obter uma boa colheita, no sentido literal ou simbólico. Disponha sobre o seu altar um símbolo do que você deseja colher. Regue-o levemente com água e, segurando uma vela, para representar a luz do sol que alimenta seu crescimento, recite:

> *Peço por uma boa colheita,*
> *Que os frutos do meu trabalho floresçam.*
> *Reguei minhas sementes,*
> *O sol as iluminou,*
> *E agora é tempo de colheita.*
> *Que a abundância me abençoe,*
> *E meus sonhos se realizem,*
> *Da forma que for melhor para mim.*
> *Assim seja.*

SÁBIOS E ANCIÕES
07 AGO

Na cultura moderna, o envelhecimento muitas vezes é visto com desdém. Gastam-se fortunas para parecer mais jovem, seja tingindo cabelos grisalhos, seja apagando rugas ou buscando suplementos que prometem reverter a passagem do tempo.

Não estou dizendo que isso é errado. Cada um deve fazer o que lhe traz felicidade. Mas, para as bruxas, a idade tem outro significado. Assim como em muitas culturas indígenas, vemos o envelhecimento como parte natural do ciclo da vida, algo que devemos acolher de bom grado. Valorizamos a sabedoria que vem com os anos vividos.

Quando chamamos uma bruxa de anciã, isso não é um insulto, mas um reconhecimento de sua transição para uma nova fase. E digo com orgulho: cada um desses fios grisalhos foi uma dádiva!

Como comunidade, honramos nossos anciãos, oferecendo-lhes respeito e gratidão por compartilharem uma sabedoria conquistada ao longo da vida. Se você é jovem, admira as bruxas mais velhas? E se já está se aproximando da fase de anciã ou sábia, como se sente em relação a isso (além das dores e dos incômodos)?

Hoje, compartilhe sua sabedoria com alguém, oferecendo-a aos mais jovens ou recebendo-a de alguém mais velho.

08 AGO — ESCREVENDO FEITIÇOS

A maioria das bruxas usa feitiços em sua prática mágica, mas nem todas os escrevem por conta própria. E está tudo bem. Nem todos se sentem à vontade para isso, e a escrita, como qualquer arte, flui mais fácil para uns do que para outros. Existem muitos livros de feitiços maravilhosos por aí – inclusive, já escrevi alguns.

Mas, às vezes, surge uma situação que exige um feitiço específico, e talvez você não encontre um já pronto que sirva. Por isso, uma boa prática é tentar criar os seus próprios feitiços, mesmo que, no fim, você opte por usar os dos outros.

Não se preocupe em fazer o feitiço perfeito. Ele não precisa ser rimado (muitos dos meus não são), embora rimas possam acrescentar poder à magia. O importante é que tenha a sonoridade e a intenção corretas quando recitado em voz alta.

Comece com um objetivo claro. O que você deseja alcançar com esse feitiço? Certifique-se de ter isso nítido em mente. Vai invocar uma deidade específica, trabalhar com a força geral do Deus e da Deusa ou com nenhuma? Será curto, fácil de decorar, ou algo mais longo, para ser lido no papel?

Brinque com as palavras, deixe seu coração guiar sua criatividade. Se quiser, inclua ferramentas, como ervas e cristais, para fortalecer o feitiço. Você pode se surpreender com o que é capaz de criar.

CRISTAIS

09 AGO

Algumas das minhas ferramentas favoritas na bruxaria são pedras e cristais. Pode-se dizer que sou levemente obcecada por cristais... bem, minha casa está cheia deles.

Cada cristal carrega uma energia única, o que os torna especiais para diferentes propósitos: uns estão ligados à cura, outros, à prosperidade. A verdade é que a maioria das pedras pode ser usada de várias maneiras, então não é necessário ter centenas delas.

Sugiro começar sua coleção mágica com cinco ou dez cristais que você mais vai usar, como o quartzo cristalino, a ametista, o quartzo rosa, o lápis-lazúli, a aventurina e a malaquita, por exemplo.

Se você tem a sorte de morar perto de uma loja que vende cristais ou pode visitar feiras esotéricas, o melhor jeito de escolher suas pedras é fazendo isso pessoalmente. Sinta quais delas a atraem. Mesmo entre pedras da mesma espécie, as vibrações podem variar bastante. Quando procurei um quartzo rosa para aliviar a ansiedade, segurei dezenas até encontrar o que parecia certo para mim.

Se ainda não possui cristais, talvez seja a hora de adquirir alguns para começar sua coleção. Não se esqueça de testar a energia de cada um antes de comprá-los. Se já os possui, identifique seus favoritos e descubra por que são especiais para você. Use um em um feitiço ou simplesmente segure-o por um tempo para absorver suas vibrações mágicas.

10 AGO
CHAMAS DURADOURAS

Em rituais onde se deseja que a vela se consuma rapidamente, o ideal é usar velas pequenas. Mas e quando se deseja que a chama se mantenha acesa por mais tempo ou que a vela seja usada todos os dias, durante um mês?

A vela pilar é uma excelente escolha. Altas e largas, elas oferecem um amplo espaço para gravar símbolos na cera ou para usar outros tipos de decoração, como, por exemplo, cobrir sua base com ervas que sejam resistentes ao calor e ao fogo. Elas estão disponíveis em várias cores, mas você pode optar por uma branca e amarrar uma fita colorida na base para simbolizar o feitiço que irá realizar. Uma boa vela pilar pode queimar por muitas horas, o que a torna perfeita para práticas mágicas que começam em uma noite de lua cheia e se estendem até a próxima, ou para aquelas que necessitam de um poder a mais.

Encontre ou compre uma vela pilar branca comum e grave alguns símbolos mágicos nela. Um bom feitiço para iniciar é aquele para obter paz e tranquilidade, algo de que todos nós precisamos. Se desejar, unte a vela com óleo essencial de lavanda (cuidado para não atingir o pavio!). Então, acenda-a durante um tempo a cada dia até que queime por completo.

PELO QUE SOU GRATA?

11 AGO

É fácil pensar no que não temos. Afinal, como bruxas, frequentemente trabalhamos com metas, concentrando-nos no que queremos ou precisamos para realizar um trabalho significativo que traga coisas positivas para a nossa vida.

Embora não tenha nada de errado pensar assim, também é importante focar no que já temos para praticarmos com frequência a gratidão. Até o que não é necessariamente agradável pode nos ensinar grandes lições. E, muitas vezes, temos mais coisas boas em nossa vida do que percebemos, apenas por não prestarmos atenção nisso.

Se está escrevendo em um diário, reserve um tempo hoje para anotar pelo que é grata, seja de modo geral (pela sua comida, sua casa, seus amigos, sua família, seus animais de estimação, seu emprego), seja por algo específico que aconteceu no seu dia. Não precisa ser algo grandioso. Talvez um telefonema de um amigo com quem você não fala há algum tempo.

Se já possui um diário, este é um bom exercício para incluir em seus registros. Se não possui, considere fazer disso parte da sua rotina diária. Todas as noites, após apagar a luz, agradeço aos deuses pelo meu lar e pela minha saúde (podem não ser perfeitos, mas poderiam ser muito piores), meus amigos, minha família, meus gatos e o que quer que tenha me acontecido durante o dia. Isso ajuda a me lembrar de tudo o que já tenho, não importa o que eu sinta que esteja faltando.

12 AGO
RECEITA PARA OBTER PROTEÇÃO

Há tantas ervas boas para realizar trabalhos de proteção que é fácil criar uma receita que inclua várias delas. Algumas das minhas favoritas são o alho (não é útil só para afastar vampiros!), o manjericão, o endro, o alecrim, a sálvia e a salsa. Muitos alimentos picantes têm qualidades protetoras, como o rábano, a pimenta e o curry, que na verdade é uma mistura de especiarias. Tomates, cebolas e pimentas também são protetores, por isso gosto de preparar um molho de espaguete levemente picante com bastante alho.

Você pode variar as quantidades de especiarias de acordo com seu gosto e até começar com tomates enlatados ou molho pronto, se preferir, então apenas refogar o alho e a cebola e adicionar manjericão fresco ou seco, salsa e quaisquer outras ervas ou especiarias da sua preferência. Uma magia de proteção fácil na cozinha que também é deliciosa e benéfica para você!

Aqui está um molho divertido e fácil de preparar, perfeito para obter proteção e que pode ser acrescentado a várias refeições. Pegue 3 a 4 tomates grandes e frescos e corte-os em pedaços pequenos e uniformes. Adicione uma cebola pequena, uma pimenta jalapeño e 2 a 4 dentes de alho picados bem finos. Você pode variar a quantidade de alho e pimenta, dependendo de quão picante você gosta da sua comida. Finalize com um pouco de suco de limão e um pouco de salsa picada.

O ENFORCADO

13 AGO

O Enforcado é uma carta interessante. Geralmente retrata um homem pendurado de cabeça para baixo em um galho de árvore, muitas vezes com as mãos atadas. A árvore na carta é associada à árvore do mundo, e há um brilho ao redor da cabeça do homem que contrasta com sua posição desconfortável. No *Everyday Witch Tarot*, o homem exibe correntes nos tornozelos e pulsos, mas segura uma chave escondida nas mãos.

Em uma tiragem, a carta do Enforcado geralmente indica que a pessoa está presa. Seja qual for a situação sobre a qual você pergunta, não há nenhum progresso. Às vezes, isso significa que não é o momento certo de agir. Pode também indicar que você precisa ver as coisas de forma diferente, mudar seu ponto de vista ou abordar a questão de um novo ângulo. É bem provável que já tenha a solução de que precisa, mas não consegue enxergá-la.

Da próxima vez que se sentir assim, pegue a carta do Enforcado e pergunte-se por que você tem tanta certeza de que está presa. Está tentando a mesma coisa várias vezes, e ela nunca funcionou? Talvez você não esteja fazendo a pergunta certa ou tentando resolver o verdadeiro problema. Tire um tempinho com a carta e, em seguida, peça ao universo que lhe envie uma visão ou um lampejo de intuição. Lembre-se de ficar aberta, caso isso aconteça.

14 AGO

ASTARTE

Astarte é a deusa mesopotâmica da estrela da manhã e da noite (ambos os nomes para o planeta Vênus). Ela também é uma deusa da lua associada à paixão, ao amor, ao sexo, à sensualidade e ao casamento. Astarte é a personificação do livre poder feminino. Ela também tem um lado mais sombrio e governa o espírito dos mortos, as vitórias em batalha e a guerra.

Seus símbolos são a pomba, a esfinge, o cavalo e os carros e, é claro, a estrela, sendo retratada como uma mulher nua com uma coroa de chifres de vaca ao redor de um disco solar. Astarte foi uma das primeiras deusas reconhecidas, datando da Idade da Pedra.

Para se conectar com Astarte, fique ao ar livre em uma noite em que possa ver as estrelas e procure a mais brilhante que encontrar. Acenda uma vela no escuro ou apenas olhe para as estrelas ou para o planeta Vênus, se conseguir localizá-lo no céu noturno. Diga: "Astarte, que brilha tão intensamente, ajude-me a brilhar também e a sentir-me plena de poder e paixão".

ÓLEOS DE PURIFICAÇÃO

15 AGO

Uma das artes bruxescas mais fáceis também é uma das mais poderosas. Estou falando sobre fazer seus próprios óleos mágicos. Você pode comprá-los, é claro, e alguns dos que estão por aí são muito bons. Mas, assim como qualquer outra ferramenta mágica, os óleos mágicos são mais potentes se você os fizer. O bônus é que você pode usar as ervas de cujo cheiro você gosta e deixar de fora as de que não gosta.

Para fazer qualquer óleo mágico, você deve começar com um óleo-base, como azeite, óleo de amêndoas, de semente de uva, de girassol ou de jojoba. Eu costumo usar azeite porque sempre o tenho em casa, mas há outros que não ficam rançosos tão rapidamente. Em seguida, você precisa de alguns óleos essenciais. Eles podem variar de preço e qualidade, mas vale a pena mantê-los por perto, pois muitos deles são bons não apenas para a magia, mas também possuem usos medicinais. Por exemplo, a lavanda é ótima para picadas de insetos, queimaduras e insônia.

Você também vai precisar de uma pequena garrafa de vidro com tampa para colocar sua mistura, além de um conta-gotas para cada um dos seus óleos. Para fazer um óleo de purificação, gosto de usar gerânio, limão e alecrim. Eles têm um aroma delicioso juntos e formam uma combinação poderosa. Despeje o óleo na garrafa, adicione três gotas de cada um dos óleos essenciais e agite suavemente. Não se esqueça de colar um rótulo na garrafa. Use o óleo para ungir velas ou você mesma durante práticas mágicas, ou ao redor da casa.

16 AGO — CONECTANDO-SE COM O FOGO

O fogo é uma força primeva e que levou os humanos a um novo nível quando aprenderam a (de certa forma) domesticá-lo. Se você já dançou em volta de uma fogueira com outras bruxas, sabe quão poderosamente ele pode tocar algo dentro de nós. O fogo ilumina a escuridão e nos faz sentir seguras e aquecidas, enquanto nos lembra que mal o controlamos.

Para se conectar com o elemento Fogo, você pode fazer algo tão simples quanto acender uma vela ou cozinhar sobre uma chama aberta. Se tiver espaço, queime alguns troncos em uma fogueira ou fogão ao ar livre e aproveite o cheiro da fumaça da madeira e o espetáculo das pequenas faíscas subindo para o alto. Mas faça isso com cuidado para não se queimar, pois, como os outros elementos, o fogo é indomável e poderoso.

DENTE-DE-LEÃO

17 AGO

O humilde dente-de-leão floresce em quase todos os lugares, muitas vezes onde as pessoas não querem que ele floresça. Se ao menos soubessem como ele é mágico... Essa pequena flor está associada à deusa Hécate, e suas qualidades mágicas incluem a adivinhação, os desejos e a invocação de espíritos.

Ele pode ser colhido no início da primavera e adicionado a saladas ou transformado em vinho. As raízes podem ser secas e tostadas como café e preparadas em um chá, conhecido por aumentar as habilidades sensitivas. Scott Cunningham, em seu livro *Enciclopédia de Ervas Mágicas* (Llewellyn, 1985), afirma que se você tomar esse chá ainda quente e colocá-lo ao lado da sua cama, ele chamará espíritos, embora confesso que nunca tentei fazer isso.

Gosto de dentes-de-leão pela mesma razão que a maioria de nós gostava deles na infância. Se você esperar até eles ficarem brancos e fofos e serem coroados por cabeças de sementes, pode soprá-los e fazer um pedido. Claro, como bruxas, sabemos um pouco sobre o quão poderoso o pedido pode realmente ser, já que é outra forma de expor sua intenção e foco no mundo. Então, da próxima vez que você encontrar um dente-de-leão pluma, pegue-o e segure-o por um minuto. Foque realmente no seu desejo, visualize-o se concretizando e sopre seu pedido para o vento.

18 AGO

O JARDIM DA LUA

A única coisa mais bruxesca do que um jardim mágico é um jardim que floresce à noite. É ou não é? Existem várias plantas de floração noturna, e algumas delas têm aromas celestiais, além de serem lindas. Se você cultivar várias dessas plantas juntas, pode chamar seu jardim de jardim da lua, porque suas flores não só florescem sob o luar, mas porque muitas delas também são brancas.

Algumas dessas flores mágicas incluem a flor-da-lua (trepadeira branca com aroma cítrico, também conhecida como vinha da lua), a prímula (flor rosa-clara e branca), a trombeta-de-anjo (flor branca em forma de sino), o phlox noturno, o jasmim noturno, o cosmos branco e o estoque noturno. Outro arbusto perene muito conhecido é a dama-da-noite, que possui flores brancas que florescem tanto de dia quanto de noite, mas que libera seu aroma intenso principalmente à noite.

Experimente plantar algumas dessas flores ou visitar um jardim público que as tenha. Você pode até cultivar uma dessas dentro de casa, em uma floreira, debaixo da janela. Se não puder fazer isso, apenas enfeite seu altar ou mesa com uma flor branca bonita e a admire.

ATOS DE BONDADE
19 AGO

Provavelmente você já ouviu falar em "atos aleatórios de bondade", certo? Mas talvez não pense neles em termos de saúde mental. No entanto, estudos têm mostrado que realizar atos aleatórios de bondade, fazer algo de bom para outra pessoa de forma espontânea, sem esperar nada em troca, pode melhorar, e muito, o humor tanto da pessoa que dá quanto da que recebe.

Procuro fazer coisas boas para os outros sempre que posso, mesmo que seja algo tão trivial como um elogio ou deixar um carro cortar na minha frente no trânsito. Quanto pior é o meu dia, mais eu tento ser gentil com os outros.

Ora, o que tudo isso tem a ver com bruxaria? Nada e tudo. Às vezes, você não precisa realizar um feitiço ou fazer algo mágico para se sentir melhor. Você pode apenas se conectar ao seu Deus/Deusa interior e ser gentil. Em algum momento, isso voltará para você, mas, mesmo que não volte, tenho certeza de que os deuses irão aprovar.

Tente enviar uma boa energia para alguém que você conhece que esteja precisando, ou passe um dia se esforçando para ser gentil. Inspire-se na divindade em sua vida cotidiana e experimente uma nova forma de prática espiritual.

20 AGO
FEITIÇO PARA CLAREAR A MENTE

Há momentos em que pensar com um pouco mais de clareza seria de grande valia. Talvez estejamos lidando com uma situação confusa e precisamos de respostas. Ou há um problema com o qual estamos emocionalmente muito envolvidos para tomar decisões racionais.

Nesses momentos, um feitiço para clarear a mente pode ser útil. Talvez você já saiba a resposta que está procurando, e realizar este feitiço pode ajudar a fazê-la vir à tona. Ou se realmente precisa de auxílio e orientação, os deuses podem enviar um sinal, se você pedir.

Para fazer este feitiço, acenda uma vela branca ou amarela. Se quiser, passe um pouco de óleo essencial de alecrim na vela ou esfregue um raminho de alecrim fresco nas mãos e inale o aroma. Recite o feitiço, depois sente-se um momento e observe o que vem à sua mente. Se nada surgir de imediato, não desanime. Às vezes, essas coisas levam tempo:

> *Deus e Deusa, ouçam meu pedido,*
> *Enviem-me clareza,*
> *Ajudem-me a ver as respostas verdadeiras*
> *Para que eu saiba exatamente o que fazer.*
> *Guiem meu pensamento e minha ação,*
> *Enviem-me a clareza de que eu necessito.*
> *Assim seja.*

A COR LARANJA
21 AGO

A cor laranja pode não parecer particularmente bruxesca, exceto talvez no Halloween, mas ela é muito poderosa. O laranja está associado à coragem, à autoconfiança, à energia, à imaginação, ao entusiasmo, ao sucesso, à força de vontade e ao sol. Ou seja: uma cor e tanto.

Se você quer dar um impulso a qualquer uma dessas áreas, carregue uma pedra laranja, como a carneola (que pode variar de laranja a um tipo de marrom-avermelhado), o citrino escuro ou o âmbar (ambos vão do amarelo-claro ao laranja-escuro), a pedra do sol ou a calcita laranja. Algumas dessas pedras ficam lindas em joias, então você pode comprar ou confeccionar um acessório que traga energia e autoconfiança. Ou apenas use uma peça de roupa laranja quando precisar de um pouco do poder dessa cor.

22 AGO

DESCARTE O QUE VOCÊ NÃO QUER

Já falei sobre diferentes maneiras de integrar energia mágica em suas atividades diárias no banheiro, mas há uma técnica fácil que talvez você nunca tenha pensado em usar. Claro, você pode fazer magia usando seu chuveiro ou sua banheira, mas... e o seu vaso sanitário?

Pense só. O que o vaso faz? Ele descarta o que não serve mais. Então, se você quiser se livrar de algo, faça um feitiço de banimento complicado ou simplesmente escreva do que quer se livrar em um pedaço de papel higiênico (eu não usaria papel comum, a menos que você planeje rasgá-lo em pedacinhos muito pequenos) e dê a descarga.

Prontinho! Magia rápida e fácil no banheiro.

EU SOU SÁBIA
23 AGO

Costumamos não dar muito crédito à sabedoria que possuímos, seja ela adquirida por estudo, experiência ou pelo nosso bom senso.

Essa é uma afirmação simples para lembrar a si mesma que você é mais sábia do que pensa. Repita-a, sempre que necessário:

Eu sou sábia. Posso acessar minha sabedoria interior sempre que precisar e confiar em mim mesma para saber as respostas certas. Eu sou sábia.

24 AGO

RUNAS DE ARGILA

As runas são uma excelente forma de adivinhação. Elas são fáceis de usar e, na maioria das vezes, relativamente simples de interpretar, sobretudo se comparadas a outros métodos de adivinhação. Os conjuntos de runas em geral vêm com 24 ou 25 pedras (alguns incluem uma pedra em branco, conhecida como Wyrd, que significa "sem resposta agora") e podem ser encontrados em diversos materiais.

Tenho um conjunto lindo feito de vidro fundido, e existem outros maravilhosos feitos de pedras preciosas. Mas o meu favorito, e o que eu mais uso, é um conjunto simples de 25 pedras de argila, que eu mesma confeccionei, em um projeto do qual participei no meu primeiro coven.

Não é necessário ter um profissional com um forno especial para fazer o seu próprio conjunto. Você pode usar argila que seca sozinha ou argila de artesanato, que assa em um forno comum. As únicas ferramentas de que vai precisar são uma faca para cortar a argila e algum objeto pontiagudo para esculpir os símbolos das runas.

Abra a argila com as mãos ou com um rolo até que fique larga e espessa o suficiente para cortar as peças. (Tente cortá-las para que fiquem do mesmo tamanho.) Entalhe os símbolos das runas de um lado da argila e, se quiser, adicione algo decorativo no outro lado. Não se esqueça de que é a energia que você coloca nelas enquanto as cria que realmente torna o conjunto único e pessoal.

CÃES
25 AGO

Dizem que o cão é o "melhor amigo do homem", mas será que ele também pode ser o melhor amigo de uma bruxa? Sem a menor dúvida.

Embora bruxas geralmente sejam retratadas com gatos, tenho muitas amigas bruxas que possuem cães. Os cães são leais, fiéis, sinceros e amorosos, ou seja, têm tudo para se tornarem um familiar e tanto, se assim o desejarem. (Você logo vai saber, porque um familiar mostrará um interesse especial em sua prática mágica.)

Há uma série de deidades que tradicionalmente foram associadas aos cães. Então, se você for uma bruxa do tipo *dog person*, pode querer se conectar com Hécate, que costuma ser representada com cães pretos, com Diana, a Caçadora, que corria com seus cães, com Anúbis, e com as deidades celtas Cerridwen e Nuada.

Você não pode forçar um animal a ser um familiar, mas pode pedir bênçãos para um novo cachorro ou até para um (ou mais) que já tenha há algum tempo.

Sente-se com seu cão e concentre-se no quanto ele significa para você, então diga: "Diana, Deusa da Caça, por favor, cuide do meu cachorro [nome] e o mantenha seguro e saudável. Guie-me para ser a melhor companheira que eu posso ser, em amor e apreciação pelo presente que é este animal. Abençoe meu cachorro [nome]. Que assim seja".

26 AGO
CONVERSANDO COM A DEIDADE

Essa pode ser a forma mais eficaz de todas de "conectar-se com o invisível". Eu não sei você, mas eu converso com os deuses o tempo todo. Às vezes com deidades individuais, às vezes com várias, mas essa prática é uma constante.

E ainda assim, eu nunca vi uma deidade, exceto na minha mente, de modo que é difícil exemplificar, seja no meu primeiro ritual, seja nas sessões de meditação ou hipnoterapia.

Então, como eu sei que elas estão lá, me ouvindo? Eu simplesmente sei. É parte da minha prática e do sistema de crenças na bruxaria. E você, o que pensa? Você conversa com alguma deidade? Você as ouve falar de volta?

Na próxima vez que você tiver alguns momentos de paz e silêncio sozinha, seja em frente ao seu altar ou ao ar livre, sob o céu, tire um tempo para falar com Deus e/ou Deusas da maneira que sentir que é a mais certa para você. Você pode chamar uma deidade específica pelo nome, ou simplesmente falar em voz alta para o universo. Diga o que lhe vier à mente, do fundo do coração, e saiba que você será ouvida.

SALADA DE MILHO E TOMATE

27 AGO

Uma das minhas coisas favoritas nesta época do ano é a abundância de produtos frescos.

Esforce-se para criar pratos que aproveitem os ingredientes da estação na parte do país onde você vive. Onde eu moro, é época de colher milho e tomates, que são dois dos meus alimentos favoritos, já que eles nunca têm o mesmo sabor fora da temporada. Aqui está uma salada simples que usa ambos os ingredientes e é tão rápida e fácil, que você pode prepará-la em menos de cinco minutos.

Cozinhe 4 a 5 espigas de milho. (Você pode fazer isso com antecedência para dar tempo de esfriar.) Corte os grãos e coloque-os em uma tigela com 1 a 2 tomates, cortados em cubos pequenos. Adicione cerca de 120 g de queijo feta esfarelado. Se desejar, acrescente uma pitada de ervas picadas. Eu gosto de cebolinha e manjericão, mas você também pode usar salsinha, orégano ou a maioria das outras ervas. Misture tudo com 1/3 de xícara de azeite e 3 colheres de sopa de vinagre de maçã ou balsâmico, e tempere com sal e pimenta a gosto.

Se quiser dar um toque mágico à receita, descubra quais ervas funcionariam melhor para o seu objetivo. O milho está associado à proteção e à espiritualidade, e os tomates, à cura, ao amor, à proteção e à prosperidade.

28 AGO

CELESTITA

A celestita é um lindo cristal azul-claro que às vezes é associado à água em virtude da sua cor e da sua estrutura cristalina. É uma poderosa pedra de cura, que atua não apenas no corpo, mas também nas emoções, na saúde mental, nas questões espirituais e nos chacras da garganta, do terceiro olho e da coroa.

Ela pode ser usada para acalmar e trazer paz, equilíbrio e purificação, além de estimular a boa comunicação, remover a energia estagnada e limpar áreas de bloqueio no corpo e na aura.

Como o nome sugere, há aqueles que a associam com anjos, guias e espíritos, então é uma boa pedra para usar se você está tentando se comunicar com algum deles.

Pegue uma peça de celestita e segure-a sobre a cabeça. Visualize seu chacra da coroa (no topo da cabeça) abrindo e se purificando. Em seguida, mova a pedra para o meio da testa e visualize seu chacra do terceiro olho abrindo e se purificando. Segure-a na frente da garganta e faça a mesma coisa. Então diga: "Eu penso de forma clara. Eu falo de forma clara. Eu compreendo de forma clara".

Se precisar de mais calma e serenidade, carregue também uma peça de celestita com você ou posicione-a perto de onde costuma se sentar.

MAGIA DO ECLIPSE LUNAR

29 AGO

As bruxas adoram luas cheias. É fato. Então, quando há um eclipse em uma noite de lua cheia, é ainda mais mágico, especialmente porque eles não acontecem com muita frequência.

Os eclipses lunares ocorrem quando a lua entra na sombra da Terra. Eles só acontecem durante as luas cheias, sendo que os eclipses parciais ocorrem com mais frequência do que eclipses totais, que são bastante raros. Magicamente falando, são noites bastante poderosas, porque a lua parece passar por todo o seu ciclo de crescer e minguar em uma única noite. Mas até mesmo um eclipse parcial tem um toque extra de energia.

Algumas bruxas optam por não fazer nenhuma magia durante um eclipse, mas muitas gostam de fazer trabalhos mágicos para cura, crescimento, adivinhação ou adoração à Deusa. Eu, particularmente, gosto de fazer magias para mudança e transformação, já que parece que a lua está mudando e se transformando diante dos nossos olhos.

Na próxima vez que houver um eclipse lunar, tente observá-lo. Mesmo que não possa (eles costumam ocorrer em horários inconvenientes ou não podem ser vistos por todos, dependendo de onde você mora), veja se consegue perceber uma mudança na energia. Faça um pouco de magia para aproveitar a ocasião e preste atenção em como se sente.

30 AGO

FOGUEIRAS

Podemos associar fogueiras com a lua, já que é mais provável nos reunir em torno de uma fogueira à noite, embora, em muitas celebrações, elas representem o sol.

Vários sabás são festivais de fogo, como o Solstício de Verão e o Lughnasadh, em que o fogo tradicionalmente simboliza o sol e sua energia. Como não podemos capturar o próprio sol, acendemos uma fogueira para representá-lo.

Dançamos e cantamos ao redor de uma fogueira, e às vezes a pulamos (com cuidado) para obter prosperidade e abundância, especialmente no Beltane.

As fogueiras foram usadas em quase todas as culturas, porque o fogo é uma força poderosa. Se você quer se conectar com o elemento Fogo, estar ao lado de uma fogueira é uma ótima maneira de fazer isso. Há algo verdadeiramente mágico em estar ao ar livre sob o céu noturno e observar as chamas crepitarem enquanto as faíscas se erguem.

Se não puder ter uma fogueira em razão do espaço ou do clima, tente usar um prato grande à prova de fogo ou uma tigela cheia de areia com algumas velas pequenas. A luz bruxuleante pode lhe dar uma sensação parecida, e você ainda pode se conectar com a energia do sol e do fogo.

PAPEL DE DESEJOS VOADORES

31 AGO

Adoro fazer rituais em que você joga coisas no fogo para se livrar delas ou para enviar seus pedidos para o universo com a fumaça. No entanto, se não puder fazer uma fogueira ou um fogo para queimar coisas como parte do seu feitiço ou ritual, há outra opção.

Recentemente, um amigo me apresentou a um material chamado "Papel de Desejos Voadores". Você pode comprá-lo pela internet, se não estiver disponível em uma loja perto de você. Basicamente, você escreve algo num papelzinho, depois o enrola, posiciona-o na plataforma que vem com ele e acende uma das extremidades do tubinho. O papel queima em uma pequena chama controlada e, no final, levanta-se da plataforma e voa para longe, levando com ele seu desejo ou feitiço. Magia!

Só tome cuidado para fazer isso longe de produtos inflamáveis, embora ele seja realmente projetado para ser usado dentro de casa, então é um ótimo substituto para uma fogueira, quando você não pode estar ao ar livre. Além disso, é divertido! Experimente fazer isso sozinha ou acompanhada; ou então com seus filhos, se os tiver. Não se esqueça de fazer um pedido.

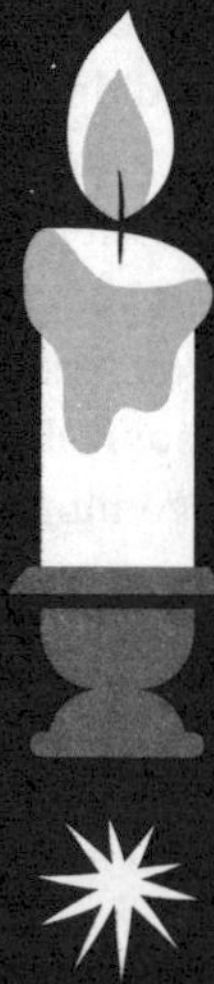

SETEMBRO
criação e fluidez

AVALIANDO SEU PROGRESSO

01 SET

À medida que o ano se aproxima do fim, que tal avaliar o progresso do seu projeto ou de qualquer meta importante que esteja buscando em sua vida?

Como estão as coisas? Você está progredindo do jeito que esperava? Se está, parabéns!

Congratule-se com um tapinha nas costas e continue trabalhando nisso. (Talvez depois dê uma pausa para um sorvete.)

Se você não está alcançando tudo o que esperava, ou se o progresso está avançando a passos de tartaruga, com muitos contratempos, tente fazer este feitiço para voltar nos trilhos.

Você não precisa de nada especial para realizá-lo, embora, se estiver acompanhando um projeto em um diário ou no seu Livro das Sombras, talvez queira revisar o que escreveu. Nesse caso, segure o livro enquanto recita o feitiço ou simplesmente concentre-se em sua meta:

> *Tenho metas e planos,*
> *Trabalho neles com essas duas mãos.*
> *Me esforço, luto e dou o melhor de mim,*
> *Mas ainda não consigo alcançar o resto.*
> *Deuses, me ajudem e me abençoem.*
> *Para que eu possa completar o sucesso.*

02 SET

TEMPERANÇA

No tarot, a carta da Temperança é uma carta interessante cujo significado nem sempre é tão óbvio em uma leitura quanto algumas das outras cartas. No deck tradicional Rider-Waite-Smith, há uma imagem de um anjo com um pé na terra e o outro na água, despejando líquido de um cálice a outro. No meu *Everyday Witch Tarot*, há uma carta que retrata uma bruxa em pé, na postura da árvore, do yoga, com uma mesa atrás dela repleta de alimentos saudáveis e de guloseimas.

Seja como for, a carta da Temperança fala sobre equilíbrio e harmonia. Seja você capaz de se apoiar em uma perna só ou vez ou outra filar um cupcake quando deveria estar de dieta, todos nós temos potencial para alcançar equilíbrio em nossa vida. Mantê-lo é quase impossível, é claro, mas se a Temperança surgir em uma leitura, há um indício de que vale a pena se esforçar um pouquinho mais.

Se você sente necessidade de ter mais equilíbrio, seja entre trabalho e diversão, saúde e prazer, ou em qualquer outra área da sua vida, tente contemplar a carta da Temperança de qualquer baralho que lhe agrade. Pense em tudo que está fora do eixo em sua vida e no que você poderia fazer para deixá-la mais harmoniosa. Então diga: "Temperança e equilíbrio, equilíbrio e controle. Com esta carta eu convoco esse poder para me tornar completa. Harmonia e coração feliz, hoje eu me empenho para estabelecer um começo".

LUA CHEIA DE SETEMBRO
03 SET

A lua cheia de setembro é mais conhecida como Lua da Colheita. Curiosamente, esse nome às vezes é usado em outubro também. A lua cheia que ocorre mais próxima do Equinócio de Outono (em torno de 21 de setembro) recebe esse nome, e em geral é a de setembro. Mas a cada três anos, mais ou menos, acontece de ser em outubro, e então essa é a Lua da Colheita. Embora, como eu disse antes, algumas pessoas igualmente usem esse nome para se referir à lua cheia de agosto.

A lua cheia de setembro às vezes é chamada também de Lua do Milho, época em que esse cereal costuma ser colhido no hemisfério norte. Celebre a data, comendo um pouco de milho fresco ou qualquer tipo de colheita local, se tiver acesso a um mercado de agricultores ou a uma mercearia. Ou apenas estoure pipoca e coma enquanto observa a lua cheia. Se quiser, faça um pedido a cada porção de milho que comer.

Se possui um jardim, ou até mesmo algumas ervas crescendo na floreira sob sua janela, tente colher algo esta noite enquanto a lua está no céu.

04 SET

ÍSIS

Ísis é uma deusa egípcia, considerada a rainha de todos os deuses dessa civilização. É a deusa do amor, da adivinhação, da magia, da colheita, da transformação e da cura, além de ser protetora do casamento, das mulheres e das crianças. Ela também é uma deusa lunar, retratada usando uma coroa com a imagem da lua entre dois chifres.

Associada ao Nilo, que inunda a cada primavera e transforma a terra enquanto também traz fertilidade e abundância, Ísis pode ser invocada para ajudar a trazer mudanças importantes para a sua vida quando você precisar delas. Ísis é uma das mais poderosas divindades de cura que reconstituíram o corpo de seu marido, Osíris, quando ele foi assassinado, então ela também é perfeita para trabalhos terapêuticos.

Para se conectar com Ísis, ore para ela em noite de lua cheia e peça sua ajuda para curar feridas físicas, mentais ou emocionais ou para fazer mudanças nas partes da sua vida que não estão dando certo para você agora, transformando as coisas negativas em algo positivo que vai alimentar seu espírito.

VELAS EM FRASCOS

05 SET

Frequentemente as bruxas usam velas para realizar rituais e feitiçaria e, em minhas instruções, eu sempre digo: "coloque-as em um prato à prova de fogo". Mas, na verdade, há outra opção que pode ser ao mesmo tempo prática e bonita: eu me refiro a velas em frascos.

Há alguns benefícios em usar velas em frascos ou em outros recipientes de vidro. Você não precisa se preocupar com o derretimento da cera, o que facilita a limpeza depois de terminar seu trabalho mágico. Elas são decorativas e práticas, então você pode deixá-las expostas em vez de jogá-las de volta em uma gaveta ou armário quando queimou parte delas.

Quando faço rituais de magia ao ar livre, gosto de queimar minhas velas de quarto e de divindades em recipientes de vidro bastante altos. Isso as torna menos propensas a se apagar com o vento. (Embora muitas vezes se apaguem de qualquer maneira. Lanternas de vidro estilo furacão são a melhor maneira de evitar isso, embora possam ser volumosas.)

Frascos de vidro podem ser reutilizados depois que uma vela se queimar ou reaproveitados para armazenar outras coisas. Eles também podem ser mais seguros para evitar que crianças e animais entrem em contato com o fogo.

Um projeto divertido consiste em pegar uma vela em um frasco de vidro e pintá-lo com tinta ou canetas marcadoras, decorando-o com símbolos mágicos ou temas sazonais.

06 SET
PEDRAS RÚNICAS: EXPERIMENTE UMA TÉCNICA DIFERENTE

De vez em quando, faz bem mudar sua rotina habitual. Isso se aplica também à prática da adivinhação. Mesmo se você encontrou uma técnica que parece funcionar, pode ser divertido adotar uma abordagem diferente.

Por exemplo, se você usa pedras rúnicas e geralmente deixa todas elas em uma bolsa e tira uma, tente dispor todas viradas para baixo em uma mesa, então escolha uma de forma aleatória. Ou se você quase sempre usa uma pedra rúnica, tente fazer uma leitura com três. Pode ser passado, presente, futuro, ou onde estive/onde estou/para onde vou, ou qualquer outro tipo de leitura.

Evite cair na rotina. Às vezes, praticar a adivinhação de um jeitinho diferente pode trazer resultados novos e interessantes, ou mostrar que o que você pensava que era a melhor abordagem para você, na verdade, não era.

Ou você pode apenas descobrir que estava certa o tempo todo. Ainda assim, vale a pena tentar.

SPRAYS ENERGIZANTES PARA O BANHO

07 SET

Você já acordou de manhã e sentiu que uma xícara de café simplesmente não seria suficiente para colocá-la em movimento? Uma boa dica é usar um spray mágico energizante para o banho para lhe dar um impulso extra.

Sprays para o banho são incrivelmente fáceis de fazer e usar. Este é o que tenho no meu chuveiro, porque tomo banho de manhã, mas se você toma banho à noite, pode usar o mesmo princípio para fazer um spray relaxante para usar antes de dormir, com diferentes óleos essenciais.

Para fazer um spray para o banho, você vai precisar de um borrifador, água, algumas gotas de álcool (você pode usar álcool isopropílico ou vodca) e alguns óleos essenciais. Para meu spray energizante, gosto de usar gerânio, que é um estimulante de humor; alecrim, que é bom para clarear as ideias; hortelã-pimenta, que é revigorante; e grapefruit, que é purificante. Todos eles possuem propriedades energizantes.

Você pode usar de cinco a oito gotas de cada óleo, dependendo de quanto você gosta de cada aroma e como eles se misturam. Coloque a água e o álcool no frasco, adicione os óleos essenciais e ajuste o aroma, de acordo com a sua preferência. Se quiser dar um impulso mágico adicional ao seu spray, abençoe-o, consagre-o ou faça um feitiço para colocar energia extra na mistura. Em seguida, basta borrifar um pouco na água do banho e respirar profundamente.

08 SET
CRIANDO UM TECIDO RITUAL

Seja para usar em um altar fixo ou apenas para delimitar o espaço disponível para realizar seus feitiços e rituais, é legal ter um tecido para pôr debaixo das suas ferramentas e suprimentos. Isso serve para delimitar seu espaço mágico e proteger a superfície contra gotejamento de cera, pedacinhos de sal marinho, ervas secas ou qualquer outra coisa que possa bagunçar seu espaço. Além disso, os tecidos são bonitos e deixam uma marca pessoal em sua magia.

Você também pode comprar um tecido ritual pronto para usar. Ou reaproveitar um lenço, uma toalha de mesa ou um guardanapo grande. Ou pode fazer o seu próprio tecido, o que é muito mais divertido. Encontre um pedaço que seja aproximadamente do tamanho que você deseja. Não há um tamanho certo, e realmente vai depender do espaço que você vai usar. Se não quiser costurar as bordas, use uma das coisas que mencionei antes e opte por um tecido simples que possa decorar.

Como você vai decorá-lo, fica a seu critério. Você pode usar canetas marcadoras ou tinta para tecido para desenhar símbolos ou figuras — pode até bordá-lo, se tiver habilidade. Também pode incluir miçangas, contas ou glitter (se não se ligar para a bagunça), ou qualquer outra coisa que lhe agrade. Quando terminar, você terá um tecido ritual único e personalizado, uma ferramenta mágica diferente de todas as outras.

VISUALIZE A CURA
09 SET

Mais cedo ou mais tarde, a maioria de nós terá de lidar com algum tipo de doença. Poderá ser algo crônico ou temporário, uma doença mais ou menos grave, leve ou fatal. De qualquer forma, questões de saúde podem realmente impactar nossa qualidade de vida.

Se você está enfrentando um problema de saúde, tente fazer esta meditação para obter cura. Como sempre, você pode lê-la em silêncio ou em voz alta, ou gravá-la no seu celular e reproduzi-la para que você possa realmente se concentrar. É agradável ter uma música tranquila tocando ao fundo.

Inspire e expire lentamente. À medida que respira, sinta seu corpo relaxar. Sinta a tensão deixar os dedos dos pés, as pernas, o quadril, o tronco. Sinta o relaxamento se espalhar até o peito, braços, ombros, pescoço e cabeça. Inspire. Expire. Imagine uma luz suave envolvendo seu corpo, brilhando com saúde e vitalidade. Ela começa a fluir pelos seus dedos dos pés, suas pernas, joelhos, coxas e quadril, trazendo cura e lavando a doença, a dor e o desequilíbrio. Imagine essa luz se movendo através do seu abdôme e barriga, subindo pelos seus dedos das mãos, que formigam, depois pelos seus braços, peito, ombros, pescoço e cabeça. À medida que ela penetra em sua cabeça, veja o brilho se intensificar, enviando luz curativa do topo do seu couro cabeludo até os seus dedos dos pés. Você e a luz curativa são uma só coisa. Você está se curando. Inspire e expire lentamente e volte a si renovada e mais forte.

10 SET

HENNA E TATUAGENS TEMPORÁRIAS

Muitas bruxas possuem uma ou várias tatuagens. Mas nem todo mundo quer algo permanente, ou talvez haja ocasiões em que você queira algo específico. É aí que entram a henna e as tatuagens temporárias.

Eu fiz minha primeira tatuagem de henna em uma feira medieval. Era uma espada desenhada no bíceps, que ficava à mostra junto com o meu corpete sem mangas. Isso me fez sentir poderosa e descolada. Tatuagens de henna podem ser grandes, pequenas e elas se apagam após alguns dias. Também possuo algumas tatuagens temporárias divertidas que uso em rituais, porque elas parecem mágicas — sóis, luas, dragões e coisas do tipo.

Existem muitas formas de decoração corporal não permanentes que podem realçar seu visual em uma ocasião especial, seja uma grande reunião de bruxas ou apenas uma lua cheia que você celebra sozinha e deseja fazer algo diferente. Pintar o rosto e o corpo são outra forma de arte provisória.

Na próxima vez que tiver um evento mágico, particular ou público, enfeite-se com henna, com uma tatuagem temporária ou com qualquer coisa que lhe agrade. Você pode escolher o desenho que quiser e nem precisa expô-lo, se não o desejar. Você vai saber que ele está lá, e só isso basta. Ou faça algo ousado e mostre para o mundo. Depende de você.

PÃO TRANÇADO DA DEUSA TRÍPLICE

11 SET

Eu fui criada com *challah*, um tipo de pão de ovo trançado e servido em várias festas judaicas. Na verdade, foi o primeiro pão que aprendi a fazer sozinha quando era criança. Hoje em dia, quando vejo pães trançados, penso neles como representantes da deusa tripla: donzela, mãe e anciã. Então, bolei uma pequena variação do pão tradicional que costumava fazer, que pode ser servido em qualquer festival da colheita ou como parte dos seus bolos e bebidas rituais.

Despeje numa tigela 1 pacote de fermento em pó em uma xícara de água morna e mexa até dissolver. Adicione 1 ½ colher de sopa de mel, 1 colher de chá de sal e três ovos batidos. Mexa tudo junto. Adicione devagar 3 ½ xícaras de farinha e misture até obter uma massa pegajosa. Polvilhe um pouco de farinha em uma superfície e amasse a mistura por cerca de cinco minutos, depois deixe descansar em uma tigela coberta com um pano por algumas horas.

Preaqueça o forno a 180ºC. Divida a massa em três porções iguais e as modele em um formato de cilindros longos. Una três extremidades em uma ponta, depois trance os cilindros, prendendo-os na outra extremidade. Bata uma gema de ovo e pincele o topo do pão, em seguida polvilhe uma porção com sementes de gergelim, outra, com sal marinho, e a terceira, com sementes de papoula. (Para suas deusas.) Asse por 35 a 45 minutos.

12 SET
LEITURAS DE DIA E NOITE

Aqui está outra prática de adivinhação simples, rápida e fácil. É especialmente útil se você mantém um diário para acompanhar os resultados ao longo do tempo, mas também é interessante fazer isso de vez em quando, ou todos os dias durante uma semana.

Seja qual for a ferramenta de adivinhação que você usa — tarot, oráculos, pedras rúnicas etc. —, faça uma leitura de uma carta/pedra pela manhã. Depois faça outra à noite. Veja se consegue detectar um padrão ao longo de alguns dias. E veja se a informação da manhã faz sentido no final do dia. Suas leituras noturnas refletem o dia que passou ou o que ainda está por vir? Elas parecem ser mais precisas em um momento do dia ou em outro?

Se puder, é uma boa ideia anotar essas informações para ver se há um padrão recorrente. Faça isso por uma semana ou um mês. Você aprendeu algo? (Está tudo bem se apenas se divertiu.)

ATERRAMENTO COM ROCHAS

13 SET

Pode ser difícil manter-se aterrado em um mundo cheio de barulho, caos e uma infinidade de aparelhos eletrônicos que desviam nosso foco do que é real. (Sim, eu também tenho essa dificuldade.) Felizmente, há uma maneira simples de se aterrar. Na verdade, é tão simples que nos esquecemos dela.

Segure uma rocha.

Sim, isso mesmo. Rochas estão repletas da essência do elemento Terra e, portanto, proporcionam um aterramento natural. Você pode usar um cristal (ônix preto, hematita, quartzo fumê, turmalina negra, jaspe vermelho e obsidiana negra são alguns dos meus favoritos para isso), ou pode encontrar uma pedra em seu jardim. Se realmente estiver precisando se aterrar, sente-se em uma colina rochosa (quanto mais antiga melhor).

Quando sentir a cabeça nas nuvens ou não conseguir se concentrar, reserve alguns minutos para segurar uma rocha nas mãos. Concentre-se no peso dela, na sensação entre seus dedos. Respire devagar e deixe a sólida calma da rocha penetrar lentamente em seu espírito. Então siga com o seu dia. Se sentir-se desaterrada for um problema constante, experimente guardar uma pedra no bolso, onde possa pegá-la e tocá-la ao longo do dia.

14 SET
PREPARANDO ÓLEOS MÁGICOS EM CASA

A maneira mais fácil de preparar óleos mágicos em casa é comprar óleos essenciais prontos que coadunem com os objetivos mágicos que você quiser e adicioná-los a um óleo-base. Mas e se você tiver um grande jardim de ervas e quiser usá-las? Ou quiser um projeto mágico que lembre as bruxas antigas, criando poções em seus enormes caldeirões?

Você pode fazer seus próprios óleos mágicos com o equivalente moderno: com uma panela de cozimento lento. Tudo o que você vai precisar é de cerca de 4 xícaras de ervas frescas, pétalas de flores ou cascas de cítricos e água suficiente para encher 3/4 da capacidade da sua panela. Coloque a água e as ervas lá dentro, certificando-se de que elas fiquem todas submersas, depois vire a tampa de cabeça para baixo para que o vapor condense e pingue de volta para a panela em vez de evaporar.

Deixe ferver por cerca de cinco horas, depois deixe esfriar e coloque a parte interna da panela na geladeira durante a noite. Pela manhã, retire os óleos da superfície, deixe-os amolecer em temperatura ambiente e coe qualquer material vegetal restante. Guarde seu óleo essencial caseiro em um frasco de vidro como está, ou misture com um óleo-base e crie seu óleo mágico imediatamente. Observe que os óleos caseiros feitos dessa forma não duram tanto quanto os comprados em loja.

UMA COISA BOA

15 SET

Todos nós passamos por períodos obscuros em que lutamos para ver uma luz no fim do túnel. Quando estou atravessando uma fase assim, algo bom a fazer é focar em pelo menos uma coisa agradável no dia. Pode ser algo pequeno como o ronronar de um gato ou um gesto gentil de um amigo. Uma flor bonita que floresce em um lugar inesperado. Um livro ou um programa de televisão que me faz rir. Apenas uma coisa boa para mostrar que o mundo ainda tem algo a oferecer e que faça me manter em movimento até as coisas melhorarem.

Se está com dificuldade de fazer isso, tente recitar esta oração/feitiço:

Deusa, ajude-me a ver o brilhante e o belo, o amável e o sábio, o engraçado e o doce. Ajude-me a encontrar uma coisa boa a cada dia até que eu me sinta melhor e possa ver quantas coisas boas existem no mundo.

16 SET
FEITIÇO PARA ENCONTRAR A PAZ

Vivemos em um mundo tumultuado, repleto de barulho, agitação e pessoas, que demandam coisas de nós no mesmo instante. Pode ser difícil encontrar paz nessas circunstâncias. Talvez você tenha tentado meditar, mas não consegue acalmar sua mente o suficiente para alcançar o estado mental adequado.

Se quer um pouco mais de paz em sua vida, tente recitar este feitiço. Acenda uma vela branca ou azul-clara e sente-se em um lugar tranquilo, olhando para ela enquanto o recita. Permaneça sentada e repita os dizeres sempre que necessário, com ou sem a vela. Você também pode escrevê-lo em um pedaço de papel e carregá-lo consigo como um lembrete:

> *Ó vasto e belo universo*
> *Por favor, envie-me paz,*
> *Acalme minha alma com o silêncio,*
> *Que ecoa entre as estrelas*
> *Ajude-me a deixar o estresse ir embora,*
> *Que ele escorra para o chão*
> *Um rio silencioso de tolices*
> *E abra espaço para a paz,*
> *Para o silêncio, para a calma, para o descanso.*
> *Universo, ajude-me a encontrar paz*
> *No meu coração e no meu espírito.*
> *Assim seja.*

COR-DE-ROSA
17 SET

Cor-de-rosa é uma cor silenciosamente poderosa, sobretudo em trabalhos mágicos. Ela pode variar desde um tom mais pálido, quase indistinguível do branco (como algumas pedras de quartzo rosa), até um fúcsia vivo e brilhante (como algumas rosas e peônias). O rosa está associado ao amor, à paz, à amizade, à calma, à primavera, à alegria, à harmonia e à compaixão.

Algumas das minhas pedras cor-de-rosa favoritas para usar em magia são o quartzo rosa, a rodonita, a rodocrosita rosa e a turmalina rosa. E, claro, muitas flores têm variações lindíssimas em rosa, perfeitas para enfeitar o altar ou para realizar rituais. Rosas cor-de-rosa são especialmente boas para trabalhos mágicos voltados para o amor ou amizade, embora os cravos sejam igualmente bonitos e, de modo geral, mais baratos.

Para atrair paz, arrume algumas flores cor-de-rosa em um lugar onde possa vê-las, segure uma pedra rosa e vista uma peça de roupa com algum detalhe em rosa, se tiver. Sim, roupas íntimas também valem. Assim como comer um cupcake com cobertura cor-de-rosa. Fica a dica.

18 SET — MAGIA COM ESPELHOS

Já comentei várias maneiras de fazer magia no banheiro, e este é um jeito ainda mais simples. Você pode fazê-la em um minuto ou dois sempre que estiver no banheiro, e só vai precisar de sua atenção plena.

Geralmente somos mais críticas com nós mesmas do que qualquer outra pessoa seria.

Nosso cabelo é muito cacheado, ou muito liso, ou não tem a cor certa. Nosso nariz é muito grande ou nossa boca é muito pequena. Você sabe como é. No entanto, as pessoas que nos amam muitas vezes veem algo muito diferente quando nos olham. Mesmo pessoas estranhas raramente nos veem de forma tão negativa quanto nos vemos.

Aqui está uma magia para acender nosso amor-próprio. Fique na frente de um espelho e tente aceitar e amar o que você vê, da mesma forma que aceitaria qualquer outra pessoa por quem sente carinho. Ame o que vê porque é você e porque você está bem do jeito que é. Lembre-se de que os deuses a criaram e, portanto, você é uma obra divina.

No início pode ser difícil, mas, com o tempo, você vai ver que é mais fácil gostar da sua imagem no espelho.

Se ajudar, acenda uma vela rosa ou branca e olhe-se no espelho apenas com essa luz. Ou desenhe com o dedo um coração no espelho do banheiro, com o vapor desprendido após um banho quente, ou com algo que possa ser facilmente apagado depois. Então diga: "A Deusa me ama e me aceita exatamente como eu sou. Eu sou a Deusa e, portanto, eu me aceito e me amo. Assim seja".

DRAGÕES
19 SET

Dragões são comuns na mitologia de quase todas as culturas do mundo, embora possam assumir formas diferentes. A maioria de nós está familiarizada com o tipo europeu, que possui asas e cospe fogo, embora os dragões asiáticos sejam mais semelhantes a grandes serpentes. Independentemente de sua aparência, dragões são símbolos mágicos poderosos, ao mesmo tempo respeitados e temidos.

São associados à sabedoria, à longevidade, à força, à proteção e à riqueza. Como criaturas elementais, despertam algo profundo em nossa essência, fazendo-nos acreditar em mitos e magias.

Para se conectar com a energia de um dragão, monte uma pequena pilha de pedras, moedas ou qualquer objeto que simbolize um tesouro precioso. Ofereça compartilhá-lo com o dragão em troca de sua força e sabedoria. Acenda uma vela vermelha e recite: "Poderoso dragão, ajude-me a ser sábio e forte. Conceda-me sua vitalidade e permita-me acumular ainda mais prosperidade para compartilhar com você". Coloque essa oferenda em seu altar ou em um local seguro, deixe-a ali por algum tempo e observe o que acontece.

20 SET
HÉSTIA

Héstia é uma deusa grega relativamente menor, mas não cometa o erro de pensar que isso significa que ela não é importante. Héstia é a deusa da lareira e do lar. Em tempos antigos, a maioria das pessoas tinha um altar para ela em casa, onde deixavam oferendas, pedindo paz e proteção.

Quem de nós não gostaria de ter isso em nossa casa?

À medida que as noites ficam mais frias e permanecemos mais tempo dentro de casa, nossa atenção se volta mais para dentro. Este é o momento perfeito para montar um pequeno altar para Héstia. Se possível, deixe-o em um dos principais espaços de convivência da sua casa, como a sala de estar ou a cozinha.

Como ela é a deusa do fogo em nossos lares, coloque uma vela sobre um prato forrado com um pano bonito e, sempre que possível, deixe uma oferenda de comida ou flores, ou use um caldeirão em miniatura para representá-la, em um cantinho da sua cozinha. Quando a vida fica agitada ou há tensão na casa, deposite um pequeno presente em seu altar e diga: "Gentil Héstia, por favor, traga paz e harmonia para este lar. Mantenha todos dentro dele seguros e nos envie suas bênçãos".

EQUINÓCIO DE OUTONO

21 SET

O Equinócio de Outono, também conhecido como Mabon, ocorre em torno do dia 21 de setembro no hemisfério norte. É o segundo dos três festivais da colheita na Roda do Ano e, assim como o Equinócio de Primavera, é outro momento do ano em que o dia e a noite têm a mesma duração.

O Equinócio de Outono é um período de celebração e fartura. É uma boa época para magias voltadas para o equilíbrio ou para expressar gratidão pelas colheitas que recebemos durante o ano. Experimente preparar uma refeição com alimentos sazonais cultivados localmente ou pelo menos com aqueles que fazem parte da estação nessa época do ano. E não se esqueça de agradecer as colheitas, tanto em sentido literal quanto figurado.

Para realizar um minirritual de equilíbrio, use uma vela preta e uma branca. Amarre um laço branco ou um pedaço de cordão na base da vela preta e um preto na base da vela branca. Acenda ambas as velas e diga: "Neste Equinócio de Outono, peço mais equilíbrio para a minha vida. Que eu lembre de focar tanto na luz quanto na escuridão, e equilibrar trabalho com descanso e diversão. Ajude-me a manter a saúde da minha mente, corpo e espírito, e a manter o equilíbrio em todas as coisas. Assim seja". Deixe as velas queimarem ao máximo e acenda-as novamente sempre que sentir necessidade de se reequilibrar.

22 SET

EU MEREÇO SER SAUDÁVEL

Às vezes, somos nossos próprios inimigos. É uma dura constatação, mas é verdade. Muitas vezes nos sabotamos, sem termos a intenção de fazê-lo. Se não acreditamos que merecemos ser felizes, acabamos boicotando o que nos traria felicidade. E se não acreditamos que merecemos ser saudáveis, podemos inconscientemente atrapalhar nossa própria cura.

Se você está enfrentando problemas de saúde, diga esta frase com firmeza e faça o possível para acreditar nela: "Eu mereço ser saudável. Sou digna de ser curada. Já estou em minha jornada rumo ao bem-estar, porque eu mereço ser saudável".

ABENÇOAR E CONSAGRAR

23 SET

Costumo falar de abençoar e consagrar seus instrumentos de bruxaria, mas o que isso significa e como fazê-lo?

Abençoar e consagrar objetos para o uso mágico significa pedir a bênção e outros poderes da divindade para torná-los mais poderosos e sagrados. Não que esses itens não possam ser usados para feitiços e rituais sem que isso seja feito, mas esse procedimento lhes confere um poder extra, por assim dizer.

Quais ferramentas você deseja abençoar e consagrar? Qualquer coisa que você use com frequência: atames, varinhas, bastões, vassouras, pedras etc.. Além disso, se você estiver fazendo um item específico para um feitiço, como um óleo mágico ou uma vela que você esculpiu e ungiu, você pode consagrá-lo também.

Experimente fazer isso com uma nova ferramenta ou qualquer coisa que você gostaria de dedicar à magia.

Polvilhe-a com um pouco de sal marinho e diga: "Eu a abençoo e a consagro com o poder da terra". Polvilhe-a com um pouco de água e diga: "Eu a abençoo e a consagro com o poder da água". Deixe a fumaça de incenso ou algumas ervas sagradas a envolverem e diga: "Eu a abençoo e a consagro com o poder do ar". Segure-a sobre uma vela acesa e diga: "Eu a abençoo e a consagro com o poder do fogo". Segure-a e diga: "Peço ao Deus e à Deusa que abençoem este (instrumento) para práticas do bem. Assim seja".

24 SET

((◖●◗))
BETERRABAS ASSADAS COM LARANJA

Se você quer um prato festivo simples para servir em um banquete de colheita ou apenas uma maneira de incluir alimentos sazonais em suas refeições diárias, experimente fazer esta receita simples de beterraba. Por serem vegetais de raiz, carregam a energia da terra e sua cor roxa acrescenta um toque mágico à mesa. Elas também são fáceis de preparar, especialmente se você comprar as de cascas finas que não precisam ser descascadas. Caso contrário, basta esfregá-las levemente e descascar as bordas externas.

Corte as beterrabas em fatias relativamente finas e as arrume em camadas em uma assadeira que possa ir ao forno. Se desejar, adicione algumas fatias finas de cebola, outro vegetal de raiz. Esprema o suco de duas laranjas (cerca de meia xícara), acrescente raspas de uma delas e despeje sobre as beterrabas. Tempere a gosto com sal e pimenta. Eu gosto de adicionar alguns raminhos de tomilho ou alecrim para obter uma energia extra de proteção. Asse por uma hora a 175°C.

FEITIÇO PARA AUMENTAR A CRIATIVIDADE

25 SET

A maioria de nós realiza alguma atividade criativa, seja como profissão, hobby ou apenas para aliviar o estresse. Idealmente, o que você faz é gratificante e renova sua criatividade, mas, às vezes, perdemos o ritmo ou nos deparamos com bloqueios em nossos projetos. Se estiver acontecendo isso com você ou se apenas deseja aumentar sua criatividade, experimente fazer este feitiço.

Se quiser, acenda uma vela laranja, vermelha ou amarela e segure um símbolo que represente a atividade criativa que você realiza ou gostaria de realizar:

> *Deus e Deusa, me enviem*
> *Uma faísca divina de criatividade*
> *Acendam a chama que alimenta o fogo,*
> *E aumentem o talento que desejo*
> *Habilidade ou dádiva, trabalho ou diversão.*
> *Deixe a criatividade fluir livremente.*

26 SET

((🌑))
BONECAS DE MILHO

A boneca de milho é um artesanato tradicional, muitas vezes confeccionado durante a época da colheita, quando o milho é abundante. Elas podem ser usadas como parte de um ritual de Mabon (Equinócio de Outono), ou em trabalhos mágicos aleatórios. Essas bonecas celebram o milho e outros grãos, além de simbolizarem a colheita de modo geral e o sacrifício associado ao árduo trabalho de cultivar alimentos. Podem ser feitas para fins decorativos ou com a intenção de serem lançadas numa fogueira – o esforço colocado na criação depende do propósito.

Para confeccioná-las, você só vai precisar das folhas verdes de uma espiga de milho, um pouco de barbante ou cordão, algo para servir de recheio para a cabeça da boneca, como papel ou algodão, uma caneta marcadora (se desejar) e quaisquer itens decorativos, como flores, ervas ou até bolotas. As decorações podem ser fixadas com linha ou cola, mas evite o uso de cola se você pretende queimar sua boneca.

Dobre as folhas de milho sobre o material de enchimento para formar a cabeça e amarre um pedaço de barbante ao redor da área do pescoço. Deixe as folhas soltas abaixo para fazer a saia. Use as folhas mais molinhas para amarrar em torno do corpo e formar os braços, fazendo um movimento de "8" com o barbante. Se quiser, desenhe um rosto ou enfeite a boneca com outras coisas. Também é possível inserir um feitiço ou desejo dentro do saiotinho dela para ser queimado na fogueira.

COMO VOCÊ MANIFESTA SUAS CRENÇAS NO MUNDO?

27 SET

Todos temos crenças espirituais que são importantes para nós, embora elas possam variar de pessoa para pessoa e de bruxa para bruxa. O que realmente importa é como você manifesta essas crenças, não apenas dentro do círculo ou durante a prática de magia, mas também no seu dia a dia.

Pergunte a si mesma: como manifesto meu espírito mágico no meu cotidiano?

Se essa é uma reflexão que você ainda não fez, agora pode ser um bom momento para fazê-la. Escreva uma lista com cinco coisas que você faz, pelo menos em parte, como forma de viver de acordo com suas crenças.

Por exemplo, tento agir em harmonia com a Mãe Terra porque acredito que não somos donos dela e ela deve ser tratada com respeito. Por isso, reciclo, faço compostagem e dirijo um carro eficiente em termos de energia. Também acredito que todos nós, habitantes deste planeta, estamos conectados, então alimentar os pássaros é, para mim, uma prática espiritual. Aprendi com minha primeira alta sacerdotisa que devemos cuidar das nossas palavras, pois elas têm poder. Por isso, evito mentir ou dizer algo intencionalmente cruel. Esses são apenas alguns exemplos que trago para vocês.

Agora, em seu diário ou em um pedaço de papel, escreva sua própria lista e reflita sobre o que mais você poderia fazer para manifestar suas crenças de um jeito concreto no seu cotidiano.

28 SET

DEUSAS DA LUA

Se você quer aprofundar sua conexão com o ciclo lunar, uma das melhores maneiras de fazer isso é conhecer melhor algumas deusas da lua. Isso é bastante fácil, já que a maioria das culturas as possui (prova de que a lua sempre foi importante em uma jornada espiritual).

Você pode começar com algumas das deusas mais conhecidas que estão fortemente associadas à lua, como Ártemis, Cerridwen, Diana, Inanna, Ísis, Luna, Rhiannon e Selene. Mas há muitas outras para explorar. Você não precisa se limitar à lua cheia. Deusas da lua podem ser adoradas em qualquer momento do mês, e algumas delas, como Hécate, estão especificamente associadas à lua escura, em vez da lua cheia.

Também é interessante montar um altar dedicado às deusas lunares, com símbolos da lua em suas muitas fases, e se conectar a uma deusa diferente a cada mês. Não importa como você faça isso, certamente a ajudará a expandir sua prática de bruxaria. Escolha a deusa que mais lhe agrada e comece a conversar com ela quando sentir que é o momento certo.

PÔR DO SOL
29 SET

A conexão com a lua é uma parte importante da prática mágica, mas a ligação com o sol também é primordial. Afinal, sua luz traz vida, nutrindo plantas e árvores.

Uma ótima maneira de se conectar com o sol é observar os poentes. Muitas pessoas não querem acordar cedo para ver o sol nascer, mas quase todos nós estamos acordados quando ele se põe. Fique atenta ao horário em que o sol vai se pôr, já que o horário muda ao longo do ano, e reserve alguns momentos para observá-lo, em silêncio.

Ocasionalmente, você poderá ser recompensada com um espetáculo incrível. Mesmo que não seja o caso, você estará sintonizada na transição do dia para a noite. Experimente fazer isso por algumas noites seguidas e fortaleça sua conexão não apenas com o sol, mas também com as energias cambiantes do dia.

30 SET

PEDRA DA LUA

A pedra da lua é uma forma de feldspato que há muito está associada à lua e à deusa, daí seu nome. Sua qualidade opalescente particular reflete o brilho da lua, e acredita-se que ela seja especialmente poderosa em noite de lua cheia.

A pedra da lua existe em várias cores, embora a branca seja a mais comum. Também pode ser encontrada nas cores azul, verde, pêssego, cinza e, minha favorita, nas tonalidades do arco-íris, que sempre me parece a forma mais mágica, pois combina os poderes de todas as demais. A pedra da lua é usada para qualquer magia relacionada à Deusa, ao amor (tanto para atrair novos amores quanto para curar problemas em relacionamentos já existentes), ao sono, à habilidade sensitiva, à proteção e à beleza.

Muitas bruxas gostam de usar joias que contêm a pedra da lua montada em prata. Você pode tentar encontrar um colar, anel ou bracelete que lhe agrade, ou simplesmente obter um bom pedaço da pedra e usá-lo enquanto faz seus rituais. Se adquirir uma pedra da lua ou uma peça de joalheria mágica especial com pedra da lua, consagre-a em uma noite de lua cheia e dedique-a à deusa lunar da sua preferência.

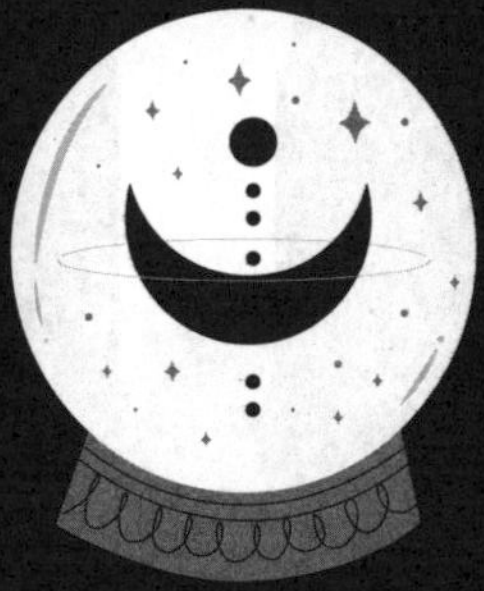

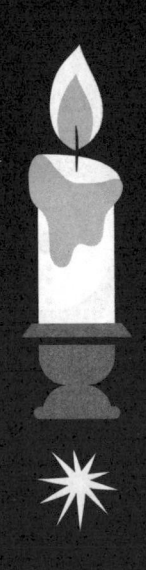

OUTUBRO
encontros e caminhos

LEITURA DAS FOLHAS DE CHÁ

01 OUT

Uma antiga forma de prática sensitiva é a leitura das folhas de chá, também conhecida como tasseografia. Essa técnica também pode ser feita com borra de café ou sedimentos de vinho depositados no fundo de um copo.

A prática talvez tenha se originado com os povos romani, que muito provavelmente a espalharam pelas regiões por onde passaram. Hoje em dia, qualquer pessoa com o dom pode praticá-la. Eu admito que, embora trabalhe profissionalmente com tarot e utilize com frequência cartas oraculares, pedras rúnicas e outras formas de adivinhação, quando olho para as folhas de chá, tudo o que vejo são... folhas de chá umedecidas. Mas, para quem domina essa técnica, trata-se de uma prática simples e acessível, que requer apenas uma xícara de água quente, algumas folhas de chá e uma mente aberta.

Para ler as folhas, coloque-as, soltas, em uma xícara, e despeje água quente sobre elas (as folhas não podem estar em saquinhos ou infusores). Depois que a pessoa para quem as folhas estão sendo lidas beber o chá, deve girar o líquido restante, que normalmente é despejado em um pires. Quem faz a leitura então observa as folhas no fundo da xícara, em busca de padrões que possam sugerir respostas — como corações ou outros símbolos.

Faça uma xícara de chá hoje e experimente fazer uma leitura. Você pode descobrir que possui esse dom.

02 OUT
CULTO À DEUSA

Uma das coisas que diferencia a bruxaria da maioria das outras religiões tradicionais é a crença em uma Deusa, em vez de apenas em um Deus. Nem todos acreditam na mesma Deusa, é claro, mas não acho que já conheci uma bruxa que não acreditasse em alguma forma de energia divina feminina.

Para muitos, o culto à Deusa é uma parte importante do que nos atraiu para esse caminho, seja adorando uma deusa em particular, seja adorando a Deusa de modo geral, ou múltiplas deusas e deuses. Você pode ser uma bruxa se não acreditar na Deusa de alguma forma? Talvez. Mas, para mim, pelo menos, não seria a mesma coisa.

Passe um tempo hoje conectando-se com a Deusa, da maneira como ela se manifesta para você, e agradeça a presença dela em sua vida.

LUA CHEIA DE OUTUBRO
03 OUT

O nome mais comum para a lua cheia de outubro é Lua dos Caçadores. As razões para isso são óbvias. Nessa época do ano no hemisfério norte, com o inverno se aproximando rapidamente, as pessoas saíam para caçar o que as ajudaria a sobreviver durante o inverno.

A cada três anos, ela também é chamada de Lua da Colheita, porque é a lua cheia que ocorre mais próxima do Equinócio de Outono. A colheita, na verdade, ainda está em andamento no início de outubro, embora esteja diminuindo e limitada a culturas resistentes ao frio, como vegetais de raiz que sobrevivem porque estão debaixo da terra.

Às vezes, essa lua também é chamada de Lua das Folhas Caídas ou Lua do Congelamento, provavelmente porque a primeira geada pode ocorrer durante esse mês.

Se você fosse dar um nome à lua cheia de outubro baseado no que está acontecendo onde você mora, como a chamaria? Saia na noite de lua cheia deste ano e pense no que você acha que é o melhor nome para ela na sua parte do país. Ou invente o seu próprio nome; afinal, a escolha é sua.

04 OUT

HERNE

Herne é um deus incomum, pois suas origens remontam a uma lenda popular da região de Berkshire, Inglaterra. Acredita-se que ele seja um desdobramento do deus celta Cernunnos, que é retratado como um Deus com Chifres, associado ao mundo natural e a todas as criaturas que nele vivem.

Herne está ligado às caças selvagens. Ele cavalga à frente de uma horda de fantasmas montado em um cavalo preto, carregando um enorme arco, acompanhado de cães que uivam ao som do chifre que Herne toca. Frequentemente é representado por um conjunto de enormes galhadas de cervo e é considerado o mestre de todos os animais de caça selvagem.

Eu vejo Herne como o lado mais selvagem da natureza: indomável e cheio de energia perigosa, bem como de beleza. Se você o invocar, faça-o com respeito, mas, se abordado corretamente, ele pode lhe emprestar parte do seu poder e vitalidade e ajudá-la a se conectar com o mundo natural. Em uma noite de tempestade, acenda uma vela preta, estenda a mão para a natureza selvagem e veja se você consegue sentir a presença de Herne. Então diga: "Poderoso caçador, eu o invoco esta noite e digo seu nome em voz alta, para que você possa me ouvir sobre a tempestade. Herne, eu o invoco para me enviar sua força e poder e para me ajudar a me conectar com a porção selvagem que existe fora e dentro de mim".

CERA DE ABELHA
05 OUT

A maioria das velas que usamos, tanto para rituais quanto para decoração, é feita de parafina. O problema com a parafina é que ela é um derivado do petróleo e, portanto, não só não é muito natural, mas também libera certos compostos insalubres no ambiente. Além disso, muitas velas contêm óleos perfumados, que também são artificiais e podem causar reações alérgicas em pessoas sensíveis.

Se algum desses aspectos for um problema para você, ou se quiser velas especiais para um feitiço particularmente importante, experimente usar velas de cera de abelha. Como o nome sugere, essas velas são feitas com a cera produzida pelas abelhas e são completamente naturais. Quando queimadas, têm um leve aroma de mel e, na verdade, emitem íons negativos, que ajudam a limpar o ar. Elas queimam por mais tempo do que as velas de parafina e não estragam quando armazenadas.

A cera de abelha é um recurso renovável, e as abelhas estão associadas à Deusa e são consideradas sagradas. Velas de cera de abelha podem ser mais caras, mas vale a pena trocar algumas de suas velas de parafina normais para ver se você acha que a diferença compensa. Experimente queimar uma vela de cera de abelha e uma de parafina para o mesmo feitiço. A cera de abelha faz o feitiço parecer mais poderoso, ou faz você se sentir mais bruxa? Você consegue sentir a energia das abelhas?

06 OUT

ABRINDO-SE AO ESPÍRITO

Pode parecer simplista, mas se você quer aproveitar ao máximo o caminho espiritual que escolheu, seja ele qual for, é preciso estar aberta ao espírito. E isso pode ser mais difícil do que parece.

Vivemos em um mundo cético. Todos os dias, somos confrontadas com motivos para não acreditar nas coisas. É difícil acreditar no que está bem diante de nós, quanto mais em ideias e conceitos que não podem ser vistos.

E, no entanto, é disso que se trata um caminho espiritual: abrir-se para o espírito, independentemente da forma como ele se apresenta. Acreditar, aceitar e até mesmo abraçar o que vai além do óbvio. Não há problema em lutar com isso — talvez mais em alguns dias do que em outros. Também não há problema em se entregar à fé e ouvir aquela voz interior que diz que isso, mais do que qualquer outra coisa, é real.

Você está se abrindo para o espírito? Está permitindo que entre em você aquilo que pode expandir seus limites, sua mente, seu coração e sua alma? Se sim, você é abençoado. Se não, talvez agora seja a hora de tentar.

Acenda uma vela branca em um ambiente tranquilo e sente-se em silêncio por algum tempo. Não tente fazer nada mágico nem invoque uma divindade. Apenas se abra para a possibilidade de que alguma sabedoria interna ou externa esteja tentando se manifestar e veja se alguma coisa chega até você.

A SACERDOTISA

07 OUT

A Sacerdotisa é uma das minhas cartas favoritas do tarot, e acho que não estou sozinha em minha predileção. Muitas bruxas que conheço sentem-se atraídas por essa carta e acreditam que ela as representa, pelo menos em alguns momentos. A Sacerdotisa simboliza o conhecimento, tanto o oculto quanto o mundano. Ela nos lembra da importância de buscar sabedoria no mundo que nos rodeia, mas também de confiar na nossa intuição e escutar a nossa voz interior.

Se essa carta aparecer em uma leitura, pode indicar a presença de uma fonte de sabedoria, como um professor ou um guia espiritual, ou sugerir que as respostas que você procura estão dentro de você mesma. Caso esteja refletindo sobre uma questão importante, experimente colocar a carta da Sacerdotisa em seu altar, se tiver um, ou em um lugar onde possa vê-la com frequência. Talvez ela a guie na direção certa.

08 OUT — ATRIBUINDO INTENÇÃO A JOIAS MÁGICAS

Muitas bruxas usam algum tipo de joia que simboliza sua prática mágica. Colares, braceletes, brincos ou anéis, contendo pentagramas, luas, pontas de cristal ou figuras de Deusas, entre outras coisas.

Mas há uma diferença entre joias que mostram quem você é e joias mágicas que servem a um propósito, além de serem decorativas. Não que haja algo de errado com joias somente decorativas. Elas são legais e bonitas. Apenas não são mágicas.

Se uma joia for usada para magia, primeiro você deve atribuir um propósito a ela. Eu confeccionei joias com pedras preciosas por mais de trinta anos e às vezes fiz colares especificamente projetados para atrair prosperidade ou cura, ou dar proteção ao usuário. Eu usei pedras preciosas especificamente associadas ao objetivo e concentrei minhas intenções enquanto passava cada conta.

Mas você não precisa confeccionar você mesma uma joia para atribuir uma intenção mágica a ela. Você pode usá-la como o ponto focal de um feitiço ou simplesmente abençoá-la e consagrá-la para uso mágico, sendo específica em seu propósito ao fazê-lo.

Se quiser consagrar um colar para atrair prosperidade, por exemplo, escolha um com pedras associadas à prosperidade (a maioria das pedras preciosas verdes), unte-o com um óleo mágico para trazer dinheiro e o abençoe para esse fim.

ARTE COM FOLHAS
09 OUT

Em muitos lugares no hemisfério norte, esta é a época do ano em que as folhas caem. Este é um projeto de arte simples e ainda verdadeiramente mágico que você pode fazer com apenas alguns materiais e algumas folhas fornecidas pela Mãe Natureza. Como bônus, é uma ótima atividade para compartilhar com seus filhos, se estiver criando-os em um caminho de magia ou não.

Você só vai precisar de algumas folhas, um pouco de papel branco para desenho ou papel de construção de qualidade, giz de cera e tintas guache.

Corte o papel em quadrados pequenos, com cerca de 12,7 cm por 12,7 cm. (Se quiser realmente ser criativo, faça várias folhas em um pedaço de papel maior. Isso é arte — não há regras.) Retire a embalagem dos gizes de cera e pegue um pequeno copo d'água para usar com as tintas guache.

Coloque uma folha sob um quadrado de papel e esfregue um giz de cera sobre ela, usando o lado do giz em vez da ponta. A folha vai aparecer como que por mágica! Em seguida, use a tinta guache para pintar dentro da folha, e uma cor diferente para pintar ao redor dela. Geralmente, funciona melhor usar um giz de cera escuro e uma tinta mais clara para preencher, mas isso é arte, então você pode fazer o que o seu coração desejar.

Você acabou de criar sua própria peça de arte e capturou a essência do outono ao mesmo tempo. Quão mágico é isso?

10 OUT

FAZENDO UMA GARRAFA DE BRUXA

Nos tempos sombrios de outrora, uma garrafa de bruxa era algo que as pessoas faziam para se proteger das bruxas. Hoje em dia, é um artesanato simples que as bruxas usam como forma de magia de proteção, geralmente para suas casas.

Você só vai precisar de alguns itens básicos: um pote pequeno ou uma garrafa de vidro com tampa ou rolha; alguns alfinetes (eles servem para perfurar o mal enquanto ele tenta entrar); ervas secas, como manjericão, alecrim e/ou zimbro; um dente de alho; e uma ágata vermelha ou outra pedra de proteção. Se quiser deixar ainda mais especial, escreva um feitiço e o enfie dentro da garrafa, depois a sele com cera.

Coloque todos os itens no pote, com calma e atenção, depois o feche. Visualize-o protegendo sua casa, capturando e expulsando qualquer energia negativa que tente entrar, então recite o seguinte feitiço: "Faço esta garrafa, cheia de poder, para proteger minha casa a partir de agora".

Quando comprei minha casa, fiz uma garrafa de bruxa e a enterrei no chão, em frente à porta de entrada, debaixo do tapete. Ao que tudo indica, ela ainda está lá. Se não puder fazer isso, esconda a garrafa perto da porta, em algum lugar onde ela não possa ser vista.

ABRAÇANDO UMA ÁRVORE

11 OUT

Pode parecer bobo, eu sei. Na verdade, "abraçador de árvores" é usado como um insulto, principalmente por aqueles que não entendem a importância de se conectar com a natureza. Mas as árvores são reservatórios incríveis de energia e força vital, e acho que há momentos em que todos nós poderíamos nos beneficiar ao sair e abraçar uma árvore.

Tudo bem, você não precisa necessariamente envolver seus braços em torno de uma árvore e abraçá-la (embora eu não vá julgar se o fizer). Mas se estiver se sentindo estressado, esgotado, exausto ou apenas sobrecarregado pelo mundo ao seu redor, saia e passe um tempo com uma árvore.

Sente-se no chão, encoste-se no tronco ou pouse ambas as mãos sobre ele, abrindo-se para sua energia. Ou, sim, abrace-o e simplesmente fique ali por um minuto.

Você pode se surpreender como vai se sentir bem melhor.

12 OUT
EXPERIMENTANDO PEDRAS DIFERENTES

Tenho várias pedras favoritas que são minhas pedras preciosas habituais para práticas mágicas: quartzo cristal, quartzo rosa, ônix preto, ametista etc. Mas, de vez em quando, gosto de incluir algo novo, geralmente quando visito expositores em uma convenção pagã ou em uma loja que tem muitos cristais.

Pode ser interessante explorar pedras que são menos usadas. Encontrei algumas que possuem uma energia realmente fabulosa. Por exemplo, a celestita, um lindo cristal azul-claro, ótimo para curar e acalmar, e a lepidolita, uma bela pedra roxa, às vezes salpicada com mica, que é curativa, mas também bastante útil para momentos de mudança e transição. Conheci a lepidolita durante um desses períodos e não consegui entender por que me senti tão atraída por ela até que me contaram a respeito. Então fez todo sentido.

Pode ser confortável usar os mesmos suprimentos e ferramentas com os quais estamos acostumados, mas pode valer a pena experimentar pedras diferentes das que costumamos usar. Sempre poderá haver alguma que passe a ser uma das favoritas na sua lista. Você tem se sentido atraída por alguma pedra desconhecida recentemente? Ou anda sentindo que precisa de algo a mais que os cristais que você já possui não oferecem? Talvez seja hora de pesquisar.

INFUSÕES AROMÁTICAS DE FOGÃO
13 OUT

Se você quer experimentar uma maneira diferente de integrar a magia das ervas ao seu dia a dia, pode tentar uma infusão aromática de fogão.

Já falamos sobre o uso da fumaça de várias ervas sagradas durante rituais, mas uma ótima alternativa, que pode ser usada por períodos mais longos, é a infusão aromática de fogão. Uma amiga bruxa recentemente me presenteou com duas delas, e são maravilhosas. Uma era para aumentar a força e a confiança, e a outra, para obter proteção e liberar as energias negativas.

As infusões aromáticas de fogão são incrivelmente fáceis de usar. Basta adicionar os ingredientes a uma panela com água no fogão, deixar ferver e, em seguida, baixar o fogo para uma leve infusão. Imagino que uma panela elétrica também funcionaria, se você deixar a tampa aberta, o que exigiria menos atenção. As infusões enchem a casa com um aroma agradável enquanto espalham energias benéficas.

Tente usar alguns ingredientes que você já tenha em sua cozinha ou em seus suprimentos mágicos. Para purificação e limpeza, faça uma infusão usando uma laranja e um limão lavados e fatiados (com a casca, pois é onde está a maior parte dos óleos essenciais), um pau de canela, um ou dois ramos de alecrim, algumas estrelas de anis e cravos e algumas folhas de sálvia. Fique à vontade para acrescentar qualquer outro ingrediente que parecer certo para você. Também é possível colocar os ingredientes soltos em uma panela com água fervente ou deixá-los flutuar em um saquinho de musselina.

14 OUT
FEITIÇO PARA OBTER EQUILÍBRIO

Eu luto pelo equilíbrio o tempo todo. Não estou falando sobre ser desastrada, mas sobre ter equilíbrio na vida. Trabalho *versus* lazer, padrões saudáveis *versus* hábitos não saudáveis, necessidades dos outros *versus* necessidades próprias. Você sabe, coisas da vida.

Pode ser realmente difícil equilibrar todas as demandas do nosso tempo e energia com aquelas do nosso cotidiano que alimentam nosso espírito ou nos mantêm mental e fisicamente saudáveis. Em geral, acabamos colocando os outros, em primeiro lugar, ou o trabalho, ou apenas ignorando aquela voz baixinha que nos diz que as coisas estão fora de sintonia até que algo drástico aconteça e nos faça prestar atenção.

Em vez de chegar a esse ponto, tente realizar este feitiço para obter equilíbrio. É um bom lembrete para pensar se sua vida está equilibrada e, se não estiver, que passos você pode dar para mudá-la. Use duas velas diferentes, das cores que preferir. Acenda-as e diga o feitiço:

> *Eu venho buscando equilíbrio na vida e no espírito*
> *Equilíbrio no coração, na alma e na mente,*
> *Equilíbrio no corpo, foco e energia,*
> *Ajude-me a lembrar de brincar, mas também de trabalhar.*
> *De relaxar, mas também me empenhar;*
> *De dormir, sonhar e respirar;*
> *Quando o momento for certo para fazê-lo*
> *Eu venho buscando equilíbrio, no corpo, na mente e no espírito.*
> *Assim seja.*

ACEITE-SE COMO VOCÊ É

15 OUT

Somos todos parte de uma imensa sociedade, que inclui família, amigos, colegas de trabalho e estranhos. É uma lástima pensar que nem todas essas pessoas vão gostar de nós ou estarão dispostas a nos aceitar como somos. Como alguém que cresceu sendo a pessoa meio fora dos padrões, raramente aceita por alguém, sei em primeira mão como isso pode ser doloroso e como pode gerar insegurança.

Uma das coisas que mais amo em ser bruxa é que sinto que encontrei meu grupo. Pessoas que me aceitam como eu sou, algumas das quais até acham que eu sou bem legal. Obviamente, nem todos vão gostar de mim, mas tudo bem. Porque, no fim das contas, é muito mais importante que você se goste e se aceite. E isso se torna muito mais fácil quando você se cerca de pessoas que a incentivam, ao invés de a colocarem para baixo.

Não estou dizendo que ser bruxa necessariamente vai fazer com que você se sinta satisfeita consigo mesma. Mas vai ser mais fácil se você encontrar aqueles com quem se identifica, que a aceitam e a incentivam a se aceitar, com todas as suas falhas. Observe as pessoas com quem você passa seu tempo e reflita sobre como elas a fazem se sentir em relação a si mesma.

E, em momentos de insegurança, diga o seguinte: *Eu me aceito como sou, sabendo que estou sempre me esforçando para ser melhor.*

16 OUT

MARROM

O marrom pode não ser uma cor que normalmente você associa à prática da bruxaria, mas, se pensarmos bem, é a cor da terra, então faz sentido que algumas pessoas usem marrom em vez de verde como cor da vela para esse elemento em seus rituais. O marrom também está associado ao aterramento, à força, à estabilidade (todas conexões com o elemento Terra), aos animais de estimação e aos outros animais, às tomadas de decisão, à concentração e à justiça.

Se você está sentindo necessidade de aterramento e estabilidade, experimente vestir roupas marrons, acender uma vela marrom e focar na terra abaixo de você. Você também pode usar pedras marrons, como olho de tigre, obsidiana mogno, topázio marrom ou quartzo fumê.

Para algo ainda mais elementar, saia de casa e brinque um pouco na terra ou na lama. Nada mais marrom do que isso.

CANTANDO NO CHUVEIRO
17 OUT

Você canta no chuveiro? Muitas pessoas cantam. Afinal, ninguém pode ouvir (ou se importar) se você estiver um pouquinho desafinada, e há algo libertador em cantar no chuveiro. Para dar um toque mágico que transforme isso em magia de banheiro, tente entoar cânticos em vez do que normalmente você cantaria.

Eu faço isso de vez em quando, sobretudo quando preciso de uma forcinha, quando me sinto festiva ou quero me conectar com a divindade e não tenho tempo durante o dia para fazer um ritual completo. Você pode encontrar cânticos ótimos no YouTube e decorar alguns simples, se ainda não os aprendeu em suas viagens. Ou pode até baixá-los no seu celular e cantar junto.

Afinal, se vai cantar no chuveiro, por que não tornar isso um momento mágico, não é mesmo?

18 OUT

MORCEGOS

Outubro é um bom mês para falar sobre morcegos, já que são uma parte tão importante do Halloween. Os morcegos estão longe de ser aquelas criaturas assustadoras. Na verdade, eles são incrivelmente úteis, pois comem centenas de insetos todas as noites. São os únicos mamíferos que voam e são mais flexíveis no ar do que a maioria das aves.

Mas é fácil observar como eles se ligaram ao místico e ao misterioso. Eles são noturnos, saem apenas quando o sol se põe e surgem aparentemente do nada. Voam de forma silenciosa, o que lhes confere certo ar fantasmagórico.

Na prática mágica, estão associados às transições entre dia e noite, vida e morte, e sonhos.

Em vez de ter medo deles, tente acolher suas qualidades mágicas e veja se consegue se inspirar em sua graça e mistério. No entanto, não sugiro que tente dormir pendurado de cabeça para baixo em uma caverna...

Para se conectar com a energia do morcego, saia depois que escurecer ou apague todas as luzes em um cômodo. Sinta a noite a envolver como um manto de aconchego e saiba que você faz parte dela. Se quiser, balance os braços como se estivesse voando.

Então, sussurre suavemente: "Olá, meu amigo morcego. Eu o saúdo com respeito e peço que me ajude a fazer transições de maneira suave e graciosa. Guie-me enquanto voo em meus sonhos e assegure que eu sempre volte para casa em segurança".

COMUNHÃO COM A NATUREZA
19 OUT

Como a bruxaria é uma religião e uma prática espiritual baseada na natureza, você deve pensar que as bruxas passam muito tempo fora, em comunhão com a natureza. Provavelmente isso faz sentido para algumas pessoas, mas a triste verdade é que a maioria de nós é igual a todo mundo: vai de casa para o trabalho, viaja de carro e geralmente passa muito mais tempo dentro de casa do que fora.

Parte disso é por necessidade. Aqui no estado de Nova York, pode fazer frio e nevar, e a menos que você goste de esportes ao ar livre, como esqui ou patinação no gelo, é muito mais confortável se abrigar dentro de casa, tomando uma xícara de chocolate quente. Também estamos todos ocupados e, às vezes, não pensamos na natureza além de xingar a chuva quando tínhamos outros planos.

Ainda assim, o mundo natural é muito parte de ser uma bruxa, então vale a pena fazer um esforço a mais para se conectar com ele. Tente sair e olhar para o céu ou comer fora em vez de dentro de casa, na frente da televisão, se o clima permitir. Vá acampar nas férias em vez de ficar em um hotel. Mesmo que seja inverno, vista um casaco pesado e vá construir um boneco de neve, ou apenas deixe a neve cair e derreter no seu rosto por um momento. Dance na chuva. A natureza é uma dádiva, então certifique-se de reservar um tempo para apreciá-la.

Faça alguma coisa hoje para se conectar com a natureza, não importa o quão simples isso seja.

20 OUT
ESTÁ FALTANDO ALGO?

Pode parecer uma pergunta estranha — tanto para você, que acabou de começar a praticar a Arte, como para quem já a pratica há algum tempo —, mas chega um momento em que talvez seja uma boa ideia parar um pouquinho e se perguntar: "Está faltando algo na minha prática mágica?".

Talvez a resposta seja "não" e, de fato, você esteja obtendo tudo o que precisa com o que está fazendo atualmente. Se a resposta for "sim", pode ser difícil identificar com precisão o que está faltando. É mais (ou qualquer) prática com outras bruxas? Mais tempo em contato com a natureza? Talvez você gostaria de ter um deus ou deusa específico para chamar de seu, mas ainda não se sentiu atraída por nenhum em particular? Ou maneiras diferentes de colocar em prática o que você prega no seu dia a dia, caso em que espero que algumas das sugestões neste livro ajudem.

Se sentir que está faltando algo, tente refletir com precisão e trabalhe para resolver o problema. Você pode tentar escrever sua lista de desejos do que você gostaria em sua prática de bruxaria em um mundo perfeito e, em seguida, marcar o que você realmente tem. Se ainda houver muitos itens na lista, escolha o mais importante e comece a trabalhar para alcançá-lo.

ECLIPSES SOLARES
21 OUT

As bruxas tendem a prestar mais atenção aos eclipses lunares do que aos solares, principalmente por causa da nossa forte conexão com a lua, mas o sol também merece nossa atenção. Um eclipse solar acontece quando a lua passa entre o Sol e a Terra, bloqueando temporariamente a luz do sol. Assim como os eclipses lunares, os eclipses solares podem ser totais, o que é raro, ou parciais.

Ao contrário dos eclipses lunares, os eclipses solares só podem ser vistos de uma parte do mundo, então, mesmo que possam ocorrer de duas a cinco vezes por ano, é incomum ter a chance de vê-los. Eclipses totais, é claro, são os mais raros de todos. Se você tiver a sorte de testemunhar um, use esse tempo para aprofundar sua admiração pelo sol e pelos presentes que ele nos traz. Pense no que aconteceria se o sol desaparecesse para sempre. (Por exemplo, todos nós estaríamos mortos.)

Mesmo se você não conseguir ver um eclipse, pode realizar uma magia nesse dia para banir ou se livrar de coisas que não funcionam mais para você, ou para atrair qualquer tipo de mudança ou transformação.

22 OUT
DIZENDO "SIM" PARA SE FORTALECER

Existem duas palavras muito importantes que a maioria de nós não usa o suficiente. Uma delas é "não". A outra é "sim". Provavelmente, você diz "sim" o tempo todo — para outras pessoas. Mas pode ser muito mais difícil dizer "sim" para nós mesmas.

Não estou falando de dizer "sim" para mais um biscoito (isso é fácil). Estou falando de permitir-se dizer "sim" a coisas que vão fazê-la feliz, mesmo quando você sente que não merece isso. Ou dizer "sim" para, às vezes, colocar suas necessidades em primeiro lugar, se você for o tipo de pessoa que sempre cuida dos outros.

Recentemente, aprendi um exercício simples, mas poderoso. Eu o adicionei ao final dos meus alongamentos matinais, mas você também pode fazê-lo na frente de um espelho. Estenda os braços como se tentasse alcançar o céu e depois os abaixe enquanto diz "sim" para si mesma. Diga com convicção. Fale em voz alta. Grite, se quiser. *Sim*. Isso é poderoso e também envia uma mensagem ao seu subconsciente que pode, de fato, mudar seu modo de pensar.

Experimente. Diga "sim" para você mesma e veja como se sente.

FEITIÇO PARA OBTER FOCO E REALIZAÇÃO
23 OUT

Todos nós temos coisas que queremos alcançar: metas, necessidades, sonhos e aspirações. Mas pode ser difícil encontrar e manter o foco para perseguir essas coisas por tempo suficiente para realmente vê-las se concretizarem. A vida atrapalha ou algo tira a nossa atenção.

É quando pode ser útil se valer de um feitiço para manter você no caminho certo. Quando faço um desses, gosto de dizê-lo todas as noites por um tempo, seja durante a fase de lua crescente, ou de lua cheia à lua cheia, ou durante um período específico enquanto espero algo acontecer. Por isso, em geral mantenho as ferramentas que o acompanham, como uma vela esculpida com minha intenção e possivelmente um objeto que simbolize o que quero alcançar. Então, apenas acendo a vela e digo o feitiço nas noites que parecem certas.

Deus e Deusa, peço sua ajuda
Para alcançar meus objetivos, os planos que fiz
Ajudem-me a focar no que preciso.
Aprimorando minhas ações, minhas palavras e minhas atitudes,
Mantenham-me no caminho certo enquanto trabalho na minha tarefa.
Eu juro que é importante, caso contrário, não pediria.
Ajudem-me a concentrar a energia do fogo.
Até alcançar o que desejo.

24 OUT

CHOCALHOS

Chocalhos têm sido usados para trabalhos espirituais em muitas culturas ao redor do mundo. São instrumentos de percussão simples que não exigem talento para usar nem muita habilidade para fazer, então são perfeitos para quase qualquer pessoa, inclusive para crianças.

Você pode fazê-los com cabaças, geralmente depois de secas e ocas, adicionando algo como grãos para fazer o som de chocalho. Você também pode fazer chocalhos de argila, couro cru, madeira e papel.

Eles podem ser usados em trabalhos de cura, rituais para atrair a atenção dos deuses ou de outros seres, ou para sinalizar uma fala, como no início de uma oração ou feitiço, ou quando um líder de grupo começa um ritual. Também são usados por xamãs para induzir estados de transe ou expulsar energias negativas.

Faça ou compre um chocalho e use-o neste ritual simples, que é especialmente poderoso em noites de lua cheia. Apague as luzes ou fique ao ar livre, sob a luz do luar.

Agite o chocalho sobre sua cabeça e diga: "Mente". Depois, agite-o ao longo do seu corpo e diga: "Corpo". Então agite-o enquanto gira em um círculo e diga: "Espírito". Repita isso várias vezes seguidas, aumentando a velocidade para gerar energia. Dê uma última sacudida poderosa e prolongada no chocalho e puxe toda a energia para dentro de você.

LIMPANDO A NEGATIVIDADE
25 OUT

O que significa exatamente limpar a negatividade? De modo geral, nos referimos a qualquer coisa que esteja imbuída de negatividade: desde energias, pensamentos ou até entidades prejudiciais (embora elas sejam menos prováveis de ser um problema do que você possa imaginar).

Por exemplo, quando limpamos uma área para criar um espaço sagrado, geralmente nos livramos da energia negativa, que pode ser decorrente de emoções residuais (se há muitas brigas na sua sala de estar e é lá que você quer fazer sua magia) ou de experiências desagradáveis. Também limpamos a nós mesmas para não levarmos nossa própria negatividade do mundo exterior para o círculo.

Quando trabalhamos para limpar pensamentos negativos, geralmente o fazemos com feitiçaria ou ritual, como queimar simbolicamente os pensamentos que queremos eliminar.

Se você se mudar para uma nova casa, pode querer fazer algum trabalho de limpeza apenas para garantir que qualquer coisa deixada pelos moradores antigos não a afete. Normalmente isso é feito com uma limpeza de casa, que pode incluir fumaça sagrada, sal e água, varrição e até mesmo cânticos.

Existem muitas maneiras de banir a negatividade, e pode levar algum tempo para descobrir o que funciona melhor para você. Mas é fácil saber quando está funcionando porque você ou o espaço em que está parecerão mais leves e iluminados. Diga: "Eu limpo e purifico este espaço e a mim mesma. Assim seja".

26 OUT

A PROSPERIDADE É MINHA

Quem não poderia se beneficiar com mais prosperidade? Eu poderia. Mas às vezes nos impedimos de alcançar o sucesso porque não acreditamos realmente que merecemos ter mais dinheiro, receber uma remuneração melhor pelos nossos esforços ou qualquer outra razão.

Quando você sente que precisa de mais dinheiro ou oportunidades, e parece que isso não está acontecendo, experimente afirmar:

Eu mereço prosperidade de todas as formas positivas. A prosperidade é minha hoje e sempre.

SCRYING 27 OUT

Se você está entediada com suas práticas usuais de adivinhação ou se as que tentou até agora não funcionaram, experimente se tem talento para o *scrying*.

O *scrying* consiste basicamente em olhar para uma superfície em branco e ver imagens ali. O exemplo mais conhecido é a bola de cristal, embora a maioria das bolas de cristal reais (aquelas feitas de pedra, e não de vidro) tenha pequenas imperfeições que podem ajudar a criar formas.

Outro tipo simples de *scrying* usa uma tigela rasa de cor escura, que você preenche parcialmente com água. A maioria das pessoas que faz *scrying* na água — que também pode ser feito em um corpo de água parado, como um lago — faz isso sob a lua cheia ou à luz de uma vela. Espelhos de *scrying* são espelhos cuja parte de trás é pintada de preto, sendo que essa parte é usada como a superfície em branco dos espelhos comuns.

Para experimentar o *scrying*, escolha uma dessas ferramentas e encontre um lugar tranquilo, seja dentro ou fora de casa, onde você não será incomodada. Olhe para a superfície com os olhos levemente desfocados e veja se aparecem imagens ou formas. Isso pode exigir prática, então não se preocupe se não funcionar na primeira vez. Algumas pessoas têm talento para isso. Outras, como eu, só veem água em uma tigela.

28 OUT
TELECINESE

Telecinese é o ato de mover um objeto sem tocá-lo, usando apenas o poder da mente.

Assim como com a maioria das outras habilidades sensitivas, algumas pessoas parecem ter um dom inato para isso, enquanto outras podem melhorar com a prática. A ciência nunca provou sua existência, mas isso não significa que não seja real. A maneira mais fácil de tentar a telecinese é usar um objeto muito leve, como um alfinete ou um clipe. Coloque-o no meio de um pedaço de papel e marque o local onde ele está apoiado para que você possa ver se ele se move. Certifique-se de que não há corrente de ar na sala que possa movê-lo, então sente-se em silêncio, junte sua energia e foque empurrá-lo para longe de você.

Há também algo chamado de roda psi, que funcionou bem para mim quando eu queria praticar telecinese. Basicamente, é um pedaço de papel ou metal em forma de X muito leve que fica em cima de um alfinete preso a uma base. Eu consegui comprar um kit pré-fabricado, mas você pode fazer um sem dificuldade. A parte de cima deve permanecer perfeitamente parada (sem a ação de vento ou ventiladores) até que você se concentre em fazê-la girar no sentido horário ou anti-horário. Um bom teste é tentar movê-la em uma direção e depois voltar para a outra.

Recomendo tentar. Mesmo que não dê certo, é bem legal.

HÉCATE

29 OUT

Hécate é a deusa grega das bruxas e da magia, das encruzilhadas e dos limites e da medicina herbal. Ela também está associada ao submundo, à morte, à regeneração e à vingança.

Ela era conhecida na Grécia antiga como uma deusa protetora do lar, das mulheres, das crianças e dos partos. Sagrada para todas as bruxas, Hécate é uma rara deusa tríplice, embora costume ser retratada como uma anciã acompanhada por cães pretos. Hécate é adorada à noite, especialmente durante a lua escura. Seus símbolos são a cor preta, as encruzilhadas, os cães pretos (embora algumas histórias relatem que ela se transforma em um gato preto), as serpentes, as vassouras, os caldeirões e as tochas. Ela pode ser a mais bruxa de todas as deusas. Certamente, deve ser abordada com respeito e cautela.

Para se conectar com Hécate durante um período de grande mudança, quando sua vida está em uma encruzilhada, acenda uma vela preta em um ambiente escuro ou ao ar livre, após o anoitecer. Peça-lhe ajuda e orientação para escolher o caminho certo e ouça atentamente sua resposta ou quaisquer sinais que possam aparecer depois. Hécate também é a deusa perfeita para invocar no Samhain. Diga: "Grandiosa Hécate, sábia e feroz, proteja-me enquanto sigo meu caminho, onde quer que ele me leve. Guie-me para fazer as escolhas certas e ajude-me a ser sábia e feroz. Assim seja".

30 OUT

COLCANNON

Colcannon é um prato irlandês feito com batatas, tradicionalmente servido no Samhain. O Blue Moon Circle o adora, porque é delicioso, barato e fácil de fazer, além de combinar com quase tudo o que você prepara. Você pode variar as verduras (nós gostamos de usar repolho, mas com couve ou qualquer outra verdura folhosa também dá certo) e enriquecê-lo, usando meia xícara de creme de leite em vez de leite. Algumas pessoas até acrescentam bacon ou alho-poró para deixar o prato mais sofisticado, mas costumamos prepará-lo de uma forma mais simples.

Antigamente, costumava-se inserir pequenos objetos ao prato antes de servi-lo, que funcionavam como previsões para o ano seguinte. Por exemplo, uma moeda poderia significar prosperidade. Se você for fazer isso, certifique-se de que qualquer coisa que você insira na comida esteja limpa e de que as pessoas sejam avisadas com antecedência na hora de comer!

Para preparar um colcannon, cozinhe batatas suficientes para fazer cerca de 4 xícaras de purê (essa quantidade varia dependendo do tamanho das suas batatas, mas, bem, não é para fazer demais). Adicione cerca de 1/2 xícara de leite — ou de creme de leite, se preferir — e 1 xícara de manteiga. Misture até ficar ligeiramente empelotado. Refogue 2 ½ xícaras de repolho ou couve picados em algumas colheres de sopa de manteiga ou óleo de oliva, junto com uma cebola grande, picada em pedaços pequenos, e cozinhe até ficar tudo macio. Misture com as batatas e tempere com sal e pimenta. Decore com salsa picada antes de servir.

SAMHAIN

31 OUT

Conhecido por muitos como Halloween, mas conhecido e amado pelas bruxas como Samhain (pronuncia-se *sow-wen*), esse é o terceiro e último festival da colheita na Roda do Ano, em preparação para os dias frios e escuros que se aproximam no hemisfério norte. É considerado por alguns como o Ano-Novo das bruxas.

Nós deixamos para trás o ano que passou e qualquer arrependimento que temos pelas coisas que não conseguimos colher. Também celebramos nossas conquistas e antecipamos as possibilidades no novo ano que está por vir.

Para um ritual simples que serve tanto para praticantes solitários quanto para grupos, acenda uma vela preta para simbolizar o ano que está terminando. Escreva em um papel as coisas boas e ruins. Leia em voz alta, então diga: "Deus e Deusa, agradeço pelas bênçãos do último ano e por me ajudarem a ter força e energia para superá-lo". Se puder fazer uma fogueira ou tiver um pequeno prato resistente ao fogo, queime o papel. Caso contrário, apenas dobre-o bem dobradinho. Então acenda uma vela branca e escreva as coisas que você espera para o ano que vem e diga: "Deus e Deusa, peço que realizem meus desejos para o novo ano e me deem força e energia para lidar com o que vier". Apague as velas.

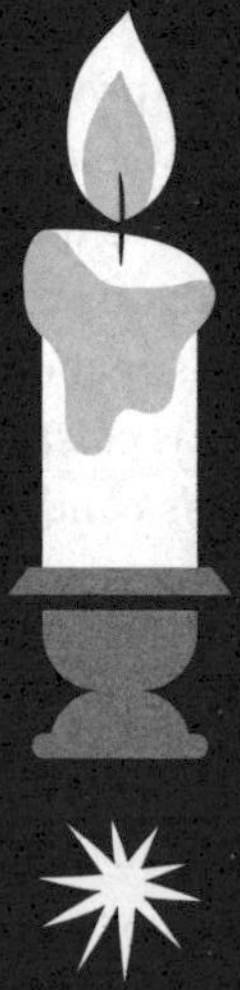

NOVEMBRO
trocas e descoberta

ROMÃS

01 NOV

As romãs são frutas lindas com sementes carmesim que podem ser adicionadas a receitas, salpicadas sobre saladas ou transformadas em um delicioso suco. Elas são ricas em antioxidantes e têm um sabor agridoce, além de uma aparência deslumbrante.

As romãs têm sido associadas a divindades em muitas culturas, incluindo a história da deusa grega Perséfone, que comeu algumas sementes de romã enquanto Hades a mantinha sequestrada, forçando-a a permanecer no submundo por alguns meses, durante os quais temos o inverno.

À medida que a estação fria retorna, podemos celebrar Perséfone comendo romãs. Na magia, elas estão ligadas à fertilidade, à prosperidade e à criatividade. Coma as sementes enquanto visualiza seu desejo, beba o suco como parte de um ritual para qualquer um desses três objetivos, ou desfrute de um coquetel festivo misturando partes iguais de prosecco, suco de romã e de laranja.

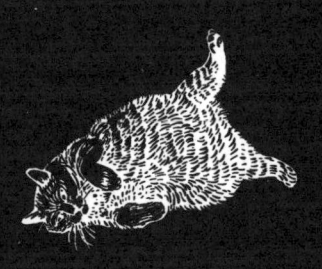

02 NOV

CERVOS

O cervo é um símbolo clássico da energia masculina primordial enraizada na terra e nas florestas. Sua cabeça é coroada por grandes chifres em forma de galhos, que mostram que ele é o rei de tudo em volta. O cervo aparece em muitos contos de fadas e representa a força e a nobreza.

O Deus Cornífero é retratado com chifres de cervo, assim como a divindade celta Cernunnos. É comum ver uma imagem do cervo com a lua cheia entre seus chifres, representando a combinação do masculino (os chifres) e feminino (a lua).

Mas só porque o cervo é associado ao masculino não significa que ele só pode ser evocado por aqueles que se identificam como homens. O masculino e o feminino estão presentes em todos nós. Se você quiser se conectar com a energia do cervo, use um pedaço de chifre, se tiver um, ou uma imagem, ou simplesmente visualize um cervo ereto e orgulhoso. Acenda uma vela verde ou marrom e diga: "Poderoso cervo, rei da floresta, empreste-me um pouco da sua força e energia. Ajude-me a me conectar com a terra, as florestas e as criaturas selvagens e direcionar esse poder para a minha vida. Assim seja".

LUA CHEIA DE NOVEMBRO

03 NOV

A lua cheia de novembro também é chamada de Lua dos Castores, que podem ser vistos nessa época preparando-se para o inverno, embora às vezes também seja chamada de Lua do Gelo ou Lua Congelante, por razões óbvias, ou ainda de Lua do Luto, pela presença dos céus cinzentos e pelo frio crescente.

É interessante notar que esses são todos nomes para o hemisfério norte. Como as estações estão invertidas e diferentes culturas criaram nomes, as luas cheias no hemisfério sul podem ser bastante diferentes. De acordo com o site *Learn Religions*, aqui estão alguns exemplos dos nomes das luas no hemisfério sul:

JANEIRO: Lua do Trovão, Lua do Hidromel, Lua do Feno ou Lua do Cervo

FEVEREIRO: Lua dos Grãos, Lua do Esturjão, Lua Vermelha, Lua das Ervas, Lua do Milho, Lua dos Cães ou Lua da Cevada

MARÇO: Lua da Colheita ou Lua do Milho

ABRIL: Lua da Colheita, Lua do Caçador ou Lua do Sangue

MAIO: Lua do Caçador, Lua dos Castores ou Lua do Gelo

JUNHO: Lua do Carvalho, Lua do Frio ou Lua das Longas Noites

JULHO: Lua do Lobo, Lua Velha ou Lua do Gelo

AGOSTO: Lua da Neve, Lua da Tempestade, Lua da Fome ou Lua do Lobo

SETEMBRO: Lua dos Vermes, Lua da Quaresma, Lua do Corvo, Lua do Açúcar, Lua da Castidade ou Lua da Seiva

OUTUBRO: Lua do Ovo, Lua do Peixe, Lua da Semente, Lua Rosa ou Lua do Despertar

NOVEMBRO: Lua do Milho, Lua do Leite, Lua da Flor ou Lua da Lebre

DEZEMBRO: Lua do Morango, Lua do Mel ou Lua da Rosa

Se você fosse nomear a lua cheia onde você está, como a chamaria?

04 NOV
LIVROS

Os livros são mágicos? Acho que sim.

Para as bruxas, os livros podem estar repletos de informações úteis, feitiços e rituais, além de coisas que nos inspiram e nos fortalecem. Mas pode ser difícil encontrar tempo para ler. Ou saber quais livros serão os mais úteis se você tiver energia para dedicar a poucos.

Aqui vão algumas sugestões: comece procurando livros que não pareçam intimidadores. Um livro como este, por exemplo, que oferece informações em pequenos trechos, fáceis de absorver — um dia, uma atividade, algo para pensar ou fazer. Se encontrar um autor de cujo estilo goste, veja se ele escreveu outros livros que também possam lhe interessar. Escolha temas que despertem seu interesse, já que você estará mais inclinada a ler sobre áreas que quer explorar.

Não se esqueça dos livros de referência. Muitos dos livros da minha estante bruxesca são aqueles aos quais eu sempre recorro quando preciso descobrir para que serve uma erva ou uma pedra específica ou encontrar uma receita para algum sabá.

Comece hoje com um livro. Se tiver um que está por aí esperando para ser lido, leia apenas um capítulo. Ou uma página, se for um livro como este. Se há um tema sobre o qual você quer aprender mais, procure um livro que possa encomendar e que a ajude a descobrir algo novo.

FREYA
05 NOV

Freya é uma deusa nórdica do amor, da guerra, da sexualidade, do casamento e de tudo que está conectado ao coração e à paixão.

Ironia (ou não, se você já esteve em um relacionamento), ela também é a deusa da guerra.

Freya governa as Valquírias, que guiam os mortos para os salões de Valhalla. Ela é responsável tanto pelas almas dos mortos quanto pelos corações dos vivos.

Freya possui um colar mágico chamado Brisingamen, feito de âmbar, e é retratada usando-o junto com uma capa de penas. Ela é uma das raras deusas solares e dirige uma carruagem puxada por dois gigantescos gatos. Por causa disso, ela é chamada de Senhora dos Gatos, então bruxas que amam gatos são atraídas por ela.

Para se conectar com Freya, coloque duas estátuas de gatos ou velas em forma de gato em seu altar e a chame para vigiar você e quaisquer companheiros felinos. Ou a invoque ao lidar com qualquer questão do coração e peça a ela que a guie em direção à felicidade e à realização. Use ou segure um pedaço de âmbar, se tiver um, e acenda uma vela rosa. Se puder, faça isso ao ar livre, sob o sol, embora ela a encontre onde quer que você esteja. Fique em pé, como uma guerreira, e diga: "Freya, guie meu coração, fortaleça meu espírito, faça-me brilhar nos assuntos amorosos e ajude-me a reconhecer meu próprio valor".

06 NOV
QUANDO UMA VELA NÃO É UMA VELA

As velas costumam ser uma parte importante da prática da bruxaria. Acendemos velas durante a realização de feitiços e rituais, ou quando desejamos conversar com os deuses em nosso altar, ou às vezes apenas para criar uma atmosfera mágica.

Mas nem todo mundo pode usar velas de verdade, nem sempre. Talvez você more em um dormitório ou em outro lugar onde chamas vivas são proibidas.

Talvez tenha filhos pequenos ou animais de estimação que tornam perigoso ter uma vela acesa por perto. Talvez, como eu, tenha uma memória terrível e acabe se esquecendo de apagar a vela após deixá-la queimar por um tempo como parte de um feitiço, o que pode ser arriscado.

Se for o seu caso, há uma substituição razoável. Hoje em dia, existem velas à bateria que parecem super-realistas. Algumas delas têm até uma aparência cerosa e um mecanismo que faz parecer que a chama está piscando.

Elas estão disponíveis em uma infinidade de tamanhos e cores, então você não está limitada ao mais comum castiçal branco.

Confira as opções e adquira uma ou duas para usar quando uma vela de verdade não for uma alternativa. Você pode adicionar sua própria decoração, como fitas coloridas, tiras de papel com feitiços escritos (para você colar ao redor da vela), ou até adesivos muito legais. Como não esquentam, sinta-se à vontade para usar a sua criatividade e decorá-las, como não podemos fazer com uma vela normal.

A LUA

07 NOV

Se tem uma carta do tarot que representa mistério e magia, essa carta provavelmente é a Lua. Dependendo de onde surge em uma tiragem, pode significar que é hora de confiar na sua intuição ou que as respostas para a sua pergunta estão incertas no momento.

Ela indica que você está no meio de uma mudança ou que está se sentindo inquieta e não tem certeza do motivo.

Se estiver dividida entre dois caminhos e precisar descobrir qual é o certo, tente dedicar um tempinho à carta da Lua. Escreva suas alternativas ou opções em dois pedaços idênticos de papel e coloque a carta em cima. Ouça sua intuição, sem se preocupar com fatos ou praticidade — concentre-se apenas naquela voz em sua cabeça que vem de um lugar profundo. Então pergunte à carta o que deve fazer, coloque os pedaços de papel na mesa à sua frente e misture-os para que não saiba qual é qual.

Escolha um, e veja o que seu instinto diz. Se a primeira escolha parecer certa, ótimo. Se ficar decepcionada com a resposta, bem, essa também é uma resposta, não é?

08 NOV
FEITIÇO DE PROTEÇÃO PARA OS OUTROS

Na maioria das vezes, faço magia principalmente para mim mesma, a menos que uma pessoa me peça especificamente para fazer um feitiço para ela. Uma exceção a essa regra são os trabalhos que visam à proteção. Isso é especialmente verdadeiro se você tem filhos pequenos e teme pela segurança deles diante de um mundo cada vez mais assustador. O feitiço de proteção é neutro e só pode ser usado para o bem.

Ainda assim, eu pediria permissão antes de fazer esse feitiço para um adulto, mas para crianças ou animais de estimação, é aceitável fazer mesmo assim. Afinal, é trabalho do pai proteger seus filhos usando quaisquer ferramentas que puder. Para as bruxas, isso pode significar um feitiço. Se quiser, acenda uma vela branca ou preta e coloque-a na frente de uma foto da(s) criança(s) ou do(s) animal(is) para quem você está fazendo o feitiço.

> *Grande Deusa, grande Deus, eu venho diante de vocês para pedir proteção*
> *Para [nome(s)]*
> *Por favor, mantenham-nos seguros de males enquanto eles caminham pelo mundo.*
> *Que suas ações sejam sábias, seus movimentos sejam firmes, suas viagens sejam tranquilas.*
> *Mantenham-nos seguros de acidentes e malícias, de qualquer um que possa prejudicá-los ou feri-los.*
> *Seguros em casa e fora de casa, hoje e sempre.*
> *Assim seja.*

MAGIA DOS JOGOS DE QUEBRA-CABEÇA

09 NOV

Adoro montar um quebra-cabeça de vez em quando, sobretudo durante o inverno, quando as coisas estão mais calmas e lentas e não estou na área externa, trabalhando no jardim e no quintal. É uma atividade relaxante e divertida para fazer com outras pessoas também.

Como transformar um hobby como esse em magia? Intenção e foco, é claro. Escolha um quebra-cabeça que tenha algum significado especial para você. Pode ser qualquer coisa, desde uma casa (se quiser comprar ou alugar uma) até uma paisagem tranquila, uma viagem de navio, algo que tenha a ver com cura, prosperidade ou somente uma conexão com a divindade. Existem milhões de quebra-cabeças por aí; você pode procurar online ou, se tiver acesso a uma loja local esotérica, eles podem ter alguns com temas de bruxaria.

Enquanto o monta, concentre-se em seu objetivo e sinta-o se concretizando à medida que adiciona cada peça. Essa é uma atividade divertida para fazer com crianças, se você escolher um quebra-cabeça simples. Quando terminar, faça um feitiço ou apenas envie a energia para o universo. Se quiser algo mais permanente, emoldure-o em um quadro e pendure-o na parede.

10 NOV

BASTÕES MÁGICOS

As pessoas costumam pensar em um bastão como uma ferramenta mágica de livros e filmes, mas, na verdade, ele é algo que algumas bruxas também usam. Geralmente é feito de madeira e usado para direcionar magia (como seu primo menor, a varinha) ou desenhar um círculo ritual no chão. Pode ser uma ferramenta simbólica poderosa, especialmente se você mesma o confeccionar.

Há muitos anos, meu coven criou nosso bastão, e trabalhamos juntas no espaço sagrado. Eu encontrei um pedaço de madeira adequado na minha propriedade, com cerca de 1,5 m de altura e razoavelmente reto. Lixamos todas as partes ásperas e nos alternamos para desenhá-lo com canetas marca-texto e gravá-lo com um pirógrafo. Então cada uma de nós pegou uma fita e escreveu o que gostava sobre outro membro do grupo e as amarramos no bastão junto com outros ornamentos, como miçangas e fios.

O que quero dizer é que você pode criar um bastão que combine com você — tão simples ou tão sofisticado quanto quiser. Pode ser ostensivo ou sutil, dependendo de se é seguro deixá-lo exposto.

Tente achar um bom pedaço de madeira perto da sua casa, ao uma caminhada pela mata. Ou simplesmente compre um bastão de caminhada e comece com ele como base. Descubra que decoração combina com seu estilo e crie um bastão mágico que seja pessoal e poderoso.

PROCURANDO PRESÁGIOS NA NATUREZA
11 NOV

Nossos antecessores costumavam estar muito mais próximos da natureza do que nós. Muitas vezes, procuravam no mundo natural presságios e sinais, vendo mensagens na presença de pássaros, na primeira neve que caía, ou em vários outros fenômenos.

Mas como saber se algo que você vê é um presságio ou apenas, bem, um coelho? Em primeiro lugar, geralmente há algo incomum na ocorrência. Por exemplo, se você vê um animal onde costuma não haver nenhum, ou se vê uma coruja três dias seguidos quando é raro avistar uma. Você também pode ter uma sensação intuitiva; aquele pressentimento que diz que algo é importante e que você deve prestar atenção.

O que diferentes animais ou outros sinais significam varia de cultura para cultura, então você deve confiar na sua própria intuição. Na última caminhada que fiz no ano passado, vi uma águia voando sobre a minha cabeça onde nunca tinha visto uma antes. Senti meu coração se elevar e soube que era um presente dos deuses, uma mensagem de força e esperança.

A melhor maneira de ver presságios e sinais na natureza é ficar sempre atenta. Esteja aberta à possibilidade de que existem mais coisas no mundo do que pensamos e mantenha seus olhos e mente abertos. Faça uma pergunta, se tiver uma, depois vá dar uma caminhada ou olhe pela janela. Se não receber uma resposta imediatamente, continue perguntando e observando, já que ela pode levar algum tempo para chegar até você.

12 NOV
INFUNDINDO UMA PEDRA COM INTENÇÃO MÁGICA

As pedras têm sua própria energia, sejam elas belos cristais ou apenas rochas que as ondas trouxeram para a praia. Mas elas também são boas para carregar e armazenar uma energia extra, um aspecto que você pode aproveitar, se quiser criar um talismã para acompanhá-la a todos os lugares ou infundir uma pedra com intenções mágicas.

Você pode fazer isso com uma peça de joalheria feita de pedra ou com qualquer rocha ou mineral. Digamos que você queira carregar uma pedra encantada para proteção, algo que você possa colocar no bolso, na bolsa ou até no porta-luvas do carro. Faça um feitiço de proteção comum enquanto segura a pedra nas mãos e direcione a energia do feitiço para ela.

Quer um talismã para atrair amor? Experimente usar um colar ou uma pedra de cornalina em forma de coração e faça um feitiço de amor. Veja como funciona. Você pode fazer isso também com rochas maiores. Eu tenho um pedaço grande de quartzo rosa na minha sala de estar que por si só emite muita energia de paz e tranquilidade. Mas se eu quiser que ele seja ainda mais poderoso, posso lhe direcionar um feitiço.

O cristal de quartzo amplifica tudo o que você coloca nele, então é um bom ponto de partida se você quiser fazer essa magia.

CULTIVANDO SUAS PRÓPRIAS ERVAS DENTRO DE CASA

13 NOV

Se você gosta de usar ervas em suas práticas mágicas, especialmente se pratica bruxaria de cozinha, talvez uma boa ideia seja começar seu próprio jardim de bruxa dentro de casa. Isso também é útil se você vive em uma parte do país onde não pode cultivar nada ao ar livre durante boa parte do ano, ou se não possui um quintal ou um espaço para fazer um jardim. Bruxas urbanas costumam ter jardins internos.

Muitas ervas são relativamente fáceis de cultivar e, se você plantar sementes, direcione um pouco de magia extra nelas nesse momento e sempre que regá-las.

As ervas podem ser cultivadas em floreiras, debaixo de janelas, mas se você está realmente decidida a ter um jardim interno, talvez seja legal experimentar um dos muitos jardins hidropônicos disponíveis hoje em dia. Uma das mulheres do meu coven possui algumas torres gigantes onde ela cultiva não apenas ervas, mas também tomates e outros vegetais o ano inteiro. Se seu espaço é pequeno ou se não quiser gastar muito, há várias versões menores.

Uma das vantagens de cultivar ervas mágicas dentro de casa é que ninguém precisa saber que elas são mágicas, exceto você. Assim, elas estarão lá sempre que você precisar delas, seja para magia ou para adicionar um toque extra ao seu jantar. Veja algumas das suas ervas favoritas e descubra quais são mais fáceis de cultivar, e comece hoje mesmo.

14 NOV
ESCOLHENDO A ALEGRIA

Se você está tendo um dia ruim (ou uma semana, mês ou ano), observe as pessoas que parecem alegres, não importa o que aconteça, e pergunte-se como elas conseguem fazer isso. Para alguns, é uma disposição natural. Para outros, é uma questão de escolha. Eles escolhem ser alegres.

Pode parecer impossível, especialmente quando as coisas estão mais difíceis, mas, na verdade, você pode decidir optar por risos em vez de lágrimas, olhar para o positivo em vez de focar no negativo. Não estou falando de curar a depressão clínica, que geralmente requer medicação e/ou aconselhamento, mas sim sobre como você encara a vida.

Não importa o quão sombrio o mundo ao nosso redor pareça, sempre há escolhas. Então, quando puder, escolha a alegria. E depois, passe-a adiante. Se precisar de um pouco de ajuda para mudar sua atitude, tente dizer esta oração rápida quando se levantar ou antes de sair de casa.

Hoje, deixe-me escolher a alegria. Deixe-me acrescentar uma faísca de luz ao trabalho. Ajude-me a ser uma força para o bem e a focar no positivo. Hoje, deixe-me escolher a alegria e, sempre que possível, transmitir essa alegria para os outros. Assim seja.

PRATA
15 NOV

A prata é a cor mais associada à Deusa, que é uma das razões pelas quais muitas joias pagãs são feitas de prata em vez de ouro. Ela também está associada à espiritualidade, de modo geral, e à verdade espiritual, em particular, bem como à intuição, à habilidade sensitiva, à energia feminina e, é claro, à lua.

Se você usa cartas de tarot, talvez queira guardá-las em um tecido prateado ou em uma bolsa dessa cor. Velas prateadas podem ser usadas para invocar a Deusa ou para as magias realizadas na lua cheia. Não há tantas pedras preciosas prateadas quanto de outras cores, mas a minha favorita é a labradorita, que possui reflexos azuis e roxos, embora ela também possa ser encontrada em um tom cinza-prateado. Há também o quartzo rutilado prateado e a pedra da lua cinza, além da hematita, que tem uma coloração cinza-escura, com um brilho prateado.

Para se conectar com a Deusa na lua cheia, experimente acender uma vela prateada ou usar uma joia feita de prata. Uma boa ideia é vestir um manto ou cachecol com bordado prateado quando realizar um ritual mágico. Se você é uma bruxa mais velha e tiver cabelos grisalhos, já está um passo à frente.

16 NOV
ESFOLIANTES CORPORAIS MÁGICOS

Esfoliantes corporais são leves misturas abrasivas usadas durante o banho. Servem para manter a pele saudável, além de serem uma maneira fácil de se mimar um pouco. São feitos principalmente para o corpo, não para o rosto (que é mais sensível), e em geral consistem em uma combinação de um componente abrasivo suave, um óleo-base e óleos essenciais.

E é aí que entra a parte mágica. Já falei sobre o uso de óleos essenciais em outros tipos de magia realizados no banheiro, pois eles contêm a essência das plantas de onde são derivados. A combinação das ervas com o tempo que você dedica ao seu bem-estar é realmente poderosa.

Você pode comprar esfoliantes corporais prontos, mas eles costumam conter produtos químicos e podem ser muito caros. Além disso, é muito mais fácil adicionar o elemento mágico quando você faz o seu próprio.

A receita básica é: três partes de abrasivo, uma parte de óleo e algumas gotas dos óleos essenciais que se alinhem aos seus objetivos mágicos. Os abrasivos podem incluir açúcar (açúcar branco comum, açúcar mascavo ou açúcar turbinado), sal (sal de cozinha, sal marinho grosso ou sal rosa do Himalaia) ou café.

A esses ingredientes, você adiciona o óleo, geralmente de coco, jojoba ou oliva. Em seguida, acrescente os óleos essenciais enquanto foca em seu objetivo e misture bem. Magia no banheiro!

CORVOS

17 NOV

O corvo é um grande pássaro preto relacionado ao seu primo um pouco menor, a gralha. Ambos são extremamente inteligentes, capazes de usar utensílios e reconhecer rostos. O corvo pode ser reconhecido pelo bico mais pesado e pelas penas mais desgrenhadas, que também têm um leve brilho arroxeado. Eles também são mais propensos a serem vistos sozinhos ou em pares, ao contrário das gralhas, que geralmente se agrupam.

Embora em algumas culturas os corvos fossem vistos como um presságio de má sorte, há muito tempo eles também foram considerados mensageiros dos deuses, que traziam comunicação espiritual e sabedoria. Se você vir um, fique alerta para uma mensagem que possa estar a caminho. Se corvos são comuns onde você mora, tente deixar guloseimas ou objetos chamativos para incentivá-los a virem sempre e não se esqueça de lhes agradecer.

Mesmo se não avistar corvos por perto, tente se conectar com a sua energia. Busque uma imagem ou uma estátua de corvo e crie um pequeno espaço para ele em seu altar. Coloque uma pequena pilha de milho e alguns objetos brilhantes na frente dele e acenda uma vela (preta ou branca), se desejar. Então diga: "Eu o saúdo, meu primo emplumado, e ofereço estes pequenos presentes na esperança de que compartilhe comigo sua sabedoria sagrada e transmita quaisquer mensagens que possa receber em meu nome. Obrigada".

18 NOV

HADES

Hades é o deus grego da morte e do submundo (o lugar também é conhecido como Hades, o que gera uma certa confusão). Seu correspondente romano era Plutão. Hades era o único deus que não vivia no monte Olimpo e era temido e respeitado por seu domínio sobre os mortos.

O mito envolvendo Perséfone, por quem ele se apaixonou e, inclusive, sequestrou, é uma das representações mais conhecidas do ciclo de vida e morte. Embora a história pareça sinistra, em algumas versões Perséfone teria se apaixonado por seu marido nefasto e trazido um pouco da luz de cima para o mundo abaixo.

Hades é representado na companhia de Cérbero, o cão de três cabeças que guarda o submundo, ou dirigindo uma carruagem puxada por cavalos pretos, às vezes com Perséfone ao seu lado. Em algumas imagens, ele surge segurando uma cornucópia, um símbolo de riqueza que representa a abundância que vem do solo, seja em forma de minerais ou vegetais. Esse símbolo mostra que Hades tem mais aspectos do que sua associação com a morte. Da morte vem a vida, e isso é uma parte importante do ciclo.

Para se conectar com Hades, prepare uma oferenda sacrificial de colheitas sazonais ou algo do subterrâneo, como uma pequena gema. Acenda uma vela preta e peça a Hades para vigiar seus entes queridos que se foram e enviar-lhe a prosperidade que vem do fundo da terra.

NÃO HÁ LIMITES PARA O QUE EU POSSO CONQUISTAR

19 NOV

Se você sente que não está alcançando tudo o que esperava e não tem certeza do que a está impedindo, talvez esteja tomada por dúvidas sobre si mesma ou por alguma dificuldade em acreditar em suas próprias habilidades. Se esse for o seu problema, tente dizer esta afirmação:

"Não há limites para o que eu posso conquistar. Eu sou capaz e determinada e posso alcançar qualquer coisa que eu defina como objetivo".

20 NOV
CRESCENDO E APRENDENDO

Um dos princípios fundamentais da bruxaria é que uma bruxa está sempre se esforçando para ser melhor — para ser a melhor bruxa e o melhor ser humano que pode ser. Embora isso não seja verdade para todos, a maioria das bruxas que conheço está constantemente crescendo e aprendendo, tanto em sua magia quanto em sua vida.

Talvez seja por isso que chamamos essa atividade de "prática". Estamos praticando o tempo todo, tentando coisas novas e explorando nossas próprias habilidades mágicas. Adicionamos diferentes técnicas ou descobrimos que algumas abordagens não funcionam tão bem para nós quanto outras.

Muitas de nós leem inúmeros livros, participam de convenções ou fazem cursos, tentando aprender com as outras bruxas. Algumas simplesmente seguem seu caminho solitário pelo mundo, aprendendo com a experiência.

Não importa o caminho que você escolha, o que importa é que você está avançando com propósito, crescendo e progredindo constantemente, mesmo que devagar e aos pouquinhos. Para celebrar isso, tente aprender uma coisa nova hoje. Não importa o que seja. Uma pequena mudança pode melhorar sua vida ou aproximá-la um passo dos seus objetivos. Você é uma bruxa. Você consegue.

OUVINDO NO SILÊNCIO
21 NOV

Parte de ser uma bruxa é acreditar no invisível, naquilo que sabemos em nosso coração que existe, mesmo que não haja nenhuma prova científica ou sólida evidência que o comprove. Acreditamos na fé, em nossos deuses e em nossas próprias experiências de coisas que não podem ser explicadas e ainda assim são claramente reais.

Uma das melhores maneiras de se conectar com o invisível é simplesmente ouvir no silêncio. Nosso mundo está cheio de ruídos, um barulho constante de televisão, aparelhos celulares e falatórios. Mas todo esse barulho pode dificultar a audição ou a percepção de coisas que são silenciosas e pairam na periferia da nossa consciência.

Então, certifique-se de reservar um tempo de vez em quando para dar a si mesma um momento de silêncio. Ouça. Preste atenção. Abra-se para o que quer que esteja lá. Você nunca sabe o que pode ouvir ou se tornar consciente se der uma chance para que isso se destaque acima do ruído.

22 NOV
OBSIDIANA FLOCO DE NEVE

A obsidiana é uma das minhas pedras favoritas. Ela é formada a partir de lava vulcânica que esfria de forma muito rápida, sendo, na verdade, uma forma de vidro natural. Antigamente, era transformada em pontas de flecha e lanças, e grandes pedaços planos eram usados como espelhos para adivinhação. A maioria das obsidianas é da cor preta, mas há uma linda variação conhecida como obsidiana floco de neve, por suas manchas brancas se parecerem com pequenos flocos de neve.

Toda obsidiana é boa para práticas mágicas que focam em proteção, aterramento, paz e adivinhação, mas a obsidiana floco de neve, em particular, ajuda a quebrar a energia estagnada e a mover você em direção a um crescimento espiritual. Ela também pode protegê-la contra energias malignas.

Se estiver se sentindo particularmente estagnada e precisar de um impulso positivo, acenda uma vela branca e segure um pedaço de obsidiana floco de neve. Observe os padrões brancos contra o preto até que eles pareçam quase se mover. Então diga: "Eu me comprometo a deixar ir as coisas que já não funcionam para o meu benefício e defino a intenção de seguir em frente, protegida e aterrada por esta pedra". Em seguida, coloque a pedra em seu altar ou carregue-a com você, sempre que precisar de um estímulo extra.

LUA AZUL

23 NOV

Há um ditado norte-americano mais ou menos assim: "Isso é tão provável de acontecer quanto uma lua azul". A frase é comumente usada para se referir a algo que só acontece em ocasiões raríssimas. Hoje em dia, "lua azul" é como chamamos a segunda lua cheia que ocorre no mesmo mês (em geral quando uma é no primeiro dia do mês, e a segunda, no trigésimo). Mas, tecnicamente, é a terceira lua cheia em uma estação astrológica que tem quatro luas cheias, o que é ainda menos comum.

Uma verdadeira lua azul ocorre apenas a cada dois ou três anos, o que a torna realmente rara. Esse é um momento poderoso para realizar magias, sobretudo para objetivos que parecem impossíveis ou como uma grande aposta.

Seja qual for a definição que você escolher seguir, se tiver a sorte de presenciar uma lua azul, certifique-se de encontrar um objetivo mágico especial para trabalhar nessa noite.

24 NOV
FEITIÇO PARA A GRATIDÃO

Nesta época do ano, aqui nos Estados Unidos, celebramos o feriado de Ação de Graças. No entanto, não importa onde você esteja, sempre é uma boa ideia expressar sua gratidão por todas as coisas boas que acontecem em sua vida. Talvez até mesmo pelas ruins, se elas servem para tornar você mais forte ou sábia.

Aqui está um feitiço para a gratidão que você pode fazer em qualquer época do ano:

Eu sou grata
Pelas bênçãos em minha vida,
Pelas pessoas e circunstâncias que me trazem alegria
E contentamento, tornando o meu mundo mais radiante.
Eu sou grata
Pela comida na minha mesa e pelo teto sobre a minha cabeça
E pelas pessoas com quem compartilhá-los.
Eu sou grata
Pela saúde, pela liberdade, pela prosperidade
E pela possibilidade de aprimoramento
Em qualquer situação que possa me advir.
Eu sou grata
Pela lua e pelas estrelas e pela terra,
Pela magia e pela divindade.
Eu sou grata pela vida
E assim dou graças.

AÇÃO DE GRAÇAS
25 NOV

O Dia de Ação de Graças é feriado nacional nos Estados Unidos, marcado por momentos em família (ou não), uma farta refeição baseada em um peru assado e muitas tortas, além da polêmica em torno de suas origens.

Na escola, aprendemos que o Dia de Ação de Graças celebrava os peregrinos e os povos indígenas em uma união harmoniosa, com os nativos ensinando os colonos a sobreviver no Novo Mundo. Hoje, sabemos que a história é bem mais complexa do que isso e, infelizmente, o fim dessa narrativa não foi nada feliz para os povos nativos.

Apesar disso, as verdadeiras origens desse feriado são mais antigas e menos controversas, tendo suas raízes em celebrações de colheita, em que o foco principal era a gratidão. Independentemente da história, acho que todos podemos concordar que dedicar uma celebração para agradecermos é algo sempre positivo.

Então, por que não aproveitar o dia para focar na gratidão? Acenda uma vela branca — ou várias, se seu coração estiver transbordando de agradecimento — e passe um tempo refletindo sobre tudo pelo que você é grata. Depois, diga:

"Deus e Deusa, poderes do universo, seres elementares, agradeço a todos que me ajudaram a alcançar sucesso neste ano. Sou grata aos que me protegeram, aos que me ouviram, aos que guiaram meus passos. Mal posso expressar em palavras a gratidão que sinto por todas as bênçãos que recebi na vida. Obrigada".

Aproveite esse momento para celebrar a gratidão de maneira íntima e significativa.

26 NOV

DEUSES DO SOL

Enquanto nos despedimos do sol por algum tempo, é importante lembrar que muitos deuses solares ainda estão prontos para nos oferecer sua energia, mesmo quando os dias se tornam mais curtos, e as noites, mais longas. Entre eles, temos Apolo (grego e romano), Hélio (grego), Lugh (celta), Mitras (persa), Rá (egípcio) e Sol (romano).

Para se conectar com um desses deuses solares, faça-lhes uma oferenda. Girassóis e calêndulas são perfeitas — e mesmo nessa época do ano, podem ser encontradas em floriculturas ou supermercados. Outras ofertas incluem ervas, como açafrão, incenso, mirra, camomila, sândalo, ou pedras amarelas e laranja, como âmbar, topázio amarelo ou pedra do sol. Acender uma vela amarela ou dourada também é uma excelente forma de homenageá-los.

Recite com intenção:

Ó grande deus do sol [nome], acendo esta vela e lhe entrego estas oferendas para que saiba que não é esquecido nestes dias sombrios de inverno. Agradeço por seu calor em meio ao frio, por sua luz e por sua promessa de vida para o futuro. Aguardo ansiosamente seu retorno, à medida que a Roda do Ano segue sua lenta, mas inevitável, jornada de volta aos dias de sol e calor. Muito obrigada, e que assim seja.

ADIVINHAÇÃO USANDO DIFERENTES BARALHOS

27 NOV

Se você está se sentindo entediada ou frustrada com sua prática atual de adivinhação, ou simplesmente quer trazer um quê de novidade, que tal experimentar algo diferente e misturar seus baralhos?

Conheço pessoas que fazem isso regularmente, embora eu mesma ainda não tenha tentado (confesso que sou um pouco resistente a mudanças, mas tenho pensado em experimentar, só para ver o que acontece). A ideia é simples: pegue vários baralhos — quantos quiser — e misture todas as cartas. Depois, faça sua leitura como de costume e veja o que aparece.

Isso pode resultar em surpresas interessantes, como a mesma carta aparecendo várias vezes, ou imagens que, ao se combinarem, criam um significado único e inesperado, diferente do que você obteria com um único baralho.

Se você tem vários decks à disposição, pode valer a pena tentar essa técnica, nem que seja por curiosidade. Afinal, o inesperado pode revelar insights poderosos.

28 NOV
VELAS DE CURA

Este é um projeto simples e bruxesco, que pode ser alterado para atender a qualquer necessidade que você tenha. A proposta aqui é criarmos uma vela para cura, mas você pode usar as mesmas técnicas com diferentes ervas e símbolos para a maioria dos demais objetivos mágicos.

Você vai precisar de uma vela grande (qualquer cor serve, embora eu goste de azul para cura); ervas de cura variadas (as secas são melhores para esse fim), tais como lavanda, calêndula, erva-cidreira e alecrim; algo pontiagudo para gravar a cera; e cola branca para artesanato. É útil ter algo como papel encerado para espalhar suas ervas.

Se você usar uma vela mais larga, é provável que ela não queime totalmente até a borda, o que diminui a probabilidade de as ervas pegarem fogo. Mas ainda assim, é importante ficar de olho nela. Comece gravando quaisquer símbolos de cura de sua preferência. Eu gosto das runas Uruz para força e da Ingus para sucesso e auxílio, além do nome da pessoa para quem a vela é destinada e qualquer outra coisa que pareça adequada para você.

Em seguida, espalhe a cola branca na lateral da vela ou amoleça a cera ligeiramente, segurando-a sobre uma fonte de calor, e enrole-a nas ervas. Você pode recitar qualquer feitiço de cura ou apenas dizer: "Eu abençoo e consagro esta vela para cura, de todas as maneiras que visam ao bem".

UIVANDO PARA A LUA
29 NOV

Nesta época do ano, onde moro, é bem comum ouvirmos os lobos uivando sob a lua. Embora tenhamos a impressão de que uivam para ela, na verdade, estão apenas se comunicando entre si, a uma longa distância. Esses uivos, bem intensos durante a noite, servem para reunir a alcateia para a caça ou ajudar um lobo perdido a encontrar o caminho de volta para casa.

É um som selvagem, poderoso e imbuído de magia natural. Por isso, que tal sair à noite e uivar para a lua também? Se preferir ser mais discreta, faça isso em um tom mais baixo, evitando os olhares curiosos dos vizinhos. Mas, se sentir o chamado, uive o mais alto que puder, enviando seu próprio sinal para sua "alcateia", onde quer que ela esteja.

Apenas uive. Duvido que você não descubra o quanto isso pode ser mágico e terapêutico.

30 NOV
BENÇÃOS PARA FAMILIARES E COMPANHEIROS ANIMAIS

Quando um animal de estimação deixa de ser apenas um animal de estimação? Quando ele se torna um familiar. Ao contrário do que muitos acreditam, nem toda bruxa tem um familiar — eles são bem mais raros do que se imagina. E não são sempre gatos! Bruxas podem ter familiares que variam de cães, pássaros, cobras, furões a praticamente qualquer outro animal com quem formem um laço especial.

No entanto, só porque um animal não é um familiar, isso não o torna menos importante para sua vida mágica. Animais nos ajudam a nos aterrar, nos confortam em momentos de tristeza, fazem companhia quando estamos sozinhas e nos ensinam a ser compassivas. Eles também nos lembram da importância de brincar — algo muito mais valioso do que se pode imaginar.

Se você tem um animal querido (ou vários), aqui está um feitiço para abençoá-lo e demonstrar aos deuses o quanto ele é precioso para você, além de pedir por sua proteção e para que tenha uma vida longa. Não é necessário segurar o animal, mas pode ser reconfortante fazê-lo, se ele estiver por perto. Não é necessário nenhum instrumento — apenas a intenção do seu coração. Diga:

"Grande Deusa, grande Deus, a quem todas as coisas vivas pertencem, abençoem este animal. Mantenham-no saudável e seguro, e que ele viva em harmonia comigo e com todos que compartilham este espaço. Ele é amado e precioso, abençoem-no agora e para sempre. Assim seja".

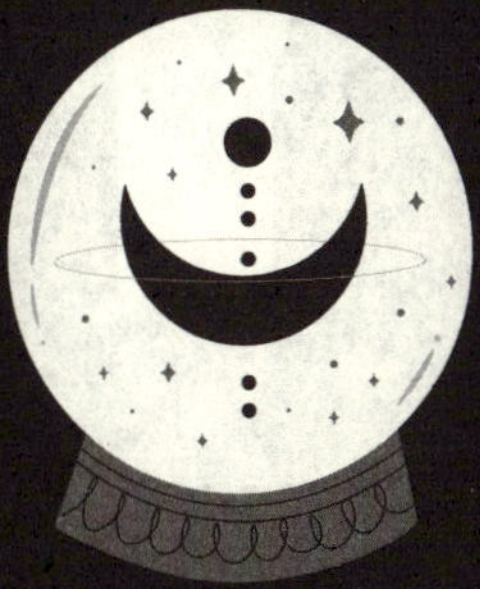

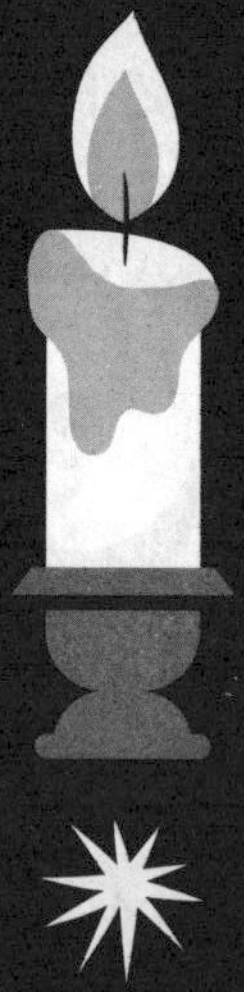

DEZEMBRO

colheita e gratidão

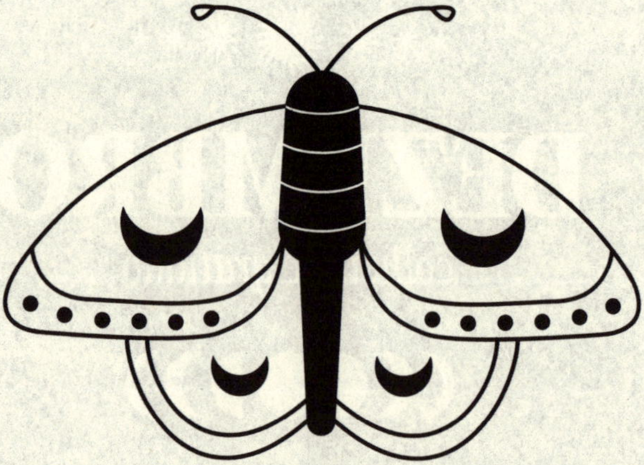

01 DEZ
COMO FOI SEU PROJETO?

E aqui estamos, chegando ao final do ano. Se você começou um projeto mágico nos meses anteriores, como foi sua jornada? As coisas saíram como esperava ou os planos desviaram do caminho? Talvez você tenha se distraído com outros objetivos ou com os acasos da vida, levando-a a se perguntar agora, no fim do ano, o que deu errado (ou isso só acontece comigo?). Mas uma coisa é certa: o ano não acabou e ainda há tempo.

Espero que seu projeto tenha sido um sucesso e trazido tudo o que você desejava, seja qual for o seu objetivo. Se as coisas não saíram como o planejado, não desanime. Reflita sobre o que não funcionou, encontre formas de melhorar na próxima tentativa ou avalie se seu objetivo era realista ou se precisava de alguns ajustes. Então crie um novo plano e tente de novo no próximo ano.

Independentemente do resultado, celebre o fato de ter tentado. O mais importante não é ter alcançado todos os objetivos, mas o esforço dedicado a eles. Concentre-se no que aprendeu e em tudo que conquistou e não se esqueça de se parabenizar por ter superado mais um ano.

Se quiser, prepare uma comidinha bem gostosa para você ou delicie-se com algo doce, como um bolo ou um chocolate. Ou então apenas erga um copo da sua bebida favorita (alcoólica ou não) e diga: "Um brinde para mim! Dei o meu melhor. Que apenas coisas boas aconteçam daqui para a frente".

02 DEZ
PAPEL SOLÚVEL

Este ano, descobri uma ferramenta realmente fantástica que posso usar em minhas práticas mágicas: papel. Mas não se trata de qualquer papel. Ele é conhecido por vários nomes, mas se você pesquisar "papel solúvel", o encontrará. Esse papel provavelmente tem várias finalidades, mas gosto de usá-lo em minhas magias.

Uma das minhas maneiras favoritas de me livrar de algumas coisas (doenças, dívidas ou negatividade) durante minha prática de magia é escrever o que quero eliminar em um pedaço de papel e atirá-lo ao fogo. Mas isso só funciona quando posso estar ao ar livre e há momentos em que preciso fazer algo rápido, ou o clima não está adequado, e preciso encontrar uma alternativa.

O papel solúvel é perfeito para isso. Você escreve o que deseja eliminar no papel e o coloca na água. O papel derrete, levando sua intenção com ele. Mágico, não é?

Ele não desaparece completamente — fiz uma magia que durou um mês usando esse papel e ainda havia um pouco de resíduo na tigela de água quando terminei. Mas, mesmo assim, continua sendo uma ferramenta muito útil e relativamente barata.

Procure por "papel solúvel" na internet e faça algo mágico com ele quando o receber.

LUA CHEIA DE DEZEMBRO
03 DEZ

A lua cheia de dezembro é mais comumente chamada de Lua Cheia do Frio, porque é quando as temperaturas começam a cair de verdade no hemisfério norte. Os anglo-saxões às vezes a chamavam de Lua antes do Yule, ou Lua da Longa Noite, já que o Solstício de Inverno é a noite mais longa do ano.

É claro que se você mora no hemisfério sul, talvez o nome mais apropriado seja Lua do Estamos Suando em Bicas Por Aqui. Contudo, a maioria dos nomes das luas cheias parece vir de climas mais frios.

Adoro sair em dezembro e contemplar a lua cheia, não importa o quão frio esteja. Há algo no inverno que a torna ainda mais mágica, sobretudo se os raios lunares incidirem sobre a neve. Você tem hábito de sair e olhar para a lua, independentemente da época do ano?

Por que não tentar isso agora? Saia de casa, mesmo que não por muito tempo, e observe a lua. Pondere sobre o fato de que, não importam as mudanças das estações, a lua permanece uma influência constante. A Deusa ainda está conosco em sua forma mutável, diminuindo e depois crescendo novamente. Acenda uma vela ou apenas fique ali por alguns minutos e diga: "Eu lhe agradeço, Senhora Lua, por sua presença constante e confiável em minha vida. Obrigada pela luz que irradia sobre mim, não importa a época do ano, e por me abençoar com seu poder. Que receba infinitas bênçãos, minha Senhora".

04 DEZ

))(()((BISCOITOS DA LUA

Estes biscoitos divertidos e fáceis de fazer podem ser assados na forma de uma lua crescente ou de uma lua cheia, dependendo da sua vontade ou da fase da lua. São uma ótima receita para fazer com crianças, pois são simples e muito fofos.

Misture ¾ de xícara de manteiga amolecida, 2 xícaras de açúcar mascavo, 2 ovos, 1 colher de sopa de suco de limão. Adicione 2 xícaras de farinha. Refrigere por pelo menos algumas horas ou durante a noite, abra a massa e molde-a em um formato redondo, para representar a lua cheia, ou em um formato de lascas, para representar a lua crescente. Leve ao forno em uma assadeira untada por oito a dez minutos a 190°C.

Se quiser, decore-os com glacê, mergulhe-os em chocolate derretido ou polvilhe-os com açúcar colorido.

PAX

05 DEZ

Pax é a deusa romana da paz que corresponde à deusa grega Eirene. Embora não seja uma das deusas mais conhecidas, acredito que todos poderíamos nos conectar mais profundamente com Pax, pois ela está associada à paz — tanto interior quanto em tempos de conflito — e à alegria. Quem não precisa de mais bênçãos como essas na vida?

Pax é comumente representada segurando um ramo de oliveira, símbolo que se tornou parte do nosso imaginário. Quando alguém busca trazer paz a uma discussão, dizemos que está "estendendo um ramo de oliveira". Sua cor é o branco e às vezes ela é retratada com uma cornucópia, talvez para simbolizar a abundância que nasce da paz, e não da guerra.

Para se conectar com Pax, vista-se de branco ou improvise um tecido branco drapeado nos ombros. Acenda uma vela branca e recite: "Abençoada Pax, deusa da paz, envie-me calma e alegria e ajude-me a estar em paz comigo mesma e com os outros". Depois, sente-se por um tempinho e permita que a sensação de tranquilidade e paz se instale dentro de você.

06 DEZ

VELAS DE ANIVERSÁRIO

Velas de todos os tipos, tamanhos e formatos podem ser usadas na bruxaria, mas talvez você não tenha pensado nas velas de aniversário. Essas velinhas são surpreendentemente versáteis, e o melhor de tudo é que ninguém achará estranho se você tiver uma caixa delas em casa. No entanto, vale lembrar que elas não cabem em suportes de velas tradicionais. Caso não vá usá-las em algo como um cupcake, pode ser útil ter um pequeno pote com terra ou um pouco de cera derretida para fixá-las em um prato.

As velas de aniversário são perfeitas para feitiços de curta duração, pois queimam mais depressa por serem menores. Elas também funcionam muito bem para feitiços mais discretos, nos quais você só precisa gerar uma pequena quantidade de luz. Pense nelas como sussurros em vez de gritos.

Obviamente, uma das melhores maneiras de usar as velas de aniversário é fazer desejos e celebrar momentos marcantes. Você pode usar várias velas de cores diferentes ou todas da mesma cor, de acordo com o tipo de magia que está fazendo. Ou use somente uma ou duas velas. Se o intuito for fazer pedidos, tenha uma para cada um deles e não se esqueça de se concentrar bastante no que quer antes de apagar a vela.

Encontre algumas velas de aniversário e faça pelo menos um pedido esta noite.

VISLUMBRES PARA O PRÓXIMO ANO

07 DEZ

Com a chegada do fim do ano, esse é um ótimo momento para fazer adivinhações e ter uma visão geral do que está por vir. Você pode usar a ferramenta divinatória que preferir, mas gostaria de sugerir o tarot.

Gosto de fazer uma leitura simples e divertida com quatro cartas para essas ocasiões. Embaralhe seu deck de tarot e disponha quatro cartas na horizontal. Vire-as uma a uma. A primeira carta revela o que você precisa saber de modo geral. A segunda mostra os seus sentimentos. A terceira oferece um panorama sobre trabalho ou projetos, e a quarta orienta o que você deve fazer para garantir o sucesso.

Vale a pena anotar os resultados em um diário ou no seu Livro das Sombras, para que possa revisitá-los ao longo do próximo ano.

08 DEZ

DESAPEGO

Sejamos francos: quase todos nós temos dificuldade em nos desapegar. Seja de pessoas ou hábitos que já não nos fazem bem, sonhos que perderam o sentido, empregos que não nos satisfazem ou até mesmo de objetos que já não usamos, mas um dia amamos, desapegar pode ser um desafio.

Às vezes, nossa saúde e felicidade dependem da nossa capacidade de acolher o desapego. Esta meditação pode guiá-la nesse caminho.

Leia-a em silêncio, em voz alta, ou grave-a no celular para ouvir enquanto se concentra plenamente.

Comece respirando devagar. Inspire e expire. A cada expiração, visualize-se soltando: soltando a tensão com esta respiração, soltando o medo com a próxima, colocando no chão os fardos que você tem carregado. Deixe o passado para trás. Liberte-se da dor e do sofrimento. O que a está prendendo?

Veja isso com clareza em sua mente e, na próxima respiração, deixe ir. Ao expirar, sinta essa energia se dissipar. Se há alguém de quem você precisa se afastar, visualize essa pessoa saindo pela porta. Feche a porta na próxima expiração e a deixe ir. Abra as mãos e solte o que segurava com tanta força. Respire e solte. Sinta a liberdade.

FEITIÇO PARA OBTER ACEITAÇÃO

09 DEZ

Por mais difícil que seja deixar as coisas irem embora (veja a meditação do dia anterior), pode ser ainda mais difícil aceitar aquelas coisas que não podemos mudar. A vida é cheia de ajustes e questões difíceis, desde perdas, passando por relacionamentos que não deram certo, até dinâmicas familiares que são o que são, não importa o que você faça. Coisas ruins acontecem com pessoas boas, infelizmente. Doenças e acidentes, e até aquelas decepções diárias que lançam uma sombra sobre a sua felicidade.

Se algo não pode ser mudado, a aceitação é a melhor maneira de alcançar a paz com aquilo que você está vivendo. Seja lidando com uma crise ou apenas precisando de uma mudança de atitude, tente fazer este feitiço para obter aceitação.

Acenda uma vela branca ou azul e polvilhe um pouco de lavanda ao redor para atrair paz e tranquilidade.

Deus e Deusa, por favor, ajudem-me a mudar o que eu posso
E aceitar as coisas que eu não posso.
Ajudem-me a fazer as pazes com o inevitável,
A encontrar meu caminho para viver com os difíceis desafios,
Sejam decepções menores ou perdas devastadoras.
Enviem aceitação para meu coração e minha mente
E acalmem meu espírito enquanto aprendo a aceitar o que deve ser.

10 DEZ

A RODA DA FORTUNA

A Roda da Fortuna é mais uma daquelas cartas de tarot que quase sempre são positivas. Mas positivo não significa necessariamente fácil. Não importa o deck que você usa, a Roda da Fortuna costuma ser representada de modo quase literal por algum tipo de roda giratória com múltiplas opções. Ela simboliza oportunidade e escolha e nos lembra que, embora possamos ter qualquer coisa que quisermos, é bem provável que não conseguiremos ter *tudo*. Precisamos, portanto, tomar uma decisão.

À medida que chegamos ao final de um ano e olhamos para o início de outro, você pode usar esta carta para ajudá-la a refletir sobre o que está por vir e pedir ao universo para guiá-la na direção certa enquanto as coisas começam a se encaixar.

Coloque a carta, ou uma imagem dela, à sua frente e acenda algumas velas de diferentes cores. Talvez você queira usar cores para representar metas ou opções, como verde para prosperidade e rosa para amor. Ou talvez use apenas cores aleatórias para representar possibilidades. Se quiser, escreva suas metas e as coloque sob as velas. Em seguida, olhe para a carta e diga: "Roda da Fortuna, conte-me sobre meu futuro. Quais são minhas escolhas? O que devo fazer?". Deixe as velas queimarem ao máximo e veja se uma delas queima mais rápido do que as outras, possivelmente indicando um sinal do universo.

CAIXA DE MADEIRA PARA FEITIÇARIA OU TAROT

11 DEZ

Não sei você, mas sou fascinada por caixas de madeira. Antigas ou novas, esculpidas com detalhes ou simples. A caixa é uma espécie de tábula rasa e você pode transformá-la no que quiser. Para este projeto de artesanato bruxesco, você pode trabalhar com uma caixa antiga ou comprar uma novinha em uma loja de artesanato ou online. O ideal é que seja bem simples para poder decorá-la do jeito que quiser, de acordo com seu estilo mágico.

Confeccione uma caixa realmente mágica, seja para armazenar suas cartas de tarot, um kit de feitiçaria pronto para usar ou todas as suas ervas (para mantê-las longe dos gatos). Recomendo decidir para que servirá a caixa primeiro, para saber direitinho o tamanho adequado e qual decoração escolher. Você pode usar praticamente qualquer coisa: pirógrafo para gravar desenhos na madeira, canetinhas, tintas, conchas, penas, adesivos, flores ou ervas secas, glitter, folhas, pedrinhas de cristais e por aí vai. Dependendo do que escolher, talvez precise de cola ou Mod Podge (usado em *decoupage*). Imagens místicas ou miniaturas de cartas de tarot ficam ótimas para decorar uma caixa de tarot.

Separe tudo e aplique com cuidado, estando atenta à magia que você acrescenta a cada passo. Depois, fique com ela ou presenteie uma amiga bruxa.

12 DEZ
ESCONDERIJOS À MOSTRA

Como ter um monte de suas ferramentas mágicas à vista sem que ninguém perceba que você é uma bruxa? Use pedras, ora. Afinal, não há nada abertamente mágico em ter um monte de pedras preciosas. Muitas pessoas que não são bruxas colecionam pedras bonitas. Mas há maneiras de fazer isso que permitirão que você sinta que ainda está fazendo algo mágico, sem que ninguém perceba a diferença.

Por exemplo, se você não pode ter um altar oficial, ainda pode colocar um monte de pedras juntas em uma prateleira, talvez com uma concha bonita (significando o elemento Água), uma pena que você encontrou (significando o elemento Ar) e uma vela decorativa (significando o elemento Fogo). Ficará especialmente bonito se você usar torres ou obeliscos de pedra de diferentes alturas.

Ou você pode colocar casualmente uma pedra verde na porção norte de um cômodo, uma amarela, na leste, uma vermelha, na sul, e uma azul, na oeste. Também pode exibir uma coleção de pedras em forma de coração, se estiver fazendo magia para amor, ou algumas pedras pretas, para proteção, em uma pequena tigela na porta da frente.

Os únicos limites são sua imaginação e talvez seu orçamento. E ninguém precisa saber que essas pedras decorativas realmente servem a um propósito. Então, adicione um toque de magia à sua casa hoje, de uma maneira sutil.

PRESENTES DE MAGIA HERBAL
13 DEZ

Eu adoro dar presentes nesta época do ano, e muitos dos amigos com quem os troco são bruxas. Somos um grupo prendado, então costumamos confeccionar nossos próprios presentes em vez de comprá-los (vinhos e chocolates à parte, é claro). Existem muitos presentes simples que você pode criar usando ervas, que são ao mesmo tempo práticos e mágicos. Alguns são até adequados para amigos não bruxos, se a única magia que você colocar neles for a boa intenção.

Sachês para dormir são ótimos presentes, já que muitas pessoas sofrem de insônia. Coloque flores de lavanda dentro de um sachê ou saco com cordão. Você pode acrescentar camomila ou até mesmo erva-dos-gatos, se não houver gatos na casa. Acrescente um pedacinho de ametista, pedra da lua ou fluorita, especialmente se usar um saquinho transparente de organza.

Se você conhece alguém cuja casa precisa de um pouco de energia calmante, minha sugestão é uma tigela decorativa contendo várias ervas, incluindo lavanda, flor de maracujá, melissa, capim-limão, camomila, pétalas de rosa e calêndula, ou alguma outra combinação. Tente escolher uma mistura de cores e formas, já que as ervas devem ser bonitas, além de eficazes.

Chás e tisanas são presentes simpáticos, especialmente se você encontrar uma lata charmosa para armazená-los. Saquinhos de banho feitos de ervas são ótimos para quem tem banheira, ou uma vassoura decorada com canela para pendurar na cozinha. Desde que os presentes venham do coração, tenho certeza de que seus amigos vão amá-los.

14 DEZ

PINHÕES PARA OS PÁSSAROS

Se você está procurando um projeto de artesanato divertido e simples que também ajude a Mãe Natureza, considere fazer um comedouro de pinhão para pássaros, que, além de ser de fácil execução — apesar de deixar tudo um pouco bagunçado —, são ótimos para fazer com crianças ou alguns amigos que também amam pássaros. Se os confeccionar um pouco mais chiques, por exemplo, com uma fita vermelha brilhante, e depois colocar os pinhões prontos em um saco de presente bonito, embrulhado em papel de seda, eles também são um presente encantador para sua bruxa e/ou seu amante da natureza favorito.

Tudo o que você precisa é de pinhões grandes (geralmente você pode comprá-los, se não morar em um lugar onde os encontre no chão), um pouco de manteiga de amendoim barata, sementes para pássaros e uma fita.

Certifique-se de que seus pinhões estejam limpos e, em seguida, use uma faca ou espátula para colocar manteiga de amendoim em todos os cantos e rachaduras. Enrole-os em sementes para pássaros e, se você realmente quiser fazer os pássaros felizes, use também frutas secas, como cranberries sem açúcar. Isso também vai torná-lo mais festivo.

Amarre uma fita no topo para que você possa pendurá-los em um galho ou poste. Se estiver fazendo para você, pendure-os onde possa admirar os pássaros desfrutarem de sua guloseima.

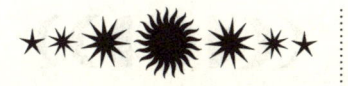

COMPARTILHANDO PROBLEMAS

15 DEZ

Os últimos anos têm sido especialmente desafiadores para quem lida com questões de saúde mental, como depressão ou ansiedade, ou qualquer outra condição que torne o cotidiano mais difícil. Aqui está algo que todos podem fazer para lidar melhor com isso: compartilhar os problemas.

Isso vale tanto para quem está enfrentando dificuldades quanto para quem conhece alguém que está passando por momentos complicados. Procure ajuda e compartilhe os problemas. Se você está passando por um período difícil, tente encontrar alguém com quem possa conversar ou simplesmente estar junto; pode ser outra pessoa que também esteja passando por uma fase difícil ou alguém que esteja mais equilibrado e possa oferecer apoio.

Se você está bem, olhe ao redor e preste atenção às pessoas que fazem parte da sua vida. Há alguém passando por dificuldades que poderia se beneficiar da sua companhia, de um ouvido atento e sem julgamentos, ou até mesmo de uma distração dos tempos sombrios? Se for outra bruxa, talvez possam fazer um ritual juntas. Se não for, pode perguntar se a pessoa se sentiria à vontade se você fizesse um feitiço para ajudá-la (desde que ela saiba que você é bruxa).

Seja gentil. Cuide do próximo. Traga o Deus e a Deusa para o seu cotidiano. Estamos todos juntos nessa.

16 DEZ

OURO

A cor dourada está associada ao Deus, ao sol e a todas as divindades solares. Também está relacionada ao poder, à riqueza, à coragem, ao verão, à masculinidade, à força, à vitalidade, à ação, ao emprego e ao dia.

Para acessar o poder da cor dourada, experimente usar joias de ouro em vez de prata ou acender uma vela dourada para representar o Deus e uma vela prateada para representar a Deusa. Ou simplesmente use essas velas para exibir em seu altar.

Se deseja fazer magia para conseguir um novo emprego, talvez seja útil usar uma vela dourada e uma pequena moeda de ouro. Qualquer trabalho mágico em que esteja direcionando energia masculina (independentemente do seu gênero) também seria adequado para o dourado.

Se quiser se sentir poderosa, use roupas com toques dourados e joias de ouro, se as tiver, e acenda uma vela dessa mesma cor. Então diga: "Eu sou dourada, e tudo o que toco se transforma em ouro, com a bênção dos deuses".

BOMBAS DE BANHO E VAPORIZADORES DE CHUVEIRO

17 DEZ

Bombas de banho e vaporizadores de chuveiro são duas formas de usar óleos essenciais. Os materiais utilizados são ligeiramente diferentes, mas o conceito é o mesmo, e o resultado é um disco decorativo ao qual você pode acrescentar um toque de magia.

Seja qual for o modelo que você fizer, vai precisar de um molde. Você pode comprar moldes próprios para isso ou até usar uma forma de minimuffin. Lembre-se de que as bombas de banho são destinadas a se dispersar na água da banheira e seus ingredientes entrarão em contato com a sua pele, enquanto os vaporizadores de chuveiro se dissolverão à medida que a água quente do chuveiro os atingir, espalhando seu aroma pelo ar.

Há diversas receitas e instruções online sobre como fazê-los, então só vou ensiná-la como acrescentar magia! Enquanto estiver misturando todos os ingredientes, escolha algumas gotas de um ou dois óleos essenciais adequados para o seu propósito, seja ele obter cura, paz ou amor. Então concentre-se em seu objetivo enquanto adiciona os óleos e os mistura. Eles são ótimos presentes!

Se quiser tornar suas bombas de banho e vaporizadores de chuveiro ainda mais mágicos, desenhe um símbolo esotérico no topo, esconda um cristal no meio ou os tinja com a cor que corresponde ao seu objetivo, como rosa para amor ou paz, ou azul para cura.

18 DEZ

CORUJAS

As corujas são aves solitárias e inteligentes, que conseguem ver e ouvir a enormes distâncias. Geralmente caçam à noite, misturando-se ao ambiente, observando e esperando até a chegada do momento certo. Podemos aprender muito sobre paciência com as corujas, assim como lições sobre quando esperar e não fazer nada e quando agir rapidamente.

Se você está se sentindo inquieta com algo em sua vida, inspire-se na energia da coruja e pense antes de se sentir pronta para agir, pois dessa forma você obterá os resultados que deseja. Às vezes, você consegue alcançar muito mais se apenas esperar até o momento certo.

Como a coruja, você precisa ser sábia, ver claramente e ouvir tanto conselhos úteis quanto sua própria sabedoria interior. Espere o tempo oportuno, então aja e faça o que precisa ser feito.

TRONCO DE YULE

19 DEZ

Um tronco de Yule era uma parte tradicional da celebração do Solstício de Inverno. Famílias, ou até mesmo vilarejos inteiros, cortavam um grande tronco e queimavam-no quase até desaparecer como uma forma simbólica de receber a volta da luz. O pedaço final era guardado até o próximo ano e usado para acender o fogo no qual o novo tronco seria queimado, continuando o ciclo de estação em estação.

Você pode fazer sua própria versão menor de um tronco de Yule, mesmo que você não tenha uma lareira para queimá-lo. Meu coven fez isso uma vez e foi um ótimo projeto de grupo, mas você pode fazer com sua família ou sozinha. Tudo o que você precisa é de um pedaço de madeira relativamente grande. Usamos um galho grosso que encontramos na minha propriedade que tinha cerca de 25 cm de diâmetro e o cortamos com 30 cm de comprimento. Você pode usar o tamanho que preferir.

Um dos nossos membros fez furos na parte de cima do tronco, um para cada pessoa do grupo. Então enfiamos velas em forma de bastão nos furos. (Você pode fazer furos menores se estiver usando velas menores.) Em seguida, acrescentamos enfeites, como desenhos, símbolos queimados na madeira etc.

Esses troncos são uma ótima decoração para colocar na mesa de jantar de Yule e uma forma de se conectar com antigas tradições. Você pode acender todas as velas na noite de Yule para simbolizar o sol que retorna, ou acender uma vela a cada noite, até a noite de Epifania.

20 DEZ
COUVES-DE-BRUXELAS ASSADAS COM ROMÃ

Se você está procurando uma receita simples usando romãs, experimente esta favorita do tempo frio que eu adaptei de um prato do Bobby Flay que um amigo trouxe para um banquete ritual. Costumamos servi-lo no Yule, por causa das cores verde e vermelha.

Tire as pontas de 680 g de couve-de-bruxelas, depois corte-as ao meio. Tempere-as com um pouco de azeite, sal marinho grosseiramente moído, pimenta e alecrim fresco ou seco a gosto e asse em forno a 190°C por cerca de 45 minutos, até ficarem macias. Enquanto cozinham, toste mais ou menos 60 g de pecãs em uma frigideira, depois junte-as com as sementes de uma romã, três colheres de sopa de melaço ou xarope de romã e raspas de um limão ou laranja.

Quando as couves-de-bruxelas estiverem prontas, coloque-as em uma tigela e cubra com o molho de romã.

YULE
21 DEZ

O Yule, ou Solstício de Inverno, ocorre em torno do dia 21 de dezembro no hemisfério norte. É o início oficial do inverno, embora para muitos de nós, essa estação já tenha começado há algum tempo. Também marca o dia mais curto e a noite mais longa do ano.

Embora isso possa parecer deprimente, na verdade é motivo de celebração, pois saudamos a volta do sol, que vai ficar cada vez mais forte a partir deste dia... embora leve seu próprio tempo para fazê-lo.

No Yule, desligamos todas ou a maioria das luzes da casa, depois vamos de cômodo em cômodo acendendo velas para simbolizar a volta do sol. Tente pendurar guirlandas feitas de pinheiro e bagas de zimbro. O azevinho e o visco nos dão o vermelho e o verde tradicionais, e se você tiver uma árvore de Yule, pode enfiar pipoca ou cranberries no interior dela, em uma guirlanda natural de festa.

Em razão das semelhanças entre o Yule e o Natal, e porque o Solstício de Inverno é uma data aceita como não religiosa, este é um ótimo momento para reunir-se em um banquete ou em uma festa com amigos e familiares não bruxos, compartilhando a doçura da temporada juntos. Em vez de ter tudo decorado com antecedência, faça disso uma festa de artesanato e convide todos (incluindo as crianças) para ajudar a confeccionar coroas, guirlandas, enfeites e tudo o mais que quiserem para comemorar a temporada. Dê a cada um sua própria vela para acender, para mostrar que cada um de nós contribui com sua própria luz para o mundo.

22 DEZ
AMIGO OCULTO PARA AS FESTAS

O grupo do Blue Moon Circle, junto com alguns maridos, crianças e velhos amigos, se encontra quase todos os anos para a nossa festa anual de Yule. Uma das coisas que sempre fazemos é algum tipo de troca de presentes. Trocas como amigo oculto são bem comuns e você pode encontrar várias opções online. Nós mudamos um pouco a cada ano, mas gostamos de adicionar um toque mágico.

Aqui está como fizemos no ano passado, para lhe dar algumas ideias para criar sua própria versão. Cada pessoa compra um ou mais presentes de valor parecido. Normalmente estipulamos um valor entre 20 e 25 dólares, mas as pessoas costumam se empolgar. A ideia é comprar algo que qualquer participante goste e colocar em uma sacola de presente, para que o conteúdo seja segredo. Então, fazemos etiquetas para pendurar na árvore de Yule, cada uma com um número para determinar quem escolhe primeiro, segundo e assim por diante. Do outro lado, escrevemos desejos para o ano que está por vir, como alegria, prosperidade, saúde, e por aí vai. É aí que entra a magia.

Se estiver celebrando com um grupo totalmente pagão, pode preparar sacolas de presente com temas bruxescos, como pedras, ervas ou kits de ferramentas mágicas. De qualquer maneira, todo mundo sairá com um presente e haverá muita risada e diversão.

EU POSSO DEIXAR ROLAR

23 DEZ

Às vezes, a melhor coisa que podemos fazer na vida é simplesmente relaxar e deixar acontecer. Sei que isso nem sempre é tão fácil quanto parece. A maioria de nós está acostumada a tentar controlar as coisas e fazê-las acontecerem do jeito que queremos. Mas se essa abordagem não está funcionando e você está lutando para deixar rolar, tente afirmar o seguinte:

> *Eu estou relaxada e confiante de que tudo vai dar certo. Eu posso deixar rolar. Não importa o que aconteça, eu confio na minha capacidade de lidar com isso. Eu posso deixar rolar.*

24 DEZ

CAILLEACH

Cailleach é uma deusa escocesa e irlandesa, às vezes referida como Cailleach Bheur ou alguma variação disso. Seu nome significa "a velha com véu", e ela é representada por uma anciã invernal, geralmente retratada com um rosto azulado, por causa do frio, e com cabelos brancos, carregando um martelo para quebrar a neve.

Em alguns mitos, diz-se que Cailleach prendeu uma bela jovem e, no momento em que a jovem é libertada, dá-se o início da primavera. Outras lendas pregam que é a própria Cailleach que se transforma nessa jovem, e é essa sua transição que traz o tempo mais quente.

Como muitas deusas anciãs, ela é vista como sábia e mágica, e às vezes cruel e brutal, como o clima de inverno. Para invocar sua forma mais gentil e se beneficiar de sua sabedoria, acenda uma vela azul e coloque-a em uma tigela cheia de neve ou gelo. Diga: "Grande Cailleach, anciã do inverno, eu a saúdo com respeito por seu poder e seu conhecimento. Compartilhe sua sabedoria comigo, para que eu também possa enfrentar as tempestades da estação e da vida e encontrar paz e o insight nos meses silenciosos e tranquilos. Proteja-me e guie-me até que o frio se transforme novamente na calorosa primavera. Muito obrigada".

NATAL
25 DEZ

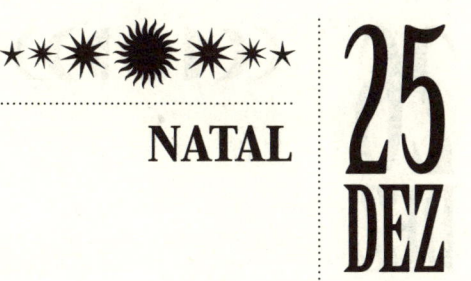

Muitas pessoas que acabaram se tornando bruxas começaram sua vida em famílias que celebravam o Natal (não é o meu caso, pois sou judia, mas isso aconteceu com muita gente). Por isso, pode ser divertido perceber quantas tradições natalinas têm, de fato, origens pagãs. Na verdade, quase todas elas. As árvores de Natal vêm da tradição de trazer sempre-vivas para dentro de casa, simbolizando a vida em meio ao inverno rigoroso; o velhinho alegre de roupa vermelha pode ter se originado do Rei do Azevinho; o vermelho e o verde vêm do visco e do azevinho; a Deusa dá à luz seu filho, o Deus, e assim por diante.

Para mim, isso significa que essa é uma das poucas festividades que pode ser compartilhada facilmente com seus amigos e familiares que não são bruxos. Você pode fazer uma celebração do Solstício de Inverno e mesclar elementos do Yule e do Natal. Acenda velas e decore uma árvore com estrelas de papel, escrevendo o que você deseja para os outros. Ou celebre o Natal e saiba que, silenciosamente, você está observando o Yule, mesmo que ninguém saiba disso, além de você.

De qualquer forma, as festas têm tanto em comum que você pode se sentir à vontade para compartilhar sua alegria com quem você ama. Ou, se você for como eu e costuma ficar sozinha no Natal, aproveite alguns momentos para apreciar um dos poucos dias do ano em que tantas pessoas se reúnem com alegria e amor e, em seguida, assista ao seu filme de férias favorito. Biscoitos de Natal são opcionais.

26 DEZ

FÉ

Provavelmente o elemento intangível mais difícil de se conectar não são os espíritos guardiões ou as fadas, ou até mesmo algo como a deidade ou sua própria sabedoria interior. Então qual é esse elemento? É a fé.

Pense bem. Fé é a crença em todas essas coisas que você não pode ver, tocar ou provar que existem. Mais especialmente, fé é a crença de que há algo maior do que você, mas também interno e parte de você, assim como você faz parte dele. Fé é saber, em um nível profundo que não pode ser explicado a mais ninguém, que o que você acredita é tão verdadeiro quanto a lua no céu e as pedras sob seus pés.

A fé é um componente fundamental da prática da bruxaria, embora se manifeste de maneira diferente para cada um. É parte integral de você e de como você percorre seu próprio caminho mágico pelo mundo.

Se está lutando para encontrar ou manter a fé, especialmente em um período desafiador, tente sentar em um espaço tranquilo e focar na chama de uma vela. Veja-a como a representação de sua fé, lançando luz na escuridão. Se quiser, diga para si mesma ou para o universo: "Eu sou como a vela. Minha fé pode vacilar, mas ainda assim brilha intensamente, e se algum dia ela diminuir, eu posso reacendê-la. Eu tenho fé em mim mesma e no universo. A luz da minha fé perdura para sempre".

O QUE SIGNIFICA SER UMA BRUXA PARA VOCÊ?

27 DEZ

A bruxaria é uma prática incrivelmente individual. É provável que existam tantas variedades de bruxas quanto pessoas que seguem esse caminho. E isso não é uma coisa ruim.

O que ser uma bruxa significa para você também é algo muito individual. Eu não consigo imaginar minha vida sem esse caminho espiritual, agora que estou nele há tanto tempo. Minha crença nos deuses me ampara durante tempos difíceis, e minha conexão com minhas companheiras bruxas é um tesouro inestimável.

O que ser uma bruxa significa para você? É uma pequena parte de sua vida ou uma grande parte da sua identidade? Você consegue se imaginar mudando de ideia (acontece!) e seguindo um caminho diferente? Ou ainda está tentando entender o que isso significa? À medida que olhamos para o início de um novo ano, é um bom momento para refletir sobre as questões mais profundas.

Em seu diário ou Livro das Sombras, escolha uma página e rotule-a como: "Ser uma bruxa significa ...". Então complete o restante dessa frase com o máximo de respostas que conseguir.

Para mim, a resposta seria algo como: "Ser uma bruxa significa acreditar no Deus e na Deusa". "Ser uma bruxa significa ter conexão e respeito pela natureza e todos os seres vivos." Veja o que você descobre e quais coisas pode acrescentar a essa lista no próximo ano.

28 DEZ
HIBERNAÇÃO E REGENERAÇÃO

À medida que entramos na época mais escura e silenciosa do ano, pode ser uma boa pedida desacelerar um pouco. Mesmo que você more em um lugar onde ainda está quente e ensolarado, ao contrário do frio e da neve de onde estou, os dias ficam mais curtos, e as noites, mais longas.

Observe os animais: eles mudam seus padrões de comportamento de acordo com as estações. Há uma razão para isso. É difícil manter um ímpeto constante, indo a todo vapor o dia todo, todos os dias. O inverno nos dá a desculpa para recuar um pouco, passar mais tempo sozinho e em silêncio, focando mais no interior do que no exterior.

Vá para a cama um pouco mais cedo e durma um pouco mais tarde, se puder. Leia um livro (ou dez). Dê ao seu corpo, mente e espírito uma chance de recarregar e se renovar antes que a primavera chegue, com sua energia mais vibrante.

Descanso. Hibernação. Regeneração. Você pode se surpreender com o quão poderoso e curativo isso pode ser.

COBRAS

29 DEZ

As cobras são um ótimo símbolo de mudança e transformação, e como estamos contemplando o fim de um ano e o início de um novo, faz todo sentido se conectar com a energia da cobra.

Não importa se você é fã delas ou não na vida real; como guias espirituais, elas são extremamente poderosas. Elas se movem entre os mundos, passando facilmente da superfície para dentro do solo. Elas trocam de pele à medida que crescem, reinventando-se várias vezes, ao deixarem para trás sua antiga camada externa para revelar o que está por baixo.

Em razão da sua capacidade de se transformar, sempre foram um símbolo de cura.

Faça uma pausa para se imaginar como uma cobra. O que vai descartar ao deixar o ano velho para trás? Como deseja sair dessa transformação? Precisa de um tempo para hibernar antes de fazer grandes mudanças? O que você curaria, se pudesse?

Qual será a sua aparência quando emergir, na primavera? Se desejar, enrole-se na sua cama ou no sofá e imagine-se hibernando por um tempo. Inspire-se na sua cobra interior e prepare-se para descartar a pele do seu eu antigo enquanto o novo vem à tona.

30 DEZ
FEITIÇO PARA O FIM DAS COISAS

Nada dura para sempre, e a vida está cheia de finais. O fim do ano chegou e praticamente toda a agitada temporada de festas (eu, a essa altura, em geral fico bem feliz por acabarem, mas algumas pessoas se entristecem). Outras coisas também encerram um ciclo — trabalhos, relacionamentos, períodos em nossa vida enquanto as coisas mudam e se transformam. Às vezes, o fim é algo que queremos. Às vezes, não. Às vezes, ele pode ser ao mesmo tempo doce e amargo. Como, por exemplo, quando o ano acaba.

Aqui está um feitiço para realizar quando algo está chegando ao fim e talvez você não esteja preparada para lidar com isso. É curto e simples, porque de vez em quando a melhor coisa a fazer é aceitar e seguir em frente da melhor maneira possível. Escreva o que for em um pedaço de papel, depois rasgue-o ou queime-o (ou então use um papel solúvel e o derreta), após fazer o feitiço.

> *Nada dura para sempre*
> *Todas as coisas um dia acabarão,*
> *Eu aceito a verdade disso.*
> *E com a mudança eu me curvo*
> *Dias e anos e tudo o mais.*
> *Fins acontecem, isso é verdade,*
> *Eu deixo ir e aceno adeus.*
> *E sigo para algo novo.*

VÉSPERA DE ANO-NOVO
31 DEZ

Se você curte uma grande celebração na véspera de Ano-Novo ou se é como eu e fica em casa, lê um livro e vai para a cama às dez da noite (o que posso dizer... eu sou chata), em algum momento durante o dia você pode querer dedicar alguns minutos para olhar para trás no ano que passou e fazer uma avaliação honesta.

O que você acha? Foi um bom ano, um ano ruim ou mais ou menos? Há algo que você faria diferente, se pudesse? Não passe muito tempo lamentando arrependimentos; isso é um enorme desperdício de tempo e energia. Mas talvez você queira considerar o que aprendeu no último ano, tanto o que deu certo quanto o que deu errado.

No final, o que realmente importa é que você sobreviveu. Você conseguiu. Você passou por mais um ano. Talvez você queira escrever sobre a experiência. Talvez você queira tirar uma carta de tarot para ter uma visão geral sobre o ano que passou. Mas não importa o que você faça, tire um tempinho para celebrar a pessoa maravilhosa, mágica e completamente individual que você é. Acenda uma vela (não há problema se for uma vela de aniversário no meio de um grande cupcake, onde se lê: "graças à deusa que este ano acabou") e agradeça à sua deidade preferida por ajudar você a ser forte.

Mas não se esqueça de dar a si mesma algum crédito. Você conseguiu. Agora vá comer um bolo.

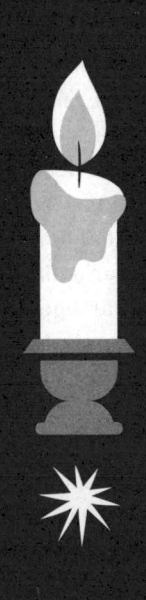

DIA BÔNUS

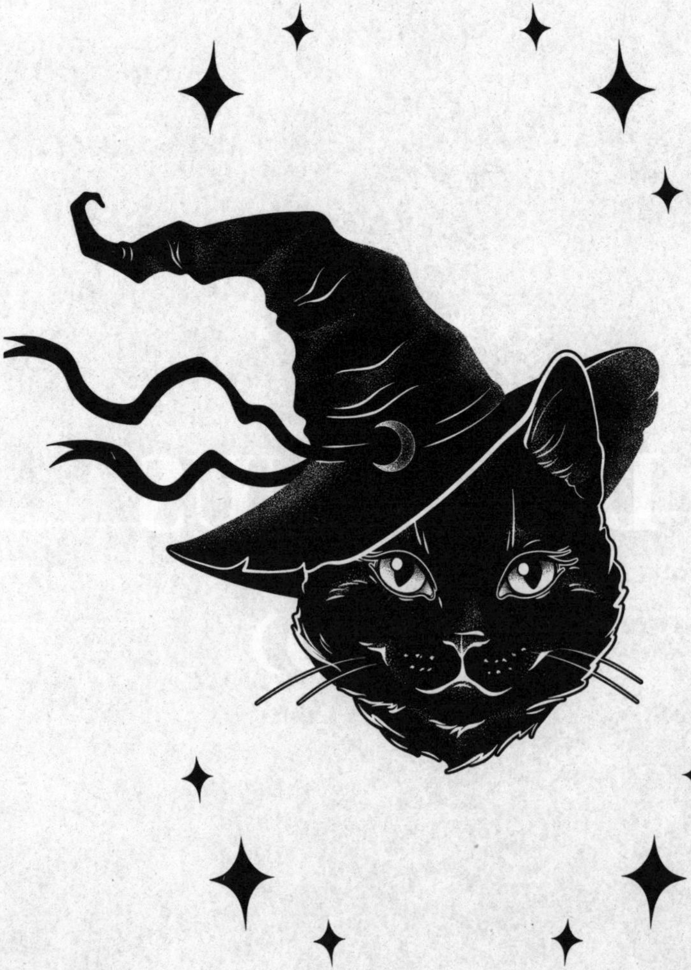

FEITIÇO PARA O RENASCIMENTO
01 JAN

Aqui vamos nós novamente! Viva!

Um ano novo começa, mais uma folha em branco. O que vem agora? Vai saber... Então aqui vai um feitiço de renascimento para inspirá-la em seu novo começo, deixando-a prontíssima para mais um ano de vida e magia.

Se quiser, acenda uma vela branca. Ou apenas contemple o céu e faça um pedido para uma estrela:

> *Deus e Deusa, eis meu coração*
> *Aberto para um novo começo.*
> *Vejam meu espírito, firme e radiante,*
> *Aguardando sua luz para me guiar.*
> *Enviem-me um ano novo abençoado*
> *Com saúde, alegria e felicidade*
> *E ouçam minha oração de que ele será*
> *Repleto de gloriosas possibilidades.*

Bibliografia

LIVROS:

Alexander, Skye. *Your Goddess Year: A Week-By-Week Guide to Invoking the Divine Feminine.* Simon & Schuster, 2019.

Ardinger, Barbara. *Pagan Every Day: Finding the Extraordinary in Our Ordinary Lives.* Weiser, 2006.

Auset, Priestess Brandi. *The Goddess Guide: Exploring the Attributes and Correspondences of the Divine Feminine.* Llewellyn, 2009.

Bellebuono, Holly. *Llewellyn's Little Book of Herbs.* Llewellyn, 2020.

Cunningham, Scott. *Cunningham's Encyclopedia of Crystal, Gem & Metal Magic.* Llewellyn, 1988.

_____. *Cunningham's Encyclopedia of Magical Herbs.* Llewellyn, 1985.

_____. *Cunningham's Encyclopedia of Wicca in the Kitchen.* Llewellyn, 2016.

_____. *Magical Herbalism.* Llewellyn, 1982.

Illes, Judika. *The Element Encyclopedia of Witchcraft: The Complete A-Z for the Entire Magical World.* HarperElement, 2005.

Johnson, Cait. *Witch in the Kitchen: Magical Cooking for All Seasons.* Destiny Books, 2001.

Monaghan, Patricia. *Encyclopedia of Goddesses & Heroines.* New World Library, 2014.

Morrison, Dorothy. *Everyday Moon Magic.* Llewellyn, 2003.

Pearson, Nicholas. *Crystal Basics Pocket Encyclopedia: The Energetic, Healing & Spiritual Power of 450 Gemstones.* Destiny Books, 2023.

RECURSOS ONLINE:

"Beaver Moon: Full Moon in November 2023." Almanac.Com. https://www.almanac.com/full-moon-november.

EarthSky. "Full Moon Names by Month and by Season." EarthSky | Updates on Your Cosmos and World. August 16, 2023. https://earthsky.org/astronomy-essentials/full-moon-names/.

"Full Moon Names for 2024." Almanac.Com. https://www.almanac.com/full-moon-names.

"Kid-Friendly Challah | Jewish Recipes | PBS Food." PBS Food. January 2, 2013. https://www.pbs.org/food/recipes/challah-2/.

Martha Stewart Editors. "How to Make Natural Dyes for Easter Eggs." Martha Stewart. March 1, 2023. https://www.marthastewart.com/267850/dyeing-eggs-naturally.

Neod. "Blue Sage Vs White Sage for Smudging." Co Manifesting (blog). September 10, 2023. https://comanifesting.com/blue-sage-vs-white-sage-for-smudging/.

Rucci, Barbara. "Leaf Rubbings With Crayons and Watercolor - ARTBAR." ARTBAR. December 6, 2019. https://www.artbarblog.com/leaf-rubbings-with-crayons-and-watercolor/.

"Salvia Azurea (Blue Sage, Pitcher Sage) | North Carolina Extension Gardener Plant Toolbox." https://plants.ces.ncsu.edu/plants/salvia-azurea/.

Wigington, Patti. "Ten Activities for Pagan Kids." Learn Religions. April 30, 2019. https://www.learnreligions.com/top-activities-for-pagan-kids-2561824.

Wigington, Patti. "Moon Phase Names in the Southern Hemisphere." Learn Religions. June 25, 2019. https://www.learnreligions.com/southern-hemisphere-moon-phase-names-2561859.

Wigington, Patti. "November Full Moon: Mourning Moon Magic." Learn Religions. February 17, 2020. https://www.learnreligions.com/november-full-moon-4788345.

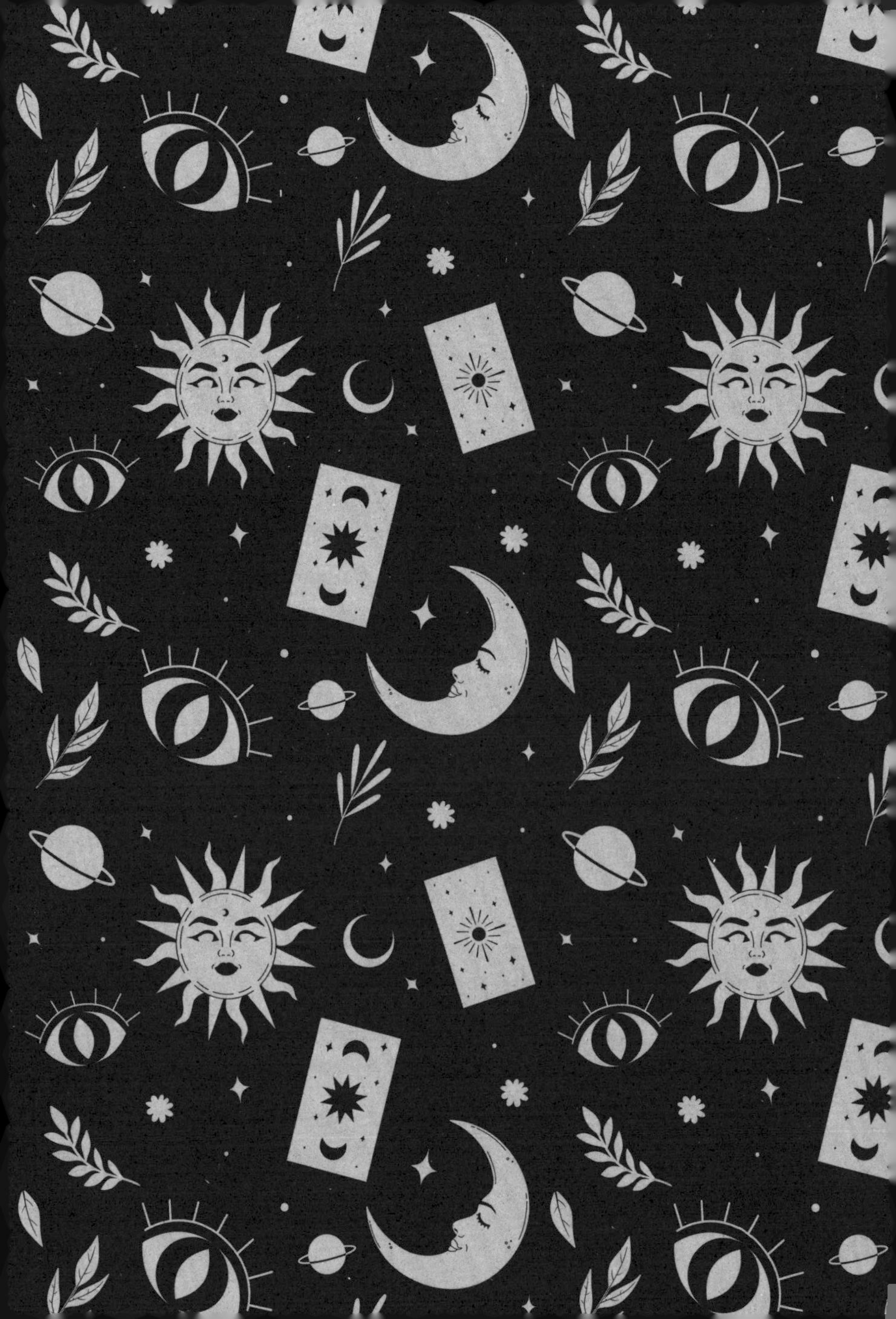

DEBORAH BLAKE é a premiada autora de *Diário Mágico*, publicado pela DarkSide® Books, e de diversos títulos sobre bruxaria natural. Também criou o popular *Tarô Diário de uma Bruxa* e mantém a coluna "Everyday Witchcraft" na revista *Witches & Pagans*. Escreveu romances paranormais na série Baba Yaga e fantasia urbana em *Veiled Magic*. Além de escritora, atua como joalheira, taróloga e curadora energética. Vive em uma antiga casa de fazenda no norte do estado de Nova York, acompanhada de seus fiéis gatos, que supervisionam cada feitiço e manuscrito.

MAGICAE
DARKSIDE

MAGICAE é uma marca dedicada aos saberes
ancestrais, à magia e ao oculto. Livros que abrem
um portal para os segredos da natureza, convidando
bruxas, bruxos e aprendizes a embarcar em uma jornada
mística de cura e conexão. Encante-se com os poderes
das práticas mágicas e encontre a sua essência.

DARKSIDEBOOKS.COM